Paul Wüst

Gottfried Keller und Conrad Ferdinand Meyer

Verlag
der
Wissenschaften

Paul Wüst

Gottfried Keller und Conrad Ferdinand Meyer

ISBN/EAN: 9783957005434

Auflage: 1

Erscheinungsjahr: 2015

Erscheinungsort: Norderstedt, Deutschland

Hergestellt in Europa, USA, Kanada, Australien, Japan
Verlag der Wissenschaften in Hansebooks GmbH, Norderstedt

Cover: Tizian "Ländliches Konzert "

Gottfried Keller und Conrad Ferdinand Meyer

Gottfried Keller und Conrad Ferdinand Meyer

in ihrem persönlichen und literarischen Verhältnis

von

Paul Wüst.

19 11

H. Haessel Verlag in Leipzig.

Meiner lieben Frau.

Vorwort.

An die Lösung der Aufgabe, welche die Überschrift dieses Buches stellt, bin ich nicht ohne Zögern gegangen. Und nun, wo ich meine Blätter aus den Händen gebe, fühle ich so deutlich wie jemand, daß sie nur einen Anlauf bilden, und wenn die literarischen Gepflogenheiten des achtzehnten Jahrhunderts noch herrschten, so schriebe auch ich gerne auf das Titelblatt: Ein Versuch. Ich hoffe, man wird in ihm wenigstens das Bestreben erkennen, die zahlreichen Ansätze, welche in den Veröffentlichungen über die beiden Dichter zur Erörterung unserer Frage unternommen wurden und die dartun, daß hier zum mindesten ein reizvolles, wenn nicht bringendes Problem vorliegt, zu prüfen, zusammenzufassen und ein Stück weiterzuführen.

Das Problem ist zuvörderst ein literarisches und hat als solches mit seinem Reiz seit Jahren auf mich gewirkt. Dabei wurde ich inne, daß seine Lösung, ja schon eine tiefer gehende Erörterung ohne gleichzeitige Gegenüberstellung des per= sönlichen Wesens der beiden Dichter und weiter ihrer menschlichen Beziehungen kaum möglich war. Und hier erhob sich das stärkste Bedenken: kann ein Nichtschweizer eine solche Betrachtung wagen? Und darf er es, wo noch gar mancher lebt, der die zwei Dichter persönlich gekannt hat, und dem überdies die soziale und literarische Atmosphäre des Zürich jener Zeit genau vertraut ist, ohne deren Kenntnis, wie schon Karl Emil Franzos vor Jahren mit Recht betonte, das Verhältnis zwischen Keller und Meyer nur schwer zu verstehen ist? So deutlich mir diese Schwierigkeiten vor Augen standen, so wenig vermochte ich es, mich der Versuchung des Problems zu ent= ziehen. Zudem kam mir die Erwägung, daß die in erster Linie zu seiner Lösung berufenen Schweizer gewisser Imponderabi=

bilien wegen, deren Natur der Leser ohne Mühe herausfinden
wird, wohl nur schwer sich entschlössen, die in meinem Titel
ausgesprochene Aufgabe sich zu stellen. Hier durfte ich die
Vorteile ausnutzen, die sich dem deutschen Nichtschweizer durch
seine größere Distanz ohne weiteres bieten.

Gleichzeitig galt es jedoch, die Mängel eben dieser
Distanz so gut als möglich auszugleichen. Seitdem Franzos
jene Worte geschrieben, sind die Quellen, welche das Leben
und Schaffen unserer beiden Dichter vermitteln können, reich,
ja überreich geflossen, ohne daß man sie zu unserer Aufgabe
erschöpft hätte. Das gilt besonders von dem großen C. F.
Meyer=Urkundenwerk, welches 1908 in H. Haessels Verlag
erschienen ist. Ich habe im Hinblick auf diesen Reichtum, der
zuvörderst einmal nach Erschließung und Ausmünzung rief,
es vorerst unterlassen, etwa den Keller=Nachlaß durchzusehen
oder dort um Briefe zu bitten, wo selbst Jakob Bächtold und
Adolf Frey vergeblich angeklopft hatten. Auch glaube ich, daß
bei der für später noch zu erhoffenden Öffnung dieser Schlösser
unsere Kenntnis wohl nur noch erweitert, aber nicht mehr
wesentlich vertieft werden kann — von den in Paul Heyses Obhut
liegenden Briefen Gottfried Kellers natürlich abgesehen.

Vor etlichen Jahren rügte Hermann Fischer bei Be=
sprechung zweier von Nichtschwaben verfaßten Mörikebio=
graphien einen Übelstand, der sich dann fast notwendig ein=
stelle, wenn dem Biographen die persönliche Kenntnis des
Helden und seiner Umgebung abgehe: der Biograph müsse
suchen, aus dem Detail, das ihm als ein Fremdes von außen
her zukomme, möglichst viel zu machen; er werde hierbei der
Gefahr nicht leicht entgehen, dann und wann einmal zu viel
hinter den Dingen zu suchen, Briefstellen, die eine flüchtige
Eingebung des Augenblicks gewesen sind, als Charakter=

symptome zu deuten, landschaftlichen und landsmannschaft=
lichen Momenten eine größere oder eine andere Bedeutung
beizulegen, als sie in Wirklichkeit haben. Ich bin überzeugt,
gerade in dieser Hinsicht auch gar manches verfehlt zu haben
und erwarte und erbitte hier die Ausstellungen und die Mit=
arbeit der schweizerischen Kritik.

Wenn ich vor allzu auffallenden Fehlern in den bio=
graphischen Teilen bewahrt geblieben bin und diese hie und da
durch unbekannte Züge habe bereichern können, so schulde ich
dies zunächst der Schwester Conrad Ferdinand Meyers,
Fräulein Betsy Meyer in Veltheim im Aargau, welcher
ich für ihre gütigen Mitteilungen meinen ehrerbietigen Dank
sage; herzlichsten Dank bin ich sodann dem Biographen und
Freunde der beiden Dichter, Herrn Professor Dr. Adolf
Frey in Zürich schuldig, der bis zur Vollendung des Druckes
mich durch wertvolle Winke, Berichtigungen, Ergänzungen und
Auskünfte jederzeit gütig unterstützte. Herrn Dr. Joseph Victor
Widmann in Bern und Herrn Dr. Hans Trog in Zürich danke
ich für gelegentliche freundliche Auskunft, meinem lieben
Kollegen Herrn Oberlehrer Theodor Wallbott in Düsseldorf
für treue Hilfe bei der Korrektur. Mein letzter und wahrlich
nicht kältester Dank gilt allen, die mir vorgearbeitet haben,
die Biographien der beiden Dichter um ein charakteristisches
Kapitel zu erweitern.

Düsseldorf, Ende Februar 1911.

Paul Wüst.

Inhaltsübersicht.

Die Namen Gottfr. Keller und C. F. Meyer

sind unlösbar miteinander verkettet. Gedenkt man des einen,
so fällt bald der Name des andern; es beginnt ein Abwägen
und Vergleichen, und bald stehen sich zwei Parteien gegenüber:
Hie Keller — Hie C. F. Meyer. Zwar mag der Vers des ge=
meinsamen Jugendpoeten der beiden Schweizer, daß „Partei"
die Mutter aller Siege sei, auch hier seine Geltung haben; doch
mit einem Zusatze, den Meister Gottfried selbst geschrieben hat:

> Trau keinem, der nie Partei genommen
> Und immer im Trüben ist geschwommen!
> Doch wird dir jener auch nicht frommen,
> Der nie darüber hinaus will kommen.

Ein warmblütiges Bekenntnis zu dem e i n e n Dichter
wird stets mehr Frucht tragen als eine gewisse Art von Ob=
jektivität, die von Gleichgültigkeit nicht weit entfernt ist, oder
ein markloses Lobpreisen beider; aber die subjektive Vorliebe
für den e i n e n darf nicht Hand in Hand gehen mit lässiger
Verkennung des a n d e r n, wie es neuerdings Brauch zu
werden scheint. Man beraubt sich damit nicht nur des immerhin
schätzbaren Genusses, die Vorzüge des zum poetischen Banner=
herrn Erwählten an der Eigenart des „andern" zu messen; es
liegt auch die Gefahr nahe, daß man zu der wichtigen Erkenntnis
überhaupt nicht vorbringt, das innerste Wesen zweier solcher
Dichterpersönlichkeiten verbinde sich in einer tieferen Einheit,
die dem Streite entrückt sei — sobaß man des Mittels, den ein=
zelnen Dichter recht eigentlich zu begreifen, nicht habhaft wird.

Hören wir darum zunächst nicht auf die, welche K e l l e r
einen zwar tiefsinnig humorvollen, aber zuchtlosen Kleinkünstler
nennen; noch auf die Gegenseite, welche M e y e r zwar als form=

vollendet anerkennt, ihm aber innerliche Eiseskälte, seelenlose
Objektivität vorwirft. Vergessen wir einmal, was sie trennt,
über dem, was sie verbindet. Dann müssen wir auch ohne
weiteres Zeugnis urkundlicher Art die Kunst b e i d e r als
notwendigen Ausfluß eines tiefen Quelles, einer großen
Persönlichkeit erkennen. Als Prinzen aus Genieland sind sie
ebenbürtig. Dieses Zugeständnisses bedürfen wir zunächst als
einer Grundlegung. Nicht etwa mit einem festliegenden
ethischen und künstlerischen Maße sollen die beiden gemessen
werden: nur d a ß man sie beide des höchsten Maßes wert halte,
dürfen sie verlangen. W i e sie ihren Adelsbrief gewannen, läßt
sich nur von hier aus recht einsehen; der einzelne tritt in seiner
eigensten Art und Gestalt scharf und klar heraus nur vor jenem
Hintergrunde. Dann erst läßt sich feststellen, was ihn von dem
andern unterscheidet.

Auf diesen Boden wollen wir treten bei unserem Ver=
suche, in dies eigentümliche Verhältnis Einblick zu gewinnen
durch eine Vertiefung in die persönlichen und literarischen Be=
ziehungen zwischen Keller und Meyer, die durch eine häufige
Wechselwirkung sich auszeichnen.

✗ ✗

1. Das Gemeinsame.

Man braucht nach den Gründen dafür, daß Keller und Meyer immer wieder zusammen genannt wurden und werden, daß kaum eine noch so kleine Studie über den einen erscheint, ohne daß der andere darin auch irgendwie besprochen wird, nicht allzuweit zu suchen: jeder weiß, daß sie beide Schweizer waren, beide Zürcher sogar, was bei ihrer ungefähren Gleichaltrigkeit eine Fülle von gemeinsamen Beziehungen, von gleichen Interessen ergeben mußte. Beider Lebenswerk besteht aus Erzählungen und Gedichten. So glaubt man sie mannigfach verbunden, persönlich und künstlerisch. Und die Fäden scheinen sich bei näherem Zusehen noch zahlreicher zu spinnen.

Mit Recht hat man darauf hingewiesen, wie sie b e i d e fest in der schweizerischen Heimat wurzeln, beider Lebenswerk nicht ohne den besonderen Einschlag dieser schweizerischen und zürcherischen Abstammung zu denken ist. Für Keller bedarf das keines Beweises, der Schweizer verleugnet sich in seinen Sachen nirgends und tritt nur äußerlich in etlichen Gedichten, den „Sieben Legenden", dem „Sinngedicht" zurück. Bei C. F. Meyer liegt das Heimatliche nicht so offen zutage, nicht ohne Grund sagt einer seiner Landsleute von ihm, er verkörpere viel weniger die Eigenschaften des Schweizers als des Kulturdichters im allgemeinen, wie denn auch Meyer selbst behauptete, es gehe ihm das spezifisch Schweizerische eines Gottfried Keller ab, und z. B. in der Geschichte des eigenen Landes spüre er nur den Reiz des Großen, des poetisch-ethisch Bedeutsamen, nicht des Patriotischen. Aber er hat gestehen müssen: „Nie prahlt' ich mit der Heimat noch und liebe sie von Herzen doch", und nirgends kann er diese Liebe verleugnen. Gegen Ende seines Lebens besonders legte er Wert darauf, zumal fremden Besuchern gegenüber seine heimatliche Gesinnung zu betonen. Daß er seine erste selbständige Veröffentlichung „Balladen von

einem Schweizer" betitelte, mag eine Äußerlichkeit sein; daß
die schönsten Gedichte seiner Naturlyrik im Hochgebirge ge=
wachsen sind, macht sie nicht eigentlich schweizerisch. Aber aus
den Balladen, die ihm die heimatliche Geschichte lieferte, hört
man neben dem stets auch allgemein poetischen Motiv einen
Unter=, ja Grundton heraus, der ebenso unverkennbar patrio=
tisch ist, wie „Hutten" und „Jenatsch". Auf Schweizerboden
stehen „Engelberg", der „Schuß von der Kanzel", „Plautus im
Nonnenkloster", früher mehr schweizerisch „Das Brigittchen von
Trogen" benannt und, wie Meyer gelegentlich sagte, ganz
„Schweizerstyl". Die „Richterin" hat er schließlich doch aus dem
Süden nach Bünden verlegt; der „Heilige", das „Amulet" sind
wenigstens — dies durch die Person des Helden, jener durch
den Rahmen der Erzählung — mit der Schweiz verknüpft.
Auch in den Schöpfungen, die zeitlich und örtlich wie stofflich
weiter ab liegen, kommt das Schweizerische fast immer irgend=
wie zum Vorschein: im „Pescara" kann der Dichter sich die
Einführung der fast Kellerischen Gestalt des Bläsi Zgraggen
nicht versagen; in „Gustav Adolfs Page" sticht der Haupt=
mann Erlach lediglich als Schweizer so sehr zu seinem Vor=
teil von den reichsdeutschen Kriegsleuten ab, daß Luise von
François, die sich sonst darüber freut, daß auch hier „der
Schweizer Patriot sein Teil erhält", doch mit einem Hinweis
auf den gar nicht tugendhelbenhaften Schweizer Jenatsch da=
gegen Verwahrung einlegt. Auf der Höhe seines Schaffens
freilich, in der „Hochzeit des Mönchs", in „Angela Borgia"
bleibt alles Schweizerische weit dahinten; auch im „Leiden
eines Knaben" spürt man den Schweizer wenigstens nicht
stofflich — mit Recht weist dagegen Lina Frey auf den un=
verkennbaren pädagogischen Zug dieser letzteren Novelle hin,
wodurch Meyer sich wieder mit Keller zu berühren scheint, bei
dem indes das Erzieherische viel offener, tendenziöser auftritt,
dies schweizerische Element sich stärker ausprägt. Aber auch
Meyer „predigt", nur tut er es indirekt. Ich habe die Er=

fahrung gemacht, daß literarisch gebildete Franzosen sich über scharf protestantische Tendenz zum Beispiel schon im „Jürg Jenatsch" ereiferten. Der Schweizer bricht immer wieder durch, wenn auch C. F. Meyer 1883 an Luise von François schreibt, er habe den „Dynasten" beiseite legen müssen, weil das „Schweizerische" ihm widerstanden habe. Doch setzt er hinzu: „Das wird vorbeigehen". Er kannte sich. Gegen das Ende hin behielten schweizerisch-zürcherische Stoffe, wie der „Dynast" und der „Komtur" die Oberhand, wenn man so die Tatsache deuten darf, daß im Nachlaß, soweit er erhalten ist, die heimatlichen Stoffe materiell überwiegen und auch in mündlichen und brieflichen Unterhaltungen der letzten Zeit in den Vordergrund zu treten scheinen, z. B. gegenüber den Hohenstaufenplänen.

Einer Nichtschweizerin wie Luise v. François erschien C. F. Meyer so durchaus Schweizer, daß sie in einer Unterhaltung über den mittelalterlichen „Dynasten" 1881 den Wunsch äußern konnte, auch einmal „ein Dichterbild aus dem Leben der Mitgeborenen aus Ihrer naturreichen und leutebunten Heimat" von ihm zu sehen: „Sie könnten es geben und Sie allein". Dies angesichts der „Leute von Seldwyla"! Immerhin behält sie recht mit der Feststellung, allen Meyerschen Dichtungen, „den geversten wie den ungeversten", fließe Schweizerblut in den Adern.

Wurzeln Keller wie Meyer fest in der engeren Heimat, so fühlen beide darum nicht weniger tief ihre Zugehörigkeit zum großen geistigen Vaterlande, womit es zusammenhängt, daß Keller von einer eigentlich „schweizerischen" Literatur nie etwas hat wissen wollen, während C. F. Meyer die Träume von einer solchen gelegentlich gar für „baren Unsinn" erklärt hat. Dem grünen Heinrich war beim Passieren der Rheinbrücke das herrliche Funkeln des Stromes „wie der Geistergruß eines geheimnisvollen Zauberreiches gewesen", das er betreten: „ich .. hatte von jetzt an das Recht und die Pflicht, die Sprache der Bücher zu reden, aus denen meine Jugend sich herangebildet

hatte." Eine bekannte Strophe der „Rhein= und Nachbarlieder"
preist den Ort am alten Rhein,

> „Wo ungestört und ungekannt
> Ich Schweizer darf und Deutscher sein."

Ähnliche Bekenntnisse ziehen sich durch Kellers ganzes Leben;
noch Salander ergrimmt, als ein Reichsdeutscher in der Schweiz
seinem „gewaltigen Vaterlande" Unehre macht. Diese Gesin=
nung Kellers ist oft mißverstanden worden und hat ihm darum
manche Anfeindung eingetragen.

C. F. Meyer hat sich zwar nicht in öffentlicher Rede wie
Keller, aber darum nicht minder offen zu jenem größeren Zu=
sammenhang bekannt, besonders gegenüber deutschen Besuchern.
In das „Selbstschriften=Album" eines deutschen Verlags schrieb
er 1881: „Der schweizerische Schriftsteller soll das Bewußtsein
der staatlichen Selbständigkeit seiner Heimat und dasjenige ihres
nationalen Zusammenhanges mit Deutschland in gleicher Stärke
besitzen", und bezeichnete diesen Zusammenhang 1887 als „ein
unermeßliches Gut", die Stärkung des Bedürfnisses darnach als
„genauen Gradmesser gründlicher Bildung". Es ist bekannt, wie
er 1871 die Neugründung des Reiches begrüßte; seine deutschen
Empfindungen haben in „Huttens letzte Tage" beredten Aus=
druck gewonnen, mag nun, wie Meyer später in einem Schriftchen
über seinen „Erstling" sagt, zwischen den großen Ereignissen
jener Jahre und dem Entstehen der Dichtung eine unmittelbare
ursächliche Verbindung bestehen oder diese von ihm wegen der
Gleichzeitigkeit der beiden Erscheinungen unbewußt nachträglich
geschlagen worden sein. Wie deutsch er fühlte, lese man aus dem
Gedicht vom „deutschen Schmied", dem „Gewitter" oder einem
„Trinklied" von 1873; der „Darelhofen" gehört mit hierher.
Auch C. F. Meyer sind Angriffe nicht erspart geblieben, und
zwar wegen jener Huttenverse auf die deutsche Kaiserkrone:
„Er vergaß .. in der Begeisterung des Moments .. sich
selber" sagt seine Schwester, „der er doch jederzeit ein Schweizer

war und seinem republikanischen Vaterlande in warmer Liebe
angehörte".

Gottfried Keller und Conrad Ferdinand Meyer begegnen
sich in ihrem Verhältnis zur R e f o r m a t i o n . Von ihrem
eigentlichen Glaubensbekenntnis soll weiter nicht die Rede sein,
aber der Mann, welcher die Gedichtreihe „Der Gast" im Hutten
gedichtet und die Jesuiten im „Leiden eines Knaben" gezeichnet
hat, gehört neben den Autor der Jesuitenlieder aus der Zeit des
Sonderbundzwistes, der noch im „Sinngedicht" die Gestalt des
Leodegar mit unverkennbarer Abneigung hingestellt hat. Beide
Dichter haben Ritter Hutten verherrlicht; Keller in seinem Ge=
dicht „Ufenau", das Meyer schon singen hörte, als er s e i n e n
„Hutten" noch nicht in sich trug. Bezeichnend ist es ferner, daß
der einzige große Mensch der Geschichte, der zwischen den Phan=
tasiegestalten der Kellerschen Novellen steht, Ulrich Z w i n g l i
ist, der zu Meyers „vertrautestem geistigen Umgange" gehörte,
wie dessen Schwester sagt: Meyer hat ihn nicht nur 1885 in der
Festkantate zur Einweihung des Zwinglidenkmals gefeiert und
öfter, z. B. im „Hutten", episodisch behandelt, sondern gedachte
ihn im „Komtur" neben dem Helden (auch dieser spielt in den
„Hutten" hinein und ist überdies in dem Gedicht „Der Rappe
des Komturs" behandelt) zur Hauptfigur zu machen. Luise von
François hat eine feine Witterung für die Geistesrichtung Meyers
bewiesen, als sie ihn, ohne von diesem längst gehegten Plane etwas
zu wissen, 1882 bat, sich seines größten Landsmannes, des
Zwingli, als Helden anzunehmen, wenn nicht für ein Drama,
so doch für eine epische Dichtung. Der Wunsch kehrt in ihren
Briefen immer wieder, und noch in ihrem letzten Briefe, nach
der Borgianovelle, spricht „das alte Begehren, daß der berufene
Dichter .. zurückkehren wolle in die geliebte heimatliche Zone
.. Ulrich Zwingli harrt noch seines Poeten". Vergebens, denn
der „Komtur" blieb unausgeführt. In ihm würde der Pro=
testant Meyer wohl am deutlichsten zu Worte gekommen sein.
Fällt doch selbst in die bunte Welt des „Pescara" der ernste

Schatten Luthers. Kalischer weist in seiner Untersuchung der Renaissancenovellen Meyers nach, daß die in Pescara vollzogene Verschmelzung des Luthertums mit der italienischen Gesinnung eigenstes Werk des Dichters ist, weil die Quelle nichts davon verlauten läßt. Meyer geht eben nicht in dem Geiste der romanischen Renaissance auf.

Man hat die vorwiegend germanische Kultur Kellers oft der zuvörderst vom Romanischen genährten C. F. Meyers gegenübergestellt; während nun trotzdem Meyers Kunst ohne den germanischen Kern nicht zu denken ist, lassen sich im Schaffen Kellers zahlreiche romanische Einflüsse im einzelnen nachweisen. So hat er zwei Autoren, die auch Meyer nicht ohne Gewinn für seine Kunst studierte, Victor Hugo und Ariost, auf sich wirken lassen.

Zu all diesen kleineren und größeren Übereinstimmungen gesellen sich mancherlei Ähnlichkeiten im Schicksal beider. Es ist gelegentlich darauf hingewiesen worden, daß Meyer wie Keller in früher Kindheit den Vater verloren, daß der Jugend beider die feste männliche Führung mangelte, da beide mit einer noch jungen Mutter, die sie nicht immer verstand, mit einer kleinen Schwester zurückblieben. Beide wuchsen so in eine verträumte Jugend hinein, traten ohne rechtes Steuer ins Jünglingsalter, fanden keinen festen Beruf und gerieten nach und nach außer Reih und Glied der Altersgenossen, die rasch in einer sicheren Lebensstellung Boden gefaßt hatten. Sie lernten beide gründlich die Schatten der Vereinsamung kennen. Die oft unbedachte Hitze im Gespräch, welche Keller sein Lebenlang nicht los wurde, sie war auch Meyer in seiner Jugend eigen. Daß Gottfried Keller den Umweg über die Malerei machte, ist schon durch den Grünen Heinrich bekannt; daß auch Meyer sich in seiner Jugend leidenschaftlich zeichnerisch betätigte, daß noch den Neunzehnjährigen Zweifel quälten, ob er zum Maler oder zum Dichter geboren sei, und ihm sogar damals geraten wurde, er tue wohl besser daran, Maler zu werden, erzählte erst Adolf Frey, nachdem schon K. E. Franzos auf dies seltsame Zusammentreffen kurz aufmerksam gemacht hatte. Manches Gemeinsame in den Jugendschicksalen der beiden Männer, namentlich daß sie beide in der Heimat nicht genug Raum und Licht zur kräftigen Entfaltung ihrer künstlerischen Eigenart gefunden haben, ist auf Rechnung der politischen und gesellschaftlichen Zustände der damaligen Schweiz, des Zürich der ersten Hälfte des 19. Jahrhunderts zu setzen. „Ihr grüner Heinrich ist mir schon deshalb wertvoll und unentbehrlich," schrieb C. F. Meyer am 11. Januar 1883 an Gottfried Keller, „weil er mir die Zeit und den Boden erklärt, auf welchem auch ich gewachsen bin".

Aus den Zeitverhältnissen kultureller Art, aus der Geschmacksrichtung insbesondere mag es sich auch herleiten lassen, daß beide in den vierziger Jahren schwärmerisch J e a n P a u l gehuldigt haben. Im gleichen Jahre 1843, als Keller in sein Tagebuch schrieb: „Er ist beinahe der größte Dichter, welchen ich kenne", war C. F. Meyer eifrig in Jean Paul versenkt, den er, nach dem Berichte der Schwester, jahrelang immer und immer wieder gelesen hat. In reiferen Jahren ist er ihm entwachsen, ohne daß der Jugenddichter bei ihm so deutliche Spuren hinterlassen hätte wie bei dem Autor des „Grünen", welch letzterer in Stil und Komposition bisweilen Jean Pauls Einfluß verrät. Bezeichnenderweise indes hat Keller einen enthusiastischen Erguß des alten „Grünen Heinrich" über den bewunderten Autor in der Neubearbeitung stark zusammengestrichen. Diese Entwicklung von Jean Paul hinweg wird C. F. Meyer im Auge gehabt haben, als er 1889, wohl eigener Jugendpfade gedenkend, an Haessel schrieb: „Die Vergleichung Kellers mit Jean Paul, die von Vischer stammt, ist gewiß zulässig, nur nicht für den Styl, der bei Keller von höchster Klarheit ist", und als er 1890 „Kellers schlichte Form" der Jean Paulischen Art gegenüberstellt.

Auch in Lyricis zeigten Keller und Meyer damals verwandten Geschmack. C. F. Meyer bekennt in einem Briefe an

A. Meißner 1877, H e r w e g h sei sein „Jugendpoet" gewesen —
die Schwester freilich sagt, er habe sich nie für ihn ernstlich be=
geistern können. Es mag sich auch hier um eine allmähliche Ab=
kühlung handeln wie bei Keller, dessen politische Jugendlyrik von
Herwegh bekanntlich stark befruchtet worden ist, dessen Begeiste=
rung sich indes schon frühzeitig Kritik beimischte, und der sich
später von dem Menschen und Politiker Herwegh völlig ab=
wandte; ein Sonett auf den Freiheitsdichter hat er als Denkmal
in den „Gesammelten Gedichten" stehen lassen. Noch einem
anderen Poeten des deutschen Vormärz, der damals in der
Schweiz weilte, gehörte die Neigung Kellers wie Meyers:
August Adolf Ludwig F o l l e n , Kellers poetischer Mentor,
dessen Anteil an der Redaktion des ersten Kellerischen Gedicht=
bändchens Adolf Frey neuerdings im einzelnen nachgewiesen,
hat zumal durch seine Romanzen aus dem schweizerischen Helden=
buch bei beiden Schweizer Dichtern einen Beifall gefunden, der
nicht bloß einer flüchtigen Jugendbegeisterung, sondern einer
nachhaltigen Empfindung entsprang.

Gottfried Keller und Conrad Ferdinand Meyer haben als
abgeschlossene Werke nur Epik und Lyrik hinterlassen; aber
„Jedes künstlerische Streben drängt dem D r a m a als der
höchsten Kunstform mit Notwendigkeit zu", schreibt C. F. Meyer
1882 an L. v. François. Er ahnte es damals noch nicht, daß
er dies höchste Ziel, zugleich aber die Unfähigkeit, es zu erreichen,
mit dem Landsmanne gemein hatte. Bekanntlich ging Gottfried
Keller 1848 mit einem Regierungsstipendium nach Heidelberg
und Berlin, um Dramatiker zu werden, und noch 1886 versprach
er K. E. Franzos für die „Deutsche Dichtung" eine dramatische
Szene. Verfolgt man die dramatischen Bestrebungen Kellers,
von denen kürzlich Preitz eine fleißige Darstellung gegeben hat,
so gewinnt man den Eindruck, als habe der Dichter s i e als
seines Schaffens Kern, seine anderen Erzeugnisse nur als Neben=
stundenarbeit betrachtet. Erst spät erwog er die novellistische
Verwertung alter Dramenstoffe.

Und Meyer? Er schreibt noch 1890: „Il y a un diable qui me tourmente — et il me tourmentait déjà.. il y a quarante ans ou à peu près — c'est le démon du drame. Dieu sait ce qui en arrivera. Probablement rien à 65 ans —" in der Tat ging es ihm fast genau wie Keller: „Schließlich wird's ... doch nur wieder eine Novelle werden", sagt er im gleichen Jahre resigniert zu einem Besucher, von dramatischen Plänen redend. Der „Jenatsch" sowohl als der „Heilige" seien ursprünglich dramatisch konzipiert, berichtet er einmal; noch von „Angela Borgia" sind Bruchstücke dramatischer Entwürfe erhalten, vom Hohenstaufentorso dramatische wie erzählende Reste. Dieser gemeinsame Zug einer Art unglücklicher Liebe zum Drama bereichert die bisher festgestellten Übereinstimmungen zwischen Keller und Meyer um ein wesentliches Moment. Daß beide kein Drama zustande brachten, hat man darauf zurückführen wollen, daß sie in einem Land lebten, wo ein echter Dichter schwer zu dramatischem Schaffen komme; damit aber wird sich das Problem schwerlich abtun lassen. Auch würde die Rücksicht auf Erfolg oder Nichterfolg in der Schweiz, auf die äußere Frage der Aufführbarkeit und dergleichen wohl weder Keller noch Meyer abgehalten haben, ein Drama fertig zu schreiben, wenn sie einen solchen Entschluß wirklich so leicht ihrem innersten Wesen nach sich hätten abringen können. Ich glaube, daß man der Lösung näher kommt mit der Behauptung, C. F. Meyer sei deswegen nicht zum Drama gekommen, weil er im dramatischen Schaffen zu hohe Anforderungen an sich stellte und diesen nicht glaubte genügen zu können. Wohl hat er einmal den Ausspruch getan, er glaube „Herr zu sein dessen, was das Drama bedarf, der weitfaltigen leidenschaftlichen Rede, der Dialektik und Sophistik des Herzens", aber er hat selbst nicht so recht daran geglaubt, daß es ihm vergönnt sei, diese „höchste Form der Kunst" rein auszuüben, und einer Dichterin, die ein paar Szenen seines „Jenatsch" dramatisiert hatte, den für seine Auffassung bezeichnenden Rat erteilt: „Sie müssen warten, ehe Sie mit etwas

Dramatischem vor das Publikum treten. Man muß die Leiter stufenweise erklimmen und darf nicht die oberste Sprosse zuerst nehmen." So mag auch Keller empfunden haben, der von früh an hauptsächlich durch theoretische Studien über das Drama in sich einen sehr hohen Begriff eines vollendeten Schauspiels entwickelt hat; einen so hohen, daß er es immer wieder aufschob, ihm Gestalt zu geben, weil er immer noch mehr Reife dazu erstrebte. Es fehlte den beiden sorgsamen Epikern der jedem Dramatiker unerläßliche Wagemut, den Bann des Zweifels und Wägens keck zu durchbrechen und fürs erste einmal etwas Unvollendetes und Problematisches hinzustellen.

Was von einer Seite betrachtet als ein Mangel erscheint, wird uns bei genauerem Zusehen als Begleiterscheinung eines hohen Vorzuges begreiflich, den sie beide als Schriftsteller teilen: die übertriebene Gewissenhaftigkeit des Autors entsprang dem hohen Ernste des Künstlers. Und alles, was mit solchem verbunden ist, war ihnen beiden eigen: sie bringen niemals, mit Bewußtsein wenigstens nicht, der Materie als solcher künstlerisch ein Opfer. Und doch haben sie beide nie etwas Unwirkliches geschrieben — wenn man nicht Stoffe, wie die „sieben Legenden" und „Engelberg", auf deren innere Verwandtschaft mit Recht aufmerksam gemacht worden ist, so betrachten will. Man darf daher Adolf Frey wohl zugestehen, daß die reife Kunst beider eine entschiedene Abkehr von der Romantik bedeutet, wenn auch Gottfried Keller bis in „Salander" hinein in gewissen Zügen den Romantiker wider Willen nicht verleugnen kann. Beiden Dichtern liegt es fern, irgend einer literarischen Richtung Zugeständnisse zu machen oder nach dem vagen und doch herrschsüchtigen Geschmacke des Publikums zu fragen. Sie stehen durchaus auf sich selbst, nähren ihre Kunst aus dem ureigensten Leben, was als gemeinsamer Grundzug ihres lyrischen Schaffens bereits von Lina Frey betont worden ist. Sie setzen ihre ganze Seele an das, was sie schaffen; Ehrlichkeit und unantastbare Lauterkeit ist ihnen gemeinsam wie höchste Strenge eines bei der Formgebung stets wachsamen künstlerischen Gewissens, mit der eine ausgesprochene Abneigung gegen b e w u ß t e Technik Hand in Hand geht, gegen alles, was nur von fern nach literarischer Routine aussieht.

Gerade weil ihr Schaffen nirgends bloß Kunstübung ist, ihr Werk nirgends nur ein Zusammenspielen greifbarer Faktoren, den Schnittpunkt mehrerer historisch bestimmbarer Linien dar= stellt, sondern da stets die Ausprägung der innersten Persönlich= keit, die Entfaltung von nur dem Schaffenden selbst am besten vertrauten Gemütskräften den entscheidenden Zug bildet, haben Keller wie Meyer der Literaturhistorie als einer G e s e t z e auf= stellenden Wissenschaft ihr Lebenlang ein wenig skeptisch gegen= übergestanden. Der reinen Theorie waren sie überhaupt beide nicht hold; zur Philosophie als Ausdruck einer objektiv begrün= deten, über subjektive Anlagen hinausreichenden, notwendigen W e l t anschauung haben sie nur vorübergehend ein Verhältnis gesucht: sie haben sich beide eine subjektiv fest gegründete per= sönliche Ethik, eine tiefe und reiche L e b e n s anschauung er= baut und behauptet, auf einen klar bestimmten philosophischen Standpunkt aber Verzicht geleistet. Beider Richtung war nicht objektiv, theoretisch, betrachtend; nicht wissenschaftlich, sondern subjektiv im tiefsten Wortsinne. Ihre psychologischen Interessen waren außerordentlich reich und mannigfaltig, aber stets mit der mehr oder minder klaren Absicht s c h ö p f e r i s c h e r Aus= prägung verknüpft. Sie waren nicht Philosophen, sondern Dichter. Und als solche hatten sie alles gemeinsam, was im Grunde den Dichter macht. In diesem allgemeinen Sinne haben die Worte Betsy Meyers Berechtigung: C. F. Meyer habe sich „auf ästhetischem Boden" mit Gottfried Keller trefflich ver= standen. Man darf nicht vergessen, daß die Übereinstimmung gerade in ihrem a l l g e m e i n poetischen Charakter ihre Grenze erkennen läßt.

Das bisher Erzählte genügt, um uns begreiflich zu machen, daß Keller und Meyer einem weiteren Kreise von Literaturfreunden als Dichterpaar, ja als Freundespaar erscheinen konnten. Indes wird ihr Verhältnis nicht bestimmt durch das Gemeinsame, was sie verband, sondern durch die Verschiedenheiten, welche sie trennten. In ihrer Darstellung besteht daher unsere eigentliche Aufgabe. Die Mahnung Goethes an Knebel, man solle immer mehr beobachten, worin sich die Dinge unterscheiden, als wodurch sie einander gleichen, darf nun in Kraft treten.

Im „Sinngedicht" tut Keller gelegentlich die Außerung: „Es ist nicht jedermanns Sache, ein siamesischer Zwilling zu sein." Damit ist das Gefühl bezeichnet, das sich in ihm regte, wenn er sich immer wieder mit Meyer zugleich genannt hörte, wenn sie beide gar nebeneinander abgebildet waren. Es war ihm auf die Dauer verdrießlich, stets als „Genosse einer Schweizerfirma ‚Keller und Meyer'" — auch mündlich hat er Bächtold gegenüber jenes Gleichnis aus den „Geistersehern" angewandt — aufgeführt zu werden. Er machte Meyer gegenüber kein Hehl daraus. „Was Sie bei meinem neulichen Besuche sagten", schreibt ihm sein Landsmann im Juli 1884, „daß Ihnen das Zusammengenannt oder Abgebildetwerden nicht angenehm sei, ist auch mein Gefühl". Keller scheint mißtrauisch das Gegenteil vermutet zu haben, denn Meyer meldet im Dezember desselben Jahres: „. . gestern, da ich meiner Kleinen das Weihnachtsheft der deutschen Ill. Ztg. zugeschoben hatte, sagte das Kind: ‚Da bist du, Papa, und wer ist neben dir?' Ich sah zu und mußte lachen. Das ist doch wahrlich eine Demonstratio ad oculos, daß ich an den mißliebigen Vergleichungen und Zusammenstellungen unschuldig bin! Diesen Artikel hätte ich mir denn doch nicht bestellt (Wie überhaupt keinen!)".

Man fühlt sofort: hier handelt es sich nicht bloß um die Abwehr einer lästigen Erscheinung, einer Geschmacklosigkeit. Da spricht das Bewußtsein einer Verschiedenheit, die ein Hand=in=

Hand=gehen ausschließt. ̄ Sie hat bestanden, und sie ist so tief=
gehend, daß die oben aufgezählten Übereinstimmungen oft müh=
sam unterstrichen, hervorgehoben werden mußten, um über=
haupt als solche empfunden zu werden. Man wird inne, daß
nur einer oberflächlichen Betrachtung Gottfried Keller und
Conrad Ferdinand Meyer als Dioskurenpaar erscheinen konnten.
Einem gemeinsamen Denkmal in Zürich scheinen sie trotz allem
nicht zu entgehen.

2. Die Quellen.

Seit kurzem erst ist eine Darstellung der Beziehungen
zwischen Keller und Meyer ermöglicht: der urkundliche
Unterbau wurde geschaffen durch die erstmalige Veröffentlichung
ihres vollständigen Briefwechsels durch Adolf Frey im ersten
Bande der Meyerbriefe 1908. Außer fast sämtlichen Briefen
C. F. Meyers waren elf von den zweiundzwanzig dort abge=
druckten Kellerbriefen bis dahin unbekannt; die übrigen sowie
etliche Briefe Meyers hatten bereits Jakob Bächtold im
britten Bande seines Kellerwerkes (1893 ff.) und Adolf Frey
in seiner Meyerbiographie (1900) abgedruckt, deren zweite Auf=
lage seit kurzem (1909) vorliegt.

Ein klares Bild zu gewinnen, wie ein Beurteiler und
strenger Richter der Briefe C. F. Meyers meint, reicht der
Briefwechsel indes allein nicht aus. Schon Meyer nannte seine
Kellerbriefe, die er 1890 an Bächtold schickte für dessen Keller=
biographie, „eher liebenswürdig als interessant". Geht dies
Urteil auch etwas zu weit, so hat doch Bächtold Recht, wenn er
in seiner begreiflicherweise sehr kurz gehaltenen Notiz über
Kellers Beziehungen zu seinem Landsmann von einer „charakte=
ristischen Einsilbigkeit" des Briefwechsels redet. Sie scheint uns
zunächst nicht weiter befremdlich, weil man sich sagt, daß zwei
Nachbarn ja höchstens Bedürfnis zur Mitteilung kurzer Bot=
schaften, Fragen und dergleichen verspüren können und das

Beste und Wichtigste zweifelsohne mündlich abmachen werden. Das Prädikat „einsilbig" bezieht sich indes nicht nur auf die geringe Zahl und die Kürze der Briefe, sondern auf den Ton des I n h a l t s. Er ist charakteristisch für die Art des Verhältnisses. Man muß zwischen den Zeilen lesen. Aber auch dadurch wird der dürftige Rahmen, den der Briefwechsel darstellt, nicht geschlossen. Wir müssen ihn ergänzen und mit einem halbwegs deutlichen Bilde füllen durch die Äußerungen der Dichter über ihr Verhältnis Dritten, sowie der Öffentlichkeit gegenüber und durch die Zeugnisse solcher, die b e i d e gekannt haben. Hierbei liefern gerade die Erscheinungen der letzten Jahre reichen Stoff.

Über sein Verhältnis zu Keller hat C. F. M e y e r unmittelbar nach dem am 15. Juli 1890 erfolgten Tode Kellers Rechenschaft abgelegt in seinen „E r i n n e r u n g e n a n G o t t f r i e d K e l l e r" — der Titel, schreibt er am 5. Oktober 1890 an F. Wille, sei nicht von ihm. Er hat sie auf eine Einladung von K. E. Franzos hin für dessen „Deutsche Dichtung" im August auf dem Rigi verfaßt. Mit welcher Sorgfalt und Zurückhaltung er dabei zu Werke ging, wie sehr er darauf bedacht war, kein Wort zuviel zu sagen, beweisen seine zahlreichen Auslassungen über die kleine Arbeit: „.. ich habe mir beikommen lassen, etwas über ihn (Keller) aufzuzeichnen" heißt es in einem Briefe an Lingg vom 1. August 1890, „mit Vorsicht, von unserer letzten Unterredung .. erzählend, mehreres noch mit Genuß verschweigend". Am 15. August meldet er Frey: „Bei himmlischem Wetter sitze ich über meinem Keller ... er ist sehr harmlos"; am 18. August: „Wenn mein kleiner Kellerartikel, so harmlos er ist, irgendwelchen Widerspruch finden sollte, so werde ich einfach schweigen." Am 3. September: „Schreiben Sie mir zur Orientierung .. ein Wort beim Erscheinen meines Kellerartikels." Dieser erschien am 1. Oktober; und da in der nämlichen Nummer ein kleiner Aufsatz Freys über G. Keller steht, freut sich Meyer, daß „die Parallelstellen" in beiden Artikeln sich nicht widersprechen (28. September), wie

er auch am 2. November seine Befriedigung darüber ausdrückt,
daß die ihn nennenden Stellen eines neuen Frey'schen Artikels
in der Deutschen Rundschau über „Das letzte Jahr" Kellers
nicht mit dem seinen streiten. In einem Briefe an seinen Ver=
leger Haessel vom 22. September charakterisiert er seine kleine
Schrift als „sehr loyal geschrieben, völlig wahr und doch reser=
viert", in einem solchen an seinen Verwandten F. v. Wyß zu
Anfang Oktober als „wenigstens ganz, ja peinlich wahrheits=
gemäß". Zu einem deutschen Besucher äußert Meyer am 1. Ok=
tober, nur auf Bitten von Franzos habe er die „Erinnerungen"
niedergeschrieben. „Aus freiem Antriebe würd ich's nie getan
haben, weil ich eigentlich alle persönliche Schreiberei hasse. Es
war mir auch leid, sobald ich's getan hatte, ich möcht es gern
wieder zurücknehmen. Da konnte längst nicht alles gesagt werden.
Es ist mit viel Auswahl und Vorsicht geschrieben." Es sei „wenig
und ohne animo", bemerkt er F. Wille am 5. Oktober — F. Bovet
gegenüber bezeichnet er am achtzehnten den Artikel als „un
mot.. d'une extrême franchise", um im Widerspruch hierzu
am 24. Oktober F. Wille und am selben Tage fast wörtlich
ebenso L. v. François zu erklären: „Das über Keller .. ist
wenig. Man muß zwischen den Zeilen lesen. Es war mir ein
Ehrlichkeitsbedürfnis (und wohl auch ein bischen Klugheit),
irgendwo niederzulegen, daß er und ich uns n i c h t nahestanden."

Man sieht, wie Meyer kommentiert, erklärt, Mißdeutungen
im voraus begegnen will; man fühlt, daß die kleinen „Erinne=
rungen" eine lange Vorgeschichte haben müssen und nur der
peinlich sorgsam überdachte Ausdruck einer Reihe von Erfah=
rungen sind, die den Dichter, der ohnehin kaum etwas zu Papier
brachte, was er zurückzunehmen wünschen mußte, gelehrt haben,
mit allen Äußerungen, die seine Beziehungen zu Keller be=
treffen, besonders bedächtig zu Werke zu gehen. Die „Erinne=
rungen" sind keine objektiv historische Publikation. Meyer sprach
als literarische Persönlichkeit, die ihrer eigenen Art und Stel=
lung, zugleich der zum literarischen Publikum Rücksicht schuldet

und sich nichts vergeben darf; er sprach auch als Schweizer, als
Zürcher Schriftsteller, dessen Worte von einem ganz bestimmten
Kreise von Landsleuten, Stadtgenossen, von Kellerfreunden,
die auch ihm selbst nahestanden, von einer größeren Keller=
gemeinde aufgefangen, gedeutet, im Guten und Schlimmen be=
nutzt werden konnten. So kann er der Gestalt des eben Ver=
storbenen nicht gegenübertreten wie der Geschichtschreiber
einem zur Geschichte Gewordenen. Des Toten „Lieben und
Hassen und Habern, das klopft noch dort oben in sterblichen
Adern". Zahlreiche lebendige Beziehungen hat er zurückgelassen,
und Meyer weiß, daß nun e i n Tritt tausend Fäden regen wird.
Er werde sich „nur vor dem Zuviel und der Anekdote hüten
müssen", sagt er in den einleitenden Worten des Schriftchens.
Er mußte sich zurückhalten, wollte er nicht den Eifrigsten in der
Kellergemeinde als kleinlicher Rechner und Sittenrichter er=
scheinen. Wird man doch gewiß hier und da schon gemurrt
haben, als Meyer wenige Wochen zuvor unter dem unmittel=
baren Eindruck von dem Heimgange Kellers in einem kurzen,
„die spezifische Vaterlandsliebe des Schweizers und seine Gottlob
noch immer aufrechten ethischen Eigenschaften der Gradheit und
Pflichttreue" feiernden öffentlichen Nachruf die „seltene Mi=
schung" dieser Eigenschaften nicht nur „mit einer ungewöhnlich
starken Phantasie", sondern auch „mit ihren Launen und Ver=
wegenheiten" als das Wesen Kellers bezeichnete. Gleichzeitig
mußte Meyer darauf bedacht sein, jede Wendung zu vermeiden,
aus der gewisse Kreise leichtfertig oder böswillig einen „Beweis"
für Unzurechnungsfähigkeit Kellers in seinem letzten Jahr
hätten schmieden können. Aber er durfte andererseits auch nicht
zu w e n i g sagen. Er mußte so offen es anging den Charakter
der Beziehungen darstellen, er durfte anekdotenhafte Züge,
welche diese erleuchteten, nicht unterdrücken, wenn er nicht den
Vorwurf der Kälte und unangebrachten aristokratischen Zurück=
haltung vernehmen wollte. Und wenn er schließlich seine „Er=
innerungen" in der „Deutschen Dichtung", das heißt vor einem

18

großen literarischen Publikum niederlegte, so mußte das Werk=
chen inhaltlich über das Persönliche, das spezifisch Zürcherische,
Schweizerische hinausgehen; die Schilderung mußte mehr die
objektivere Beleuchtung des deutschen Schriftstellers haben, und
weiter mußte der Inhalt allgemeiner literarisches, menschliches
Interesse wecken. Die Klippen, zwischen denen Meyer sich hin=
durchwinden mußte, waren also recht zahlreich, und man muß
es bewundern, daß er sie umfuhr, ohne von der Wahrheit ab=
zuweichen oder Wesentliches zu verschweigen. Man begreift nun
seine zahlreichen Hinweise auf die Notwendigkeit, zwischen den
Zeilen zu lesen, sein Schwanken im Urteil über das Geschriebene.
Die Personen, welchen er jene gab, waren mit dem Sachverhalt
vertraut und wußten, w a s zu lesen war.

Zu Anfang der „Erinnerungen" tritt er der „natürlichen
Voraussetzung", daß er und Keller sich als Landsleute nahe=
gestanden haben müßten, mit dem Bekenntnis entgegen: „Das
war nun nicht der Fall; doch haben wir uns immerhin gekannt,
und es fand zwischen uns ein freundliches Verhältnis statt."
Damit erscheinen alle folgenden Außerungen sofort in der
richtigen Beleuchtung: „.. gerade weil nun unsere Begeg=
nungen selten waren, haben sie sich meinem Gedächtnisse mit
der größten Treue eingegraben." Und nun werden die markan=
testen Züge knapp und scharf hervorgehoben. Meyer redet von
der Ehrerbietung, die er vor dem „ethischen Gewicht" von
Kellers Charakter empfand. Er weist auf einzelne, lauter sym=
pathische Eigenschaften: Herzenshöflichkeit, „die ihn in seinen
guten Stunden und Jahren nie verließ", Freundlichkeit des
äußeren Wesens; seelenvolle Wehmut „war ihm durchaus nicht
fremd". „Am meisten über und gewaltig imponierte mir seine
Stellung zur Heimat, welche in der Tat der eines Schutzgeistes
glich." — Einer bestimmten Kunsttheorie, einem Schlagwort
sich unterzuordnen, habe er nicht geliebt; das Schöne war ihm
die „mit Fülle vorgetragene Wahrheit". Eben wegen dieses
Wahrheitsstrebens „suchte er, und oft peinlich, das Reale", ohne

deshalb Realist sein zu wollen. Geschichtliche Stoffe boten ihm
zu wenig sichere Wahrheit. Sie lag für ihn nur in dem aus der
eigenen Persönlichkeit Gewachsenen. Von den in den „Erinne=
rungen" enthaltenen Urteilen Meyers über Kellers Schöpfungen
im einzelnen soll weiter unten die Rede sein. Er erzählt zwei
Besuche bei Keller, besonders den letzten vor seinem Tode.
Die rauhen Seiten des Kellerischen Wesens, die doch bei Be=
gegnungen mit ihm am meisten aufzufallen pflegten, sind nur
obenhin gestreift, wie in einer Parenthese des Eingangs, über
die man leicht hinwegliest: „Er zeigte sich mir immer — oder
fast immer — liebenswürdig und geistreich unterhaltend."

Die Lücken der „Erinnerungen" werden zum Teil aus=
gefüllt durch Fritz Kögels Mitteilungen aus einem Ge=
spräche, das er bald nach Kellers Tode mit C. F. Meyer hatte:
„Immer wieder kam er auf Keller zurück. Was er mir über
ihn gesagt hat, sollte seine ‚Erinnerungen an Gottfried Keller'
.. ergänzen." In dieser Unterhaltung gab sich Meyer weit
offener als dort. Betsy Meyer rühmt die Treue der Kögelschen
Mitteilungen; sie glaube fast des Bruders „Stimme und Be=
tonung" zu hören. Diese Aufzeichnungen besitzen daher den
Wert einer unmittelbaren Quelle.

„So genau wie ich hat die beiden (Keller und Meyer) z u =
g l e i c h schwerlich jemand gekannt", darf A d o l f F r e y von
sich sagen. So hat denn die freilich sehr knappe Darstellung des
persönlichen Verhältnisses der zwei Dichter in seiner Meyer=
biographie für unsere Frage besonderen Wert. Dasselbe gilt
von seinen noch zu Meyers Lebzeiten entstandenen „Erinne=
rungen an Gottfried Keller" in ihrer Eigenschaft als Charakter=
zeichnung Kellers — dessen Verhältnis zu Meyer ist aus nahe=
liegenden Gründen nicht berührt. Das Buch ist sozusagen unter
Meyers Augen entstanden, wie zahlreiche Stellen aus Schreiben
Meyers an Frey selbst, an Frau Lina Frey (welche einige gleich=
falls vom Dichter geschätzte Kellerartikel veröffentlicht hat), an
den Verleger Haessel und an J. V. Widmann, der Freys „Erinne=

rungen" besprochen hatte, erkennen lassen. Meyer hatte Frey, nachdem er seine eigenen „Erinnerungen" geschrieben, im Vorhaben der seinigen ermuntert; er urteilte, die Schlicht= heit des Wortes mache die Kellerskizze ungemein glaublich: „Ich finde das Ganze sehr gut und das Porträt, bei verwandten Naturen des Beschreibenden und des Beschriebenen, sehr ähn= lich. Sie haben Bächtold die Sache schwer gemacht und ihn sozusagen auf das Biographische eingeengt". „Ich habe Ihren Keller... wieder in einem Zuge gelesen. Ein im höchsten Grade erfreuliches Buch! Kellers Schwächen liebevoll angedeutet, ge= rade genug ... das Lob eher maßvoll als übertrieben."

Das Jahr 1903 brachte B e t s y M e y e r s Erinnerungen an ihren Bruder, die man nach ihrer Mitarbeit an Freys Meyer= werk kaum noch erhofft hatte. Die wegen ihrer Unbefangenheit rühmliche Skizzierung der Stellung des Bruders zu Keller er= gänzt die Schilderung Freys durch charakteristische Züge, er= regt indes doch Bedauern wegen ihrer bei aller Feinheit der Stilisierung empfindlichen, wenn auch begreiflichen Knappheit. Die kurzen brieflichen Mitteilungen, mit denen sie jene Skizze ergänzte, empfinde ich daher als besonders wertvoll. Betsy Meyer überblickt hauptsächlich die Zeit bis zum Aufsteigen und der Festigung von Meyers Schriftstellerruhm, die Zeit, in welcher sie die tägliche Gefährtin seines Lebens und seiner Arbeit gewesen ist. Die spätere vom Ende der siebziger Jahre bis zum Tode Kellers, gerade die für das Verhältnis der beiden Dichter ent= scheidende, wird leider nur gestreift.

A l b e r t K ö s t e r standen bereits 1900 bei der erst= maligen Veröffentlichung seiner sieben Vorlesungen über Gott= fried Keller wichtige Urkunden für die Stimmung K e l l e r s gegenüber Meyer zur Verfügung, wodurch seine „paar Worte über das Verhältnis" Gewicht erhalten. „Keller ist ge= legentlich mit harten Worten über Meyer herausgepoltert. Aber diese Zeugnisse der Übereilung ruhen in meinem Gewahrsam und sollen nicht öffentlich wiederholt werden." Es handelt sich

um den Briefwechsel zwischen Storm und
Keller, mit dem Köster bald danach hervorgetreten ist.
Glücklicherweise hat er dann doch nicht alle jene Zeugnisse unter=
drückt, wenn auch seine Gedankenstriche immerhin noch genug
bergen mögen, was hätte mitgeteilt werden können, ohne daß
der Herausgeber den Vorwurf der Unzartheit auf sich gezogen
hätte. Auch ich denke: Beide sind tot, und beide sind so groß,
daß ihr Bild keiner Retouche bedarf. Die Briefe an Storm
bilden die wichtigste Ergänzung des Briefwechsels zwischen
Meyer und Keller, weil dieser, der im Gegensatz zu jenem über
den Landsmann schriftlich sich nur sehr selten ausspricht, vor
Storm in seinem Urteil mehr aus sich herausgeht.

August Langmesser hat zu seinem Meyer=Buche die
für unsere Absicht aufschlußreichen, in Freys Briefwerk nicht
enthaltenen Briefe Meyers an Julius Rodenberg benützen
können. Dadurch allein hat für uns Wert, was er zur Charakte=
ristik des Verhältnisses zwischen den beiden Schweizern bei=
steuert.

Meyers Schreiben an Louise v. François wurden kurz nach
dem Erscheinen von Langmessers Buch, der sie bereits benützt
hatte, vollständig und vereint mit den Gegenstücken durch
Anton Bettelheim vorgelegt. Für unseren Zweck ist
der mehr anmutige als tiefe Briefwechsel weniger ergiebig als
etwa die Briefe Meyers an A. Frey und H. Haessel; und mit
den Keller=Storm=Blättern kann er nicht auf eine Stufe treten.
Aber er verdient Beachtung, weil hier Meyer mit einer Korre=
spondentin zu tun hat, die ihn mit Entschiedenheit über
Keller stellt und ihr Geschmacksurteil beredt begründet.

Mit diesen Briefblättern schließt die Reihe der unmittel=
baren Quellen ab.

3. Meyer und Keller um 1870.

Gottfried Keller und Conrad Ferdinand Meyer sind sich erst als reife Menschen gegenübergetreten. Da schließen sich Freundschaften schwer. Und gar Dichterfreundschaften! Die Werdezeit des gegenseitigen Verständnisses ist fast immer ein offener oder versteckter Kampf. Jeder will überwunden und erkannt sein, bevor er sich gibt. Grade bei den Größten dauert das Messen der Kräfte am längsten, weil das Eigene hier am stärksten ist; die Kleinen kommen so oder so schneller zu friedlicher Einigung. Bei bloß literarischen Freundschaften ohne engere menschliche Berührung freilich ist ein Gemeinsames bald entdeckt; der Briefwechsel zwischen Storm und Keller ist in neuerer Zeit das schönste Beispiel einer solchen aufs Geistige gestellten Freundschaft. Hätte sie standgehalten, wenn der Züricher Alte das vom Freunde berechnete Retourbillet nach Hademarschen wirklich gelöst hätte? Es lag da allerlei verborgener Zündstoff zwischen den beiden, der sich brieflich unschädlich verzehrt hat. Ob auch bei einer m ü n d l i c h e n Unterhaltung etwa über den Schluß der „armen Baronin" oder das „Lyrum=Larum" der kleine Meister Gottfried ruhig geblieben wäre? Seine Briefe wurden nach der Aussprache Storms gerade über dies letztere Thema sehr einsilbig, und er verstummte in herber Stimmung schließlich ganz, als Storm nicht leugnet, über „Salander" „etwas verschnupft worden zu sein". Der Norddeutsche und der Schweizer haben sich nicht von Angesicht zu Angesicht gesehen; so endet die Harmonie mit einem leisen Verklingen, nicht mit einer Dissonanz.

Bei einem Gegenübertreten Auge in Auge bleibt ein in gewissem Sinne mißtrauisches Messen der Kräfte — rein dichterischer wie menschlicher Art, wenn man hier trennen kann — kaum aus. Wenn zwei Dichter nebeneinander leben sollen, wohl gar in einem gemeinsamen Bekanntenkreis, wenn eine Beziehung zwischen ihnen werden soll, die nicht nur durch das

Geiſtige und Poetiſche gegeben iſt, ſondern zugleich inmitten
aller Wirklichkeiten des Lebens walten muß, dann ſcheinen dieſe
vergänglichen und äußeren Dinge ſich wie ein Nebel zwiſchen
die beiden Menſchen zu ſchieben, und das Erkennen im höheren
Sinne zu erſchweren. Die beiden Großen von Weimar ſind
jahrelang nebeneinander hergegangen, kalt, feindlich faſt, ehe
ſie ſich fanden. Goethe hat uns mit ſchlichten Worten geſagt,
warum dies endlich möglich wurde: „So verſchieden unſere
beiderſeitigen Naturen auch waren, ſo gingen doch unſere Rich=
tungen auf eins.“ Und beide waren ſtark genug, hiervor alles
andere zurücktreten zu laſſen. Keller und Meyer haben die
Brücke nicht gefunden, welche ſie zum Gemeinſamen, zur
höheren menſchlichen und dichteriſchen Einheit geführt hätte.
Wir wollen nicht berechnen, was wir dadurch verloren haben.
Wir können nur betrachten, wie das gekommen iſt.

Verſuchen wir, uns in die Zeit zurückzuverſetzen, wo
C. F. Meyer ſich anſchickte, mit ſeinen erſten Dichtungen von
Bedeutung ans Licht zu treten, in die Zeit um 1870.

C. F. M e y e r war fünfundvierzig Jahre alt. Die dumpfe
Zeit lag hinter ihm; noch nicht lange. Erſt um die Mitte der
ſechziger Jahre iſt er ſich völlig klar über den Weg, den er zu
gehen hat. Zurückblickend hat er mit einem faſt zu bitteren
Worte 1880 von einer „jeunesse à peu près nulle“ geredet, die
er „par une virilité un peu moins stérile“ ausgleichen müſſe.
Der Gegenſatz freilich zwiſchen der langen Entwicklungszeit und
den Jahren der Vollendung iſt ſo ſchroff, daß jene aus dieſer
heraus betrachtet wohl nichtig erſcheinen kann. Es iſt, wenn man
bloß das äußere Geſchehen erwägt, wie ein Schnitt zwiſchen den
beiden Lebenshälften. Dort die Geſpenſter der dumpfen Jahre,
des ſchweren Bannes. Und hier bricht nach der langen Unfrucht=
barkeit faſt ohne Übergang ein reicher Herbſt herein. „Kein Aſt,
der ſeiner Frucht entbehrte.“ Auch bei Keller verlief ja die Ent=

24

wicklung auf Umwegen. Aber er ist in viel früheren Lebens=
jahren als Meyer zu seinem Berufe durchgedrungen. Der ver=
einsamte Züricher Patriziersohn mußte mit dem poetischen Trieb
allein fertig werden. Keller fand unter den deutschen Flücht=
lingen die Anregung und Förderung, welche das Zürich der
vierziger Jahre nicht bieten konnte. Und bei aller materiellen
Not der Jugendzeit war er glücklicher gewesen als der wohl=
habendere und darum scheinbar von jeher sorgenfreie Lands=
mann, was Lina Frey glücklich mit den Worten ausdrückt, für
Gottfried Keller sei es wohl auch eine Entscheidung, eine Be=
freiung gewesen, als er die Heimat seines Lebens in der Poesie
gefunden habe; aber ihm sei von früh auf eine allgemein künst=
lerische Richtung deutlich bewußt, und die Poesie nur die end=
liche Erfüllung dessen gewesen, was er als Maler erstrebt hatte.
C. F. Meyer habe sich erst gefunden, als er das Leben, das seine
sensitive Seele zu ersticken drohte, als Dichter zu bewältigen
lernte. Der Ertrag aus den vor 1870 liegenden Jahren ist gering:
er lag gesichtet vor in den „Zwanzig Balladen von einem
Schweizer" (1864) und den kurz zuvor (1869) erschienenen
„Romanzen und Bildern". Nur die letztere Sammlung kündigt
entschieden den späteren Meister an. Die halb wissenschaftlichen
Anwandlungen sind noch nicht ganz abgestreift: Meyers
Thierry= und Guizotübersetzungen liegen zwar um mehr als
ein Jahrzehnt zurück; aber eine geschichtliche A b h a n d l u n g
scheint ihm noch 1867 der einzige Weg aus den Zweifeln an
seiner Kunst, die ihn bei den ersten Versuchen befallen, den
„Jenatsch" zu gestalten. Allein die innere Kräftigung ist doch
so weit vorgeschritten, daß er seiner selbst bald Meister wird, das
Gestrüpp von quälenden Zweifeln entschlossen durchhaut. Es
ist, nur kräftiger, nachhaltiger, ein Durchbruch in freie Luft, wie
ihn in den fünfziger Jahren nach dem Besuche von Prefargier
jene ersten schriftstellerischen Veröffentlichungen vollzogen
hatten, die man darum ebensowenig wie Conrads Mitarbeit an
Betsys Naville=Übersetzung oder an der „Suisse pittoresque"

bloß als undichterische Verirrungen seines Wesens einschätzen
darf. Daß ihm aus Guizot und Thierry wertvolle stoffliche
Keime im Sinne blieben, die viel, viel später aufgingen,
kann hier außer Betracht bleiben: aber jene Versuche lehrten
ihn, die Arme zu strecken, Schatten zu verjagen, die ihn lange
fast erdrückt hatten. So haben sie das Werk der inneren Selbst=
befreiung, welches sich gegen Ende der sechziger Jahre voll=
endete, vorbereiten helfen.

Jenes Schwanken über den Jenatschplan ist nicht das
letzte Mal gewesen, daß Meyer überhaupt im Ringen mit einem
Stoffe von Zweifeln befallen wurde. Aber späterhin handelte
es sich bei Bedenklichkeiten nur mehr um das dichterische Wie,
meist um jenes Abwägen zwischen dramatischer und epischer
Lösung eines Problems, das fast immer zu einem Zusammen=
ziehen und Verdichten eines größeren Planes führte oder etwa
mit dem Zurückweichen aus weitschichtigerem dramatischem
Entwurf zu episodischer erzählender Behandlung abschloß. Ein
Rückzug auf rein stoffliche, nicht dichterische Behandlung wird
fürderhin nicht mehr erwogen: das war mit den anfänglichen
Schwierigkeiten beim „Jenatsch" abgetan.

Der endgültig befreiende Windstoß war damals der
„Hutten", den Meyer nicht ohne Grund seinen „Erstling" ge=
nannt hat. Er erwuchs in den geistig bewegten Tagen von 1871,
„nicht wie C. F. Meyers spätere Werke nach der festen Zeichnung
eines vorbedachten Planes, sondern in der freudigen Schaffens=
lust des Augenblicks aus lauter wie von selbst entstehenden Stim=
mungsbildern". „Hutten" schaffte Luft für den „Jenatsch"; das
längst still gehegte Idyll „Engelberg", das „Amulet" reiften
damals der letzten Form entgegen. Schon regen sich manche
Gestalten, die in späteren Novellen Leben gewannen, neben den
epischen quellen auch lyrische Motive: „Von vielen tausend
unverbrauchten Stunden schwillt ahnungsvoll mir nun die
Gegenwart."

So steht Meyer damals vor uns. Ein Werbender noch

troß feiner Jahre; faft unbekannt; aber ein Spätling, der eine
köftliche Edelreife ahnen läßt, ein Autor, dem „erften Ruhmes
zartes Morgenlicht" die Stirn umgab, die erft langfam fich zu
entwölken begonnen hatte. Zwei Photographien, aus Silva=
plana von 1870 und aus Verona von 1871 zeigen noch nicht
den eigentümlich ftrahlenden Ausdruck, der fich auf allen Bildern
der fpäteren Jahre findet. Auf jener fcheint noch unruhiges,
zweifelndes Suchen den Augen etwas Starres zu geben; die
Falten des faft hager zu nennenden Gefichts find nicht ohne
Bitterkeit. Auf dem fpäteren Bilde ift die Starrheit der Züge
gelöft, die Stirn freier, freundlicher, die bitteren Falten um den
Mund fehlen, die Hagerkeit ift verfchwunden. Das Körperliche
ift erftarkt und gereift in der gleichen Zeit, als Meyer für fein
inneres Wefen Boden fand und in der Kunft Wurzel zu faffen
begann. Was er der Öffentlichkeit als Ausweis hätte vorlegen
können, war wenig. Aber er begann fich darüber klar zu werden,
daß feiner reiche Ernten warteten, und dies Gefühl gab ihm,
dem Zarten, Weltfcheuen, auch nach außen Sicherheit. Mit den
erften Silberhaaren kamen endlich für Meyer die Jugend= und
Blütetage feiner Kunft.

Anders G o t t f r i e d K e l l e r. Seine Werbezeit war
längft abgefchloffen. Zwei kaum bekannte Stimmungsbilder,
rund 20 Jahre auseinanderliegend, bezeichnen am beften den
Gegenfaß zwifchen dem Keller, der noch eines poetifchen Men=
tors bedurfte, und dem anerkannten Dichter der Zeit um 1870.
„Keller", heißt es in dem älteren Berichte Carl Vogts, „war
ein eigentümliches Wefen; kurz, knorrig, mit dicken Pausbacken,
großem Kopfe und unbeholfenen Gliedern. Er knurrte und
belferte in einem fchauderhaften Züricher Dialekt . . . und zeigte
überhaupt ein fo ftörriges Wefen, daß mein Vater ihn mit
einem Frifchling verglich und ihn nur „ein wildes Säuding"
nannte. Der Onkel (Follen) gab zu, daß feine Poefien noch
ebenfo unbeholfen und grobknorrig feien wie feine Perfon, aber
er behauptete . . . daß im Innern ein Goldklumpen ftecke, den

man nur aus dem Ganggestein herausmeißeln müsse. Freilich bedürfe es dazu derber Hammerschläge, die er nicht fehlen ließ". Das war in den vierziger Jahren gewesen. Die entscheidenden Hammerschläge hatte seitdem das Leben selbst getan. Keller hatte nun nicht nur die Mittagshöhe seiner künstlerischen Entwicklung bereits erreicht, sondern auch das schwankende Schifflein seines äußeren Lebens schon seit Jahren im Hafen angebunden. Frau Mathilde Wesendonck meldet 1861 an Richard Wagner: „In der hiesigen Welt der berühmten Männer sind große Veränderungen eingetreten. Gottfried Keller ist zum Staatsschreiber ernannt worden und bezieht das alte Quartier des Reg.=R. Sulzer in der Staatskanzlei. So erlebte die arme Mutter des ‚Grünen Heinrich‘ noch die Freude, ihren Sohn auch äußerlich angesehen und verehrt zu sehen."

Dies Ansehen indes war und blieb nicht unbestritten. Zwar den stark an Seldwyla erinnernden Vorabend und Tag des Amtsantritts mochte man allmählich vergessen haben, so wie auch die zornigen Volksstimmen, die sich anfangs gegen die verblüffende Wahl des „berühmten Dichters G. Keller" erhoben hatten, allmählich zum Schweigen hatten kommen müssen angesichts der strengen und nüchternen Amtsführung, die niemand dem „Dichter" mit der so durchaus unbürgerlichen Vergangenheit, dem unregelmäßigen und schwankenden Bildungsgange zugetraut hatte. Denn es mußte jedermann, daß der „Grüne Heinrich" mindestens ebensoviel Wahrheit und Selbstbildnis als Dichtung und Phantasieporträt war; das Buch seines Jugendlebens lag wörtlich vor allen aufgeschlagen, als „Grüner Heinrich" lebte Keller fortan in der öffentlichen Meinung. Daß der Dichter das Wesen jener Jahre abgestreift hatte, sah man auch fürderhin nicht recht und mochte es um so weniger glauben, als er sich keine Mühe gab, den zahlreichen und übertriebenen Kneip- und Bummelanekdoten, die über ihn umliefen und das Bild des „Grünen Heinrich" mit neuen Zügen bereicherten, den Boden zu entziehen. Der erschütternde Ausgang seiner Verlobung, an dem er damals, zwei Jahre darnach, im stillen schwer getragen haben mag, hing damit zusammen.

1869 war seine amtliche Stellung ins Wanken geraten. Es schien nach der Verfassungsrevision eine kurze Zeit, als ob die neue demokratische Regierung einen Staatsschreiber nicht mehr brauchen könnte, der in seiner politischen Entwicklung scheinbar nicht gehalten, was seine Jugend versprochen hatte. Es ging, wie es immer geht, wenn eine radikalere Richtung die Oberhand gewinnt — wie es wenige Jahre zuvor Wilhelm Heinrich Riehl in der geistvollen Novelle „Der Zopf des Herrn Guillemain" dargestellt hatte —: was vor der Umwälzung noch zur Linken gehörte, wurde im weiteren Gang der Entwicklung nach rechts gedrückt. Man erkannte indes bald, daß Kellers Überzeugungen sich wohl abgeklärt, aber im Grunde nicht gewandelt hatten. So blieb er. Noch immer stand er auf der Seite, „wo das Herz schlägt". Sie stimmte freilich nicht immer mit der jeweiligen politischen Linken. Es war „der M e n s c h h e i t frohe Linke". Sein Preis des Freisinnes, des f r e i e n S i n n e s , findet eine Erläuterung, aber zugleich die Andeutung seiner Grenze in der Einsicht, daß „das Gesetzliche und das Leidenschaftliche, das Ver=tragsmäßige und das ursprünglich Naturwüchsige, der Bestand und das Revolutionäre zusammen erst das Leben ausmachen". Das rein Menschliche, Tüchtige lenkte Kellers politische Über=zeugung, und nur dies. „Das verlorene Lachen" und „Martin Salander" sind der von Bitterkeit nicht freie Niederschlag dieser Jahre der politischen Gärung und Klärung geworden, wie die „Sieben Aufrechten" (1860/61) die behaglichere Stim=mung der heimatlichen Zustände früherer Jahrzehnte wider=spiegeln.

Wenige Wochen nach jener Verfassungskrise feierte man den fünfzigsten Geburtstag des Dichters. Hier konnte ihm niemand den Boden streitig machen, wenn auch seine Gemeinde noch klein war. Die Feier bedeutete für Keller eine Nötigung zum Rückblick auf das Geleistete, zum Vorwärtsschauen in seine

poetische Zukunft, wozu er, der scheinbar ganz im Amte Auf=
gehende, damals vertraulich und öffentlich gemahnt wurde.
Kinkels Bitte, mit den Schöpfungen herauszutreten, die neben
den Akten der Staatskanzlei in seinem Pulte lägen, und des
Neuen froh zu werden, das seinem reichen Geiste noch entblühen
müsse, wird ihn besonders angesprochen haben.

Bei seinem Amtsantritt hatte er seine Barke schon mit einer
reichen Ladung einstweilen ans Ufer legen können. „Der grüne
Heinrich" war seit sechs Jahren fertig, vom Verfasser freilich
jetzt schon als überwundener Standpunkt scheelen Auges be=
trachtet. Seit einem Lustrum lag der erste Band der „Leute
von Seldwyla" vor. Länger schon die beiden wenig verbreiteten
Gedichtbände von 1846 und 1851 bzw. 1854. Und dann war
in Auerbachs Volkskalender auf 1861 das „Fähnlein" erschienen,
in der Schweiz bald volkstümlich. Nimmt man dazu die Kalen=
bergeschichten von 1863 und 1866: „Verschiedene Freiheits=
kämpfer" und „Der Wahltag", welche in die Gesamtausgabe der
Werke nicht übergegangen sind, so ist das um 1870 für jedermann
sichtbare poetische Gut Kellers aufgezählt. Daß von den No=
vellen des späteren zweiten Seldwylerbandes das köstliche Stück
von den „Mißbrauchten Liebesbriefen" 1865 in einem Feuille=
ton aufgetaucht war, wird kaum bemerkt worden sein.

Es war also eigentlich nur ein geringer Teil des Lebens=
werkes Kellers ans Licht getreten, aber es waren unvergängliche
Ruhmestitel darunter. Und von dem Übrigen lag das Meiste,
wo nicht schon fertig geschrieben, wie die seit Jahren im Pulte
harrenden „Legenden" und „Der Schmied seines Glückes" sowie
„Kleider machen Leute", doch in der Idee oder den Anfängen
vor: so „Dietegen", „Das verlorene Lachen"; vom „Galathea"=
Zyklus, später zum „Sinngedicht" erweitert, waren 70 Seiten,
bis in den Anfang der „Regine", geschrieben, das Weitere ent=
worfen, von den „Züricher Novellen" der Keim zur „Ursula"
entwickelt. Einzig „Salander" war noch nicht konzipiert. Vor
sich selbst konnte Keller sein poetisches Lebenswerk in der Haupt=

ſache als geſichert betrachten. Daneben blieb ihm der leiſe
Stachel der dramatiſchen Pläne.

Das Amt war für Keller eine Zeit des Ausruhens von der
poetiſchen Arbeit, die ſtreng geregelte Tätigkeit eine Schule der
inneren Feſtigung. Die nüchterne Berufsarbeit mußte ihm mehr
geben als anderen, die im Hinblick auf einen praktiſchen Beruf
aufwachſen und keine anderen Götter neben ihm kennen. Und
er gewann zu ſeinen eigenen fertigen und im Entſtehen be=
griffenen Sachen einen größeren Abſtand. Sein Weſen bekam
mehr Objektivität, ohne an Urſprünglichkeit, Stärke, der ſüßen
Herbheit und dem Humor einzubüßen, welche den Jugend=
arbeiten den eigenen Ausdruck geben. Eine Photographie
Kellers, die Ricarda Huch ihrem Kellerbüchlein beigegeben hat,
und die Radierung Kühns, welche ihn darſtellen etwa zur Zeit
des Beginns ſeiner Amtstätigkeit, ſowie das kurz vor 1870 ent=
ſtandene Lichtbild in Freys „Erinnerungen“ zeigen dieſe innere
Kraft und Entſchiedenheit im Gegenſatz zu dem etwas roman=
tiſchen Zug auf dem Aquarell oder Paſtell Ludmilla Aſſings von
1854, der Zeit des erſten „Grünen Heinrich“, was freilich teil=
weiſe auf Rechnung der Malerin kommen mag. Und die Bilder
aus den beiden letzten Jahrzehnten haben den Blick, aus dem
das Gewiſſen der Heimat zu ſprechen ſcheint. —

Urwüchſige Natur und feinſte Geiſteskultur; ungebändigtes
Temperament und ſtrenger Wille; Unbekümmertheit um die
Regeln der Konvention, auch um unſchuldige und berechtigte
oft, und ſcharfes ethiſches Empfinden — Eigenſchaften, die ſich
in ſeinen Werken miteinander verflechten, ſich in ſchönem Wechſel
gegenübertreten, nur ſelten ſich befehden, ſie haben ſich in ſeiner
Perſönlichkeit nicht allezeit reſtlos durchdrungen, ſie ſtanden oft
widereinander wie Gegner. Und in dem Legendenkranze, der
ſeine Perſon allmählich umwachſen hatte, waren die innerlichen,
feineren ſo wenig zur Geltung gekommen wie in den Gerüchten
über den Lebenswandel ſeines ſchlimm=heiligen Vitalis deſſen
innere Lauterkeit. Das Bild, welches minder Vertraute ſich von

ihm machten, war im guten Falle das eines gesetzt gewordenen
Seldwylers der besseren Art, der aber doch seine Herkunft nicht
ganz verleugnet.

∞

E. F. Meyer hat, erzählt seine Schwester, natürlich Gott=
fried Keller als Zürcher in dem damals kleinen Zürich von jeher
gekannt, ihn z. B. nach Zürcherbrauch bei Begegnungen auf der
Straße gegrüßt. „So verkehrte er auch jedesmal, wenn er zu
einer Reise über die Schweizergrenze seinen Paß bedurfte, auf
der Kanzlei mit dem Herrn Staatsschreiber. Sich aber bei solchen
Gelegenheiten außersachlich auf den Leib zu rücken, ist in
unseren Verhältnissen ausgeschlossen. Das wäre meinem Bruder
niemals eingefallen und hätte den Staatsschreiber als grober
Verstoß gegen das republikanische Zeremoniell grimmig ge=
ärgert und empört.“
So hat Meyer den im Lichte der öffentlichen Aufmerksam=
keit Stehenden im stillen betrachten können. Obgleich er wohl
Anlaß dazu gehabt hätte, fiel es ihm nicht „auch nur von ferne
ein, er könne sich dem um etliche Jahre älteren Meister Gott=
fried persönlich nähern. Vor allem: er hätte damals, als einer,
der noch nichts geleistet hat, keinen berechtigten Anknüpfungs=
punkt gekannt“. Er stand zu Keller völlig neidlos. Er sollte
bald, und unversehens, aus dem Dunkel neben den großen
Schweizer Dichter treten.

4. Die ersten Beziehungen. Jürg Jenatsch.

Keller festigte seinen Ruhm durch die Veröffentlichung der
lange zurückgehaltenen „Sieben Legenden“ (1872) und der
neuen, vermehrten Ausgabe der „Leute von Seldwyla“ (1874).
E. F. Meyer liest „voll aufrichtiger Bewunderung“, findet in
„Dietegen“ — damals neu geschrieben — „ein Motiv à la Bren=
tano“, „in altdeutscher Manier behandelt“, erlaubt sich aber

schon — für seine Entwicklung bedeutsam — in demselben Briefe
an A. Meißner leise Kritik: „Keller, nach Malermanier, erzählt
von Tableau zu Tableau. Das harmonische Eintreten des Ein=
zelnen ins Ganze mangelt." Er selbst kämpfte mit der Ver=
öffentlichung des „Hutten" (1871) um einen Platz an der Sonne,
trat mit „Engelberg" (1872) hervor, ohne äußeren Erfolg; brachte
das „Amulet" (1873), ohne über die Grenzen der Schweiz
hinaus ernsthafte Beachtung zu finden und rang sich dann zur
Vollendung des „Jenatsch" durch, den er 1874 in einer Zeit=
schrift erscheinen ließ, die nur ein kleines Publikum hatte. Erst
die Buchausgabe (1876 im Herbst) brach das Eis, und die liegen=
gebliebenen Erstlinge wurden damit — einzig „Engelberg" aus=
genommen — der Anerkennung entgegengeführt.

Im Jahr zuvor hatte er endlich die Lebensgefährtin gefun=
den. Nach der Veröffentlichung der Verlobung schreibt C. F.
Meyer seiner Braut: „Selbst der Brummbär Gottfried Keller
hat seine Aufwartung gemacht." Der Schwiegervater Meyers,
Oberst Ziegler, war als Regierungsrat Vorgesetzter des Staats=
schreibers, aber um einen lediglich halboffiziellen Besuch Kellers
hat es sich gewiß nicht gehandelt. Der alte Junggeselle wider
Willen mochte wohl gespannt sein, wie der wenig jüngere glück=
lichere Landsmann sich als Bräutigam ausnehme. Höflichkeits=
besuche waren sonst nicht seine Sache, und Meyer gegenüber,
wenigstens späterhin, schon gar nicht. Ob damals gerade wieder
bei ihm sich die Hoffnung regte, über das alte Unglück hinweg=
zukommen?

Es war die Zeit, wo er neben den anderen Züricher No=
vellen den „Landvogt von Greifensee" mit seinen zahlreichen
Körben in sich trug. Und das Jahr darauf schied er aus dem
Amte. Er fühlte, daß seine Zeit gekommen war; es hatte ihm
gegeben, was es zu geben hatte, und nun verlangten die bunten
Gestalten des Inneren ihr Recht und drängten zum Tageslicht.
Er mußte die noch übrigen frischen Jahre zu Rate halten. Die
Muße außer Amt war ihm anfangs ungewohnt. Meyer erzählt

später, wie Keller, da er ihm zu seiner Befreiung davon Glück
wünschte, scherzend sagte, es sei ihm in seiner neuen Freiheit,
„als hätte er einen warmen Rock ausgezogen und stehe in Hemd=
ärmeln".

Der Sommer 1876 brachte ein Zusammentreffen mit Gott=
fried Keller, das noch jetzt „in erfreulicher, wohltuender Deut=
lichkeit" in Betsy Meyers Erinnerung steht: es war im Hause
François und Eliza Willes zu Mariafeld.

Was der Mariafelder Kreis für das schöngeistige Leben der
Schweiz, besonders am Zürichsee, damals bedeutete, wie der
Verkehr mit dem Willeschen Ehepaar zumal auf die Entwicklung
und den endlichen Durchbruch C. F. Meyers gewirkt hat, kann
man in der schönen Kapitelreihe von Freys Biographie nach=
lesen, welche durch „Die Tafelrunde zu Mariafeld" eingeleitet
wird; — etwa auch in der Widmung des „Hutten" und zahl=
reichen Briefen Meyers an Dritte oder in den dankbaren Zeilen
des Schriftchens „Mein Erstling ‚Huttens letzte Tage‘". Auch
Betsy Meyer hat dem Willeschen Ehepaare mit wenigen ein=
fachen Worten ein Denkmal gesetzt. Man kann sich das Bild
jetzt noch durch die Briefe Meyers an Wille's ergänzen.

Mit Dr. Wille war auch Gottfried Keller seit Jahren bekannt.
Aber in all diesen Jahren, in der Zeit vor dem Erscheinen des
„Hutten", sind Keller und Meyer in Mariafeld nie zusammen=
getroffen, wie die Schwester des letzteren mit Bestimmt=
heit versichert, gestützt durch ihr „liebes chronologisches Nach=
schlagebuch", die nun 84 jährige Marie, die noch mit ihr Conrad
Ferdinands Haushalt führte. „Schon dazumal machte Keller
ohne bringende Nötigung keine Besuche in Mariafeld, überhaupt
keine überflüssigen Besuche mehr. Ebensowenig mein Bruder.
Im gastlichen, auch geistig großzügig freigebigen Mariafeld
brachten wir von Anfang an bestimmte genußreiche Nachmittage
in Frau Elizas und ihres Gatten, häufig durch Gäste und Nach=
barn nach rechts und links erweitertem, liebenswürdigem Fami=
lienkreise zu." Hatten sich die Herren a parte etwas zu sagen,

so bestieg C. F. Meyer in Küsnach das Dampfboot, auf dem
Dr. Wille an seinen bestimmten Stadttagen nach Zürich fuhr —
es ist nicht unmöglich, daß die Herren sich einmal mit Keller
bei solchem Anlaß in den Sälen des „Museums", der Zürcher
Lesegesellschaft, zusammenfanden. Im Jahre 1872 bezogen
Conrad Ferdinand und Betsy Meyer den Seehof zu Meilen-
Hofstetten. Hier lag es Meyer nahe, „das in der Richtung nach
der Stadt an der Zürcherstraße gelegene Mariafeld, das er
raschen Ganges in einer Viertelstunde erreichte, häufiger un-
angemeldet zu besuchen, und die Bootfahrten nach Zürich wurden der größeren Entfernung wegen seltener."

Jenes einzige Zusammentreffen mit Keller fand „bei Anlaß
einer förmlichen Einladung Dr. Willes nach Mariafeld" statt, wobei Conrad Ferdinand und Betsy Meyer „einen langen frohen
Nachmittag lang" in Kellers Gesellschaft weilten. Sie fanden
ihn, berichtet Frey, „nicht ganz so", wie sie „ihn nach der Fama
sich gedacht, sondern würdig und taktvoll, aber allerdings schweig-
sam". Betsy erzählt in ihrem Buche, daß Keller damals eine
Gesellschaftspflicht — er begleitete die Frau eines gemeinsamen
Freundes, die seiner Ritterlichkeit vom Gatten auf ihrer Durch-
reise empfohlen worden — „mit einer ernsthaften und natürlichen Liebenswürdigkeit" erfüllte, die niemand ahnen ließ, „daß
ihm die Aufgabe vielleicht weniger angenehm war, als es den
Anschein hatte. Er verpflichtete uns damit alle zu Dank, den
wir uns aber wohl hüteten, ihm auszusprechen. Wir hatten alle
zuviel schon von seinen plötzlichen Stimmungswechseln erzählen
gehört!"

Bald nach dieser Begegnung kommt es zum Briefwechsel. Meyer schickt die Buchausgabe des „Jenatsch",
dessen Lektüre Keller gleich darauf (am 3. Oktober 1876) als
beendigt meldet mit dem Lobe: „Es ist echte Tragik, in welcher
alle handeln, wie sie handeln müssen"; er setzt aber hinzu: „Über
den Beilschlag am Schlusse muß ich mir freilich das Protokoll

noch offen behalten." Die Worte verhüllten eine scharfe Ab=
lehnung, die er mündlich Meyer gegenüber scheinbar nicht aus=
gesprochen hat, wohl aber Dritten; Frey erzählt, der Beilschlag
habe ihn aufs ärgste gestoßen. Dem poetischen Verdienste, das
sich Meyer um den geschichtlichen Rohstoff erworben hatte, der
ein gutes Material bot, aber nur unter einem kräftigen und rück=
sichtslos künstlerischen Meißel etwas werden konnte, ist auch er
nicht völlig gerecht geworden. Er hatte zur Behandlung histo=
rischer Stoffe kein entschiedenes Verhältnis und maß mit der
Gewissenhaftigkeit, die ihm „Tatsachen" gegenüber eigen, hier
aber nicht recht am Platze war, die poetischen Erfindungen
Meyers, vorab Lucretia Planta, an der geschichtlichen Überliefe=
rung. Dazu kam persönliche Abneigung gegen einzelne Ge=
stalten des Buches: Die Umgebung des Herzogs Rohan, ver=
sichert Bächtold, hatte für ihn „einen unangenehmen Beige=
schmack".

Theodor Storm schüttet er sechs Jahre später sein Herz aus:
„Der Jenatsch wird Ihnen gewiß gefallen. Dem famosen Stoff
ist alle Ehre angetan, bis auf den dämonischen Ritt der rächenden
Mörder an dem Fastnachtstage durch das ganze Land, welcher
nicht zur Anschauung kommt, und bis auf den unweiblichen
Beilhieb des Frauenzimmers am Schlusse. Die Überlieferung
sagt zwar neben dem historischen Teil von etwas dergleichen;
allein dort ist nicht die Rede von einer Geliebten, die zugleich
ein zartes Fräulein ist, sondern bloß von einer derben Blut=
rächerin aus dem Gebirge, die den Mann kaum gekannt hat."
Bekanntlich verflicht Meyer jenen dämonischen Ritt nicht un=
mittelbar in die Erzählung, sondern läßt bloß einen Brief
Fortunatus Sprechers davon berichten. Storm, in dessen Fa=
milie besonders die von Meyer in der zweiten Auflage einge=
fügte Szene mit dem spanischen Statthalter in Mailand be=
wundert worden war, stimmte bei. Er tadelt den Schluß mit
dem „Karnevalsbären" als „zu gekünstelt"; er müßte „zu dieser
Geschichte groß und einfach verlaufen". Die Rächerpflicht sei

mehrmals „etwas kühl" in Lucretia aufgetaucht; das Motiv der
Liebe damit zu kombinieren, um die „Fleischhauertat" begreif=
lich zu machen, sei dem Leser zu viel zugemutet. „Der Ver=
fasser hat sich hier offenbar zwischen dem ... Gegebenen und
seiner eigenen Umbildung desselben in der Klemme befunden."
Keller kommt ein Jahr später noch einmal in ähnlichen Worten
auf den Jenatschschluß zurück. Der Beilschlag beruhe „nur auf
einer unwahren Volkstradition". „Allein Meyer hat eine
Schwäche für solche einzelne Brutalitäten und Totschläge. Wenn
er so was hört oder liest, so sagt er: vortrefflich! So hat jeder
seinen Zopf!" Keller hat mit diesen Worten eine Eigenheit
C. F. Meyers berührt, die für dessen Kunstschaffen wesentlich
werden sollte: die oft bis zur Grausamkeit gesteigerte „tragische
Lust" — mit dieser treffenden Formel ist sie von einem neueren
Forscher bezeichnet worden. Sie tritt uns nicht nur am Schlusse
des Jenatsch, sondern auch in der Darstellung von Rohans
Schicksal entgegen, späterhin besonders deutlich am Ende der
„Richterin" und in „Angela Borgia". Das „Vergnügen an
tragischen Gegenständen" ist seiner Geistesart, welche scharf und
tief die Konflikte zwischen Wirklichkeit und Sittlichkeit über=
schaut, aufs Tiefste eigentümlich. Von hier aus wird uns auch
verständlich, warum er einmal im Gespräche äußerte, er erachte
es als unerläßlich für jeden, der Dichter sein wolle, „etwas
Schreckliches" schreiben zu können.

In Kellers Art lag es nicht, eine dramatische Erzählung mit
einem derart übermenschlichen Tableau abzuschließen. Eine ge=
steigerte Ximene! Da schien die Lebenswahrheit übertreten;
das war überweiblich, nicht nur unweiblich. Und Keller läßt
Übermenschen nicht gelten, in dieser Art der Wesensbetätigung
wenigstens nicht, und unter seinen Frauengestalten erst recht
nicht. Diese haben oft eine Hoheit und Willensstärke, die ihren
Charakter dem männlichen ebenbürtig, ja überlegen macht, aber
bei alledem bleibt die Grenze ihres Wesens deutlich bezeichnet,
jeder dämonische Einschlag fehlt, eine Überspannung der Natur,

welche die Trägerin über die Schranken des eigenen Selbst hinausschleuderte, ist bei Keller ausgeschlossen. Der Schluß von „Romeo und Julia auf dem Dorfe" ist kein Gegenbeweis; die letzte Tat, auch auf seiten Vrenelis, ist der aus dem Charakter durchaus begreifliche, ja notwendige Abschluß eines Daseins, dem das Schicksal das L e b e n in Liebe nicht gewährt, das, von der Naturgewalt überrascht, zu Kampf oder Entsagung nicht die Kraft findet.

Bei Kellers Mißfallen am Jenatschschlusse sprach wohl un=bewußt seine Abneigung gegen tragische Schlüsse überhaupt mit. Meyer sagte später zu Kögel, Keller lasse „alles gut enden". „Er kennt keine tragischen Ausgänge. Das ist ein Mangel, denn der Reiz des Daseins vollendet sich erst in beidem. In ‚Romeo und Julia ...' hat Keller das Tragische dadurch gemildert, daß er es als unabwendbar kommend von langer Hand her vorbe=reitet." Es ist bezeichnend für Meyers Geschmacksrichtung, daß er hier, über der Betrachtung der „einzigen" t r a g i s c h e n Novelle (im Widerspruch mit anderen Außerungen in den „Er=innerungen an G. Keller") hinzufügt: „Es ist sein bestes Werk." Meyer übersieht „Regine", die aber Kontrastnovelle ist und im heiteren Rahmen des „Sinngedicht" steht; aber sonst behält er Recht. Keller läßt nicht gern den Vorhang über einer düsteren Szene fallen. Er liebt ein versöhnliches Ausklingen, wie ja das Leben selbst auch schließlich fast immer die stärksten Wogen glättet und trotz allem Leid weitergeht. Je weiter Keller vorrückt im Leben, desto mehr neigt er zu nicht=tragischen Abschlüssen, auch wo die Tragödie unvermeidlich schien; ein strengeres Urteil geht sogar dahin, er liebe der Tragik selbst auf Kosten der Wahrschein=lichkeit auszuweichen. Der alte „Grüne Heinrich" endete trotz der Fürsprache des Verlegers Vieweg mit dem Tode des Helden: die neue Bearbeitung schließt mit einem milden Ausblick auf ein stilles Alter. Der Dichter kommt mit den Jahren von dem Biegen oder Brechen der leidenschaftlicheren Jugend ab, weil nicht mehr die Durchsetzung der Persönlichkeit schlechthin, sondern

nur die der ethiſch wurzelhaften im Vordergrund ſeines Inter=
eſſes ſteht. Sein Trauerſpiel „Thereſe“ iſt unvollendet geblieben,
die leidenſchaftliche Tragik darin hat er in ſpäteren Jahren derb
und unwirſch verworfen. In „Kleider machen Leute“ werden
die Geſchehniſſe bis dicht an die Tragödie herangeführt — in
Jakob Freys Novelle „Das erfüllte Verſprechen“, welche ein
nahe verwandtes Motiv behandelt, kommt ſie unerbittlich —
Keller läßt das Unerwartete, aber Mögliche geſchehen, die tra=
giſchen Geſten des Helden und der Heldin werden reſolut unter=
drückt, und nüchterne Lebensweisheit vertreibt gründlich jede
Romantik. Im Grunde iſt ein Zuſammenwirken realiſtiſcher und
pädagogiſcher Regungen, die mehr oder weniger verhüllt bei
dem Keller der ſpäteren Jahre lebendig werden gleichſam als
ſpäte Reaktion gegen das Weſen ſeiner Jugend, die Urſache dieſes
„Optimismus“. Er ſuchte, wie C. F. Meyer ſagt, „oft pein=
lich das Reale“, wenn er auch realiſtiſche Pedanterie ohne poe=
tiſche Erhebung und Vertiefung wie in Viggi Störtelers „Stu=
dien“ weidlich genug verſpottete. Nichtwirkliches ließ er gelten,
aber nie in ſeinem Sinne Unmögliches. So verwarf er den
Beilſchlag und damit den Schluß des Jenatſch, weil er ſeiner
ganzen Art nach glauben mußte, hier ſei der wirkungsvollen
Schlußpoſe, dem „Vorhang!“ zuliebe dem Blute Lucretias ein
fremder Tropfen eingeimpft worden.

Man kann Abſcheu empfinden bei der Kraßheit des Ereig=
niſſes. Meyer ſelbſt läßt ſpäter im „Schuß von der Kanzel“
Wertmüller ſagen: „Der Oberſt wurde von ſeinem Liebchen mit
der Axt wie ein Stier niedergeſchlagen.“ Und doch hat er an der
Pſychologie der Heldin in ſpäteren Auflagen nichts geändert,
trotzdem z. B. auch Paul Heyſe urteilte, die „ſchroffe Schluß=
wendung“ erwecke ihm „pſychologiſche Bedenken“. Denn C. F.
Meyer hat die Tat Lucretias an ſich motiviert, ſo ſorgſam er
konnte. Lucretia iſt kein ſchlechthin weiblicher Charakter, vor
allem keine einfache Perſönlichkeit. Männlich iſt ihr Eintreten
für Jürg bei dem Handſtreich vor der Feſte Fuentes wie ihre

Reise nach Mailand zur Unterhandlung. Die dämonische Ent=
schlossenheit im Momente der Tat ist ihrem Blute nicht fremd.
Bei aller Zartheit im rein Weiblichen ist sie Bündnerin mit einer
Blutmischung etwa, wie Meyer sie andeutete in dem unver=
öffentlichten Gedichte "Das Mordbeil": "Weg war die Dame
von Welt, ich erschaute die wilde Grisonin." Ein Tropfen nur
dieser Wildheit genügt zur Erklärung des rein physischen Ent=
schlusses zur Tat. Der moralische Entschluß ist als Verzweiflungs=
tat motiviert, von Lucretia mit Bewußtsein gestützt durch ge=
waltsame Besinnung auf ihre Rächerpflicht. Daß diese mehr=
mals nur "kühl" in ihr auftaucht, wie Storm sagt, hat seinen
guten Grund: die Liebe zu Jürg lag Lucretia im Blute schon
v o r der Ermordung ihres Vaters. Und nach dieser hatte sich
ihr die Pflicht aufgedrängt, als Schmerz, als Last empfunden;
ihre Erfüllung war mit unbewußter innerer Erleichterung dem
Vaterlande zuliebe aufgeschoben worden. Und zuletzt gar auf=
gehoben: "Sie . . . opferte ihre stolze, immer bekämpfte Liebe,
verzichtete auf die zu lange wie ein Heiligtum bewahrte Rache."
Aber dann erfährt sie am nächsten Tage von dem Plane Rudolfs
und des alten Lucas: "Das Blut des Planta stürzte ihr wild
zum Herzen und empörte sich gegen solch unwürdigen Eingriff.
Die Entsagung der verwichenen Nacht schwand aus ihrem Ge=
müte." "Sie wollte zu Georg, ihn warnen und retten oder ihn
mit reinen, gerechten Händen töten. "Jürg ist mein, sagte sie
zu ihrem Herzen." Sie wird zur Tat gezwungen: "in Ver=
zweiflung richtete sie sich auf", vollbringt die Tat "in traum=
haftem Entschlusse". Man sieht, daß der Dichter alle nur in
seinem Bereiche liegenden Motive zur Begründung der entsetz=
lichen Tat heranzieht: die Konstruktion ist sozusagen lückenlos.
"Zugleich Liebeswohltat und pflichtmäßig rächende Sühnetat":
in der Erkenntnis dieser doppelten Motivierung des Todesstreichs
sieht denn auch Luise von François das Kennzeichen restlosen
Verstehens; ein weiteres Problem bietet ihr der Schluß des
"Jenatsch" nicht. Ein neuerer Interpret nennt ihn gar den

„psychologisch und künstlerisch einzig möglichen"; Lucretia durch=
breche „trotz all dieses Heldentums ... nie die Schranken der
Weiblichkeit".

Es sei die Begründung des Aktes rein als eines solchen
als ausreichend zugestanden, so bleibt doch noch ein psycho=
logisches Rätsel zu lösen. Lucretia bezahlt die gewaltsame
Schließung des Zwiespaltes in ihrer Seele nur mit einer Ohn=
macht. Und es will uns nicht zu Sinn, daß sie nicht mit Jürg
zugleich in den Tod geht oder ihm sofort folgt, daß nun das
Plantablut, das Blut vieler Geschlechter, alles Individuelle aus
ihr weggetrieben haben soll, so daß sie fast nicht mehr Mensch,
sondern nur noch Idee ist. So bleibt ein Rest, bei aller Sorgsam=
keit der Motivierung, die uns Entschluß und Ausführung, aber
nicht völlig die Psyche Lucretias, nicht ihr Weiterleben begreif=
lich macht. Wir können uns vorhalten, daß sie ja, ihrem Gefühl
nach vielleicht, der Anschauung der Zeit nach gewiß, seelisch in
den Tod ging — „lag doch wie ein stiller Friedhof das Kloster
Cazis dort über dem Rhein" — daß nach ihrer gläubigen Auf=
fassung ein Selbstmord Sünde gewesen wäre, daß schließlich das
Weiterleben als eine freiwillige harte Selbstbestrafung gelten
könne, daß in den damaligen wilden Zeiten eine solch wider=
spruchsvolle Natur möglich sei, zumal in Bünden. Wir werden
bei allem noch genötigt sein, zur völligen Erklärung die eigen=
tümliche Geistesrichtung C. F. Meyers in Betracht zu ziehen.

Bei der Entfaltung der dunklen Möglichkeiten, die in einer
ursprünglichen Natur liegen, wird ihm seine Vorliebe für eine
dämonische Psychologie die Farben etwas zu grell gemischt
haben. Auch ist ein gewisser Einschlag von Fatalismus, den eine
neuere Arbeit nicht ohne Berechtigung als einen Grundzug von
Meyers Werken aufgedeckt hat, nicht zu verkennen, so daß ein
Teil der Schuld den „unglückseligen Gestirnen" zugewälzt, die
Ungeheuerlichkeit gemildert wird — freilich ohne daß das Plan=
tableil etwa in der mechanischen Weise des Schicksalsdramas ver=
wendet wäre.

Ein anderes trat hinzu: Meyer würde die d r a m a t i s ch e Wirkung des Beilschlages, die ganze Gruppierung um keinen Preis haben missen wollen. Das s a h er vor Augen wie auf der Bühne: der wunde Jenatsch, um ihn gedrängt die mörderischen Masken, und nun erhebt, in der Mitte, das hochgewachsene Weib jäh das Beil, während alle um sie für den Augenblick einen Schritt zurückweichen. So sah er seine Novellen; der „Jenatsch" schon ist voll von solchen Bildern. Herr Waser kann — man fühlt, mit welchem Genuß der Dichter bei der Gruppe verweilt — im Knistern des Brandes, und während die Beilhiebe der Angreifer gegen die Tür des Verbenner Pfarrhauses schmettern, den Blick nicht verwenden von dem „Nachtbilde sprachlosen Grimms und unversöhnlicher Trauer", das der gewaffnete Jenatsch, mit der toten Lucia auf dem Arme, darbietet. Meyer sah seine Szenen „schließlich plastisch, völlig bildmäßig", er gibt sie als „une espèce de fresque assez grossièrement dessinée et pour être vue à distance" — so hat er selbst einmal den „Jenatsch" genannt, gleich als ob er darum bitten wollte, um der Schönheit des Bildes willen die psychologische Sonde nicht allzutief zu senken. Der Zug nach dem Bildmäßigen hatte große Macht über ihn; Ohmann macht die feine Bemerkung, er habe die Kraßheit des Geschehens milder empfunden, wenn er ein schönes Bild sah. Bekanntlich fügen sich seine Erzählungen um einige auch äußer= lich dramatisch wirkungsvolle, sorgfältig komponierte Gruppen; Meyer hat auf die Bemerkung eines Bekannten, daß hierin sich ein Zug zum Drama verrate, erwidert, das sei „nur Hang zur romanischen ausgebildeten Gebärde und zur plastischen Dar= stellung", wie er auch den „Sinn für die Gebärde, Geste" als das bezeichnete, was er vom Romanischen bekommen habe — man weiß, daß hier als sein Vorbild zuvörderst Michelangelo in Betracht kommt, und daß die ästhetische Theorie F. Th. Vischers ihn in dieser Neigung bestärkte. „Es ist mir ein nicht zu ent= behrendes Bedürfnis geworden, alles nach außen hin schaubar, sichtbar zu gestalten", stellt er gelegentlich fest. Man hat ihn mit seinem Ariost verglichen, von dem er in der „Angela" schreibt: „Alles, was er dachte und fühlte, was ihn erschreckte und ergriff, verwandelte sich durch das bildende Vermögen seines Geistes in Körper und Schauspiel und verlor dadurch die Härte und Kraft der Wirkung auf seine Seele." Eine Vorliebe für das äußerlich Dramatische, Bühnenhafte ist es also, was bei der Abwicklung des Problems, bei der Psychologie seiner Helden mitspricht. Daher auch steigert er bei Höhepunkten der Handlung seine Figuren bisweilen ins Übermaß. Die Reflexion, die Gewalt der Idee hebt seine Menschen zur Geistergröße empor. Der Zug zum Heroischen prägt sich bei Meyer vom „Heiligen" und der „Richterin" bis zum „Pescara" und der „Angela Borgia" immer bestimmter aus und wird von ihm immer bewußter als „große Kunst", „großer Stil" empfunden und gepflegt. Er hat ihm schon im „Jenatsch", zumal am Schlusse, die Feder geführt. Seine tiefste Eigenheit offenbart sich hierin; er hat auch gerade an der selbstgeschaffenen Figur der Plantatochter festgehalten und einmal die vielsagende Äußerung getan: „Jenatsch ist doch wohl sehr maniert, die einzige Lucretia ausgenommen, die ä ch t ist."

Keller aber widerstrebte dem allem. Er war tragischen Schlüssen, heroischen und zwiespältigen Charakteren von Herzen abhold, und obendrein lag ihm die bildhafte Gebärde, die rein um ihrer selbst willen wirkungsvoll gestaltete Gruppe durchaus nicht. Alles dies war ihm nicht einfach genug. Ein erstes Befremden meldete sich an.

ϰ ϰ

5. Die Züricher Novellen. Historie und Dichtung.

Fast zu gleicher Zeit, als Kellers Urteil über den „Jenatsch" die Kluft bereits erkennen ließ, welche zwischen den Dichtern Keller und Meyer liegt, sollten sich die beiden fast die Hände reichen. Die Brücke schien sich zu schlagen von jener Seite durch die „Züricher Novellen", von dieser durch den „Schuß von der Kanzel".

Die ersteren erschienen 1876 und 1877 in der „Deutschen Rundschau" — das „Fähnlein der sieben Aufrechten" und „Ursula" wurden erst 1877 in der Buchausgabe zugefügt. In ihnen macht Keller zum ersten Male geschichtliche Personen zu Trägern einer poetischen Handlung, zum erstenmal arbeitet er hier ein historisches Quellenmaterial systematisch durch: in „Hadlaub", „Der Narr auf Manegg", „Landolt", „Ursula". Es war im Grunde gegen seine Natur. Historische Stoffe, die er für Dramen erwogen hatte, legte er beiseite: er brauche „sein Herz, seinen Kopf und die reine Menschlichkeit", und im Dezember 1876 nennt er in einem Schreiben an Bächtold die historische Novelle „Hadlaub" einen „„Salto mortale": „Mit den Studien hat es seine Wege, dieselben beruhen mehr auf Schwindel; ich gewärtige . . ., daß einige Schulherren davon Veranlassung nehmen, eine Polemik gegen unbefugte Verwertung und lügenhafte Erfindung zu eröffnen." Keller hat seine Abneigung gegen das Historische, wie Meyer erzählt, mündlich einmal ausführlich begründet: er pflegte zu sagen, der Wirkung einer weiland geschehenen und überlieferten Sache sei er bei weitem nicht so sicher, als einer von ihm selbst angeschauten. Er führte dabei ein Beispiel aus der Zwinglinovelle an: die verrückten Wiedertäufer, die sich wie Kinder gebärden. „Das tat dann aber gar keine Wirkung, weil das einst Mögliche dem heutigen Leser zu kraß und als unmöglich erschien. In einer historischen Erzählung bin ich wie mit Hunden gehetzt, weil ich nie weiß, ob ich in der

Wahrheit stehe." In „Ursula" aber hat er sich sogar an einen Großen der Geschichte gewagt. Es ist ein seltsames Zusammentreffen, daß just um dieselbe Zeit die Gestalt Z w i n g l i s auch C. F. Meyer beschäftigte, der sie damals im „Komtur" zu bannen trachtete. Bei einem zufälligen Zusammentreffen auf dem Dampfboote brachte C. F. Meyer Gottfried Keller auf die von ihm bewunderte Wiedertäufernovelle: „Nur die Gestalt Ihres Zwingli steht nicht auf Ihrer Höhe, scheint mir", sagte Conrad Ferdinand Meyer. „Sie hat mir auch viel Mühe gemacht, ohne mich zu befriedigen", erwiderte Keller. „Es ist ungeheuer schwer, eine große historische Gestalt im richtigen Maßstabe in der kleinen Fassung einer Novelle künstlerisch zur vollen Geltung zu bringen." Das Gespräch — sowohl der Einwand Meyers als auch das Geständnis Kellers — beleuchtet hell der Dichter Verhältnis zum Historischen überhaupt.

Es ist treffend darauf hingewiesen worden, wie sehr Keller mit „Ursula" aus seiner Gewöhnung herausging: hatte ihm der „Landvogt von Greifensee" gestattet, sich in der Person des Helden gewissermaßen selbst zu geben, so bietet er in der „Zwinglinovelle" vielleicht die objektivste Schöpfung, die er geschrieben — jedenfalls ist „Ursula" diejenige seiner Novellen, wo das subjektiv humoristische Element sich kaum bemerkbar macht, wo der Gegenstand obenan steht. Diese Ausnahmestellung der Novelle hat Köster an eine Beeinflussung Kellers durch Meyer glauben lassen: So nahe er dem „bewunderten Rivalen" nach der Eigenart seiner Begabung überhaupt kommen konnte, habe er sich ihm in der Novelle „Ursula" genähert — nur g e n ä h e r t, denn bei Keller sei die Ausgestaltung des geschichtlich Tatsächlichen nur buntes Beiwerk, Hintergrund für das Schicksal der beiden frei erfundenen Träger der Handlung, Hansli und Ursula. Diese werden durch die beschriebenen Wirren der Zeit und der Verhältnisse auseinandergetrieben und wieder zusammengeführt, so daß die Milieuschilderung nur zu diesem Zwecke gegeben zu sein scheint. Meyer dagegen, sagt Köster, würde „sicherlich aus

reichen, wirklich gelehrten Studien heraus, und doch nicht räson=
nierend, sondern gestaltend ein großes historisches Zeitbild mit
tiefer Begründung der reformatorischen Unruhen" vorgeführt
haben.

An ein mehr oder minder bewußtes Streben Kellers, sich
Meyer damals künstlerisch zu nähern, wird jedoch kaum zu denken
sein. Meyer stand erst in seinen Anfängen und konnte für Keller
noch nicht als bewunderter Nebenbuhler gelten: das wäre erst
später, vom „Heiligen" ab, möglich gewesen, als Meyers Stil
in seiner ganzen Eigenart und Eigenheit — freilich nicht durch=
aus unter Beifall Kellers — sich entwickelt hatte. Vorläufig lag,
die metrischen Erzeugnisse abgerechnet, außer dem „Jenatsch"
erst das „Amulet" vor, das Keller zu jener Zeit kaum ge=
kannt zu haben scheint. Und der „Jenatsch" kommt als eigent=
liches Vorbild für Keller schwerlich in Betracht, wenn auch die
„Züricher Novellen" in bildhaften Einzelheiten an Jenatsch=
episoden erinnern mögen, wie der Mummenschanz mit dem
Bären am Schluß des „Narr auf Manegg" an den von Storm
so getadelten Aufzug mit dem Karnevalsbären am Ende des
„Jenatsch". Die „Züricher Novellen" waren außerdem schon
fertig, als Keller den „Jenatsch" zu Gesichte bekam. Man könnte
etwa noch darauf hinweisen, daß in den „Züricher Novellen"
bei Keller zum erstenmal die Form der R a h m e n erzählung
begegne, welche doch C. F. Meyers eigenste Erzählungsart sei:
hierbei wird außer der grundsätzlichen Verschiedenheit der Kunst=
form, von der noch beim „Heiligen" die Rede sein soll, über=
sehen, daß die Rahmentechnik bei Meyer damals noch nicht
ausgebildet ist; erst Ansätze dazu liegen vor im „Amulet", im
„Jenatsch" — hier in der Einführung der Beobachter Fortu=
natus Sprecher und Waser. Andererseits beweisen die mittelbar
erzählten Partien des „Grünen Heinrich" und des „Pankraz",
daß Keller jene Kunstform nicht erst von Meyer zu entlehnen
brauchte. Es handelt sich hier überhaupt um mehr als um
größere oder geringere Unterschiede bloß äußerer Kunstmittel.

Ein Hinaufschauen zu Meyer wäre bei Keller möglich ge=
wesen, wenn die Unterschiede im Stil der historischen Novellen
nur darauf beruht hätten, daß Keller der gegebenen Historie als
Autodidakt, Meyer dagegen als „gleichmäßig durchgebildeter
Geist", wie Köster sagt, gegenübergestanden hätte; daß Keller es
in der Bewältigung geschichtlicher Tatsachen nur zu kulturge=
schichtlich treuen Einzelbildern gebracht habe, während Meyer, als
der Gelehrtere, zu einem tiefen Erfassen der Zeitverhältnisse
vorgedrungen sei — wenn, mit einem Worte, jene Unterschiede
bloß g r a d u e l l e der Durchbringung eines gegebenen Stoffes
und nicht w e s e n t l i c h e der poetischen Absicht, des dichte=
rischen und menschlichen Verhältnisses zum Stoffe gewesen
wären.

Es ist hier der Ort, auf diese Unterschiede näher einzugehen.
Die Köstersche Skizze, für Keller bei aller Knappheit zuverlässig,
gibt von Meyer ein ungenaues Bild.

Schon in Kellers Aussprüchen über den „Jenatsch" machte
sich das Gefühl einer gewissen Unfreiheit gegenüber der Ge=
schichte bemerkbar. Fast darf man sagen, daß er eine g e s c h i c h t=
l i c h e Erzählung zuvörderst an dem Tatsächlichen des Stoffes
gemessen habe. Frey gegenüber hat er sich sehr deutlich über die
Notwendigkeit historischer Studien ausgesprochen und über der.
Arbeit an den „Züricher Novellen" in einem Briefe an Bächtold
die seinen Respekt vor dem Stoffe verratende Äußerung getan,
es sei ihm „Wurst", wenn „die Historiker und Philologen" über
den „spaßhaften Einfall" die Nase rümpften oder sich darüber
wunderten, wie er im „Hadlaub" „die Dinge durcheinander=
werfe"; er gewärtige den Vorwurf, „es wäre besser, man ließe
dergleichen unterwegen, wenn man es nicht besser verstehe". Diese
Unfreiheit findet durch einen Mangel an gelehrter Bildung nicht
ihre volle Erklärung. Sein Verhalten zu dem durch die Historie
gegebenen Stoffe erklärt erst sein strenger Wirklichkeitssinn.

Zwar mußte ihm dieser sagen, daß die Tatsächlichkeit der
geschichtlichen Begebenheiten und Personen durch die immer

irgendwie subjektiv gefärbte Überlieferung nicht voll gewähr=
leistet sei; andererseits aber gebot ihm derselbe Sinn, den Boden
dieser Überlieferung, der zwar schwankend war, aber immerhin
einen Halt gab, nicht zu verlassen. So darf man seine schließliche
Abneigung gegen historische Stoffe überhaupt als auch seine
Art, die von ihm einmal zugelassenen zu behandeln, auf seinen
mit den Jahren wachsenden Realismus zurückführen. Mit großer
Sorgfalt benutzt er die Quellen, übernimmt Zug um Zug, ja er
schreibt die Quellen wörtlich aus, ihre poetische Brauchbarkeit
vorausgesetzt. Nußberger hat dies Verfahren durch eine Neben=
einanderstellung des „Landvogt von Greifensee" und seiner
Quellen im einzelnen beleuchtet. Keller wählt aus, stellt um,
füllt Lücken aus, erweitert, verschmilzt; aber bei alledem ist er
in Änderungen an Tatsächlichem zurückhaltend, er tut der Ge=
schichte nie Gewalt an, es sei denn, ohne es zu wollen, dadurch,
daß er die eine oder die andere Figur leise im Kostüm von der
Zeitepoche, in der sie gestellt ist, abweichen läßt, weil sie nicht
aus der Überlieferung stammt, sondern, wie Aglaja im Landolt,
im Leben des Dichters ihre Wurzel hat. Für „Hadlaub" und
den „Narr auf Manegg" sind dieselben Grundsätze der Quellen=
verwertung nachgewiesen. Der Dichter hat selbst hier und da
die Ergebnisse neuerer wissenschaftlicher Einzelforschung in seinen
Text verwoben. Daß er nicht im Stoffe stecken blieb, vielmehr
auch an den Charakteren die eine oder andere Umformung vor=
nahm, versteht sich von selbst. Aber überall ist eine starke Rück=
sichtnahme auf die Wirklichkeiten spürbar. Seine oben ange=
führte Äußerung über die sich wie Kinder gebärdenden Wieder=
täufer in der „Ursula" zeigt, daß er auch einen als unwirksam
empfundenen Zug aus der Chronik übernehmen und stehen
lassen konnte um der historischen Sicherheit und der kulturge=
schichtlichen Vollständigkeit und Treue des Bildes willen. Es
lag nicht in seiner Art, „Realitäten" souverän zu traktieren.
Daher auch sein Geständnis, es sei „ungeheuer schwer", einer
großen historischen Gestalt in einer Novelle „gerecht zu werden".

So ist es begreiflich, daß Keller sich in den geschichtlichen
Novellen fast völlig auf das Z u s t ä n d l i c h e zurückzieht. Schon
im „Dietegen“ hat er jede historische Festlegung vermieden und
nur ganz allgemein den kulturellen Hintergrund des fünfzehnten
Jahrhunderts gegeben, in den „Legenden“, soweit darin die
Archäologie mitzusprechen hatte, ganz frei gewaltet und die Vergangenheit meist naiv ironisiert. In den „Züricher Novellen“
rückt er der Geschichte im eigentlichen Sinne näher, in „Ursula“
zumal gibt er mehr historische Fülle. Aber Keller kennt hierin
seine Grenze. Den Schritt in das große Getriebe der Geschichte
tut er nicht. Wenn er sich diese Beschränkung auferlegte, so brauchte
er wenigstens nicht i m m e r „wie mit Hunden gehetzt“ zu sein;
denn die Kulturlage einer vergangenen Zeit, ihre Sitten und
mittleren Charaktere lassen sich erfassen; selbst kleinere historische
Persönlichkeiten, die mehr Typen ihres Zeitalters als seine herr-
schenden und treibenden Geister sind, wie Hadlaub, Landolt,
Geßner, Bodmer werden von hier aus zugänglich, ja fordern
geradezu Wiederbelebung durch einen der Kulturgeschichte treuen
Dichter, ohne daß dieser bei Erfindung unbeglaubigter Ereignisse
und Charakterschattierungen oder Personen allzu ängstlich zu sein
brauchte; die einzige Einschränkung war eben nur die durch die
Zustände der Epoche gebotene — Keller hat denn auch von
dieser Bewegungsfreiheit Gebrauch gemacht und, während er
Bodmer historisch real darstellte, Landolt und Geßner gehoben,
indem er z. B. Geßner nicht so schilderte, wie er ihn objektiv
sehen mußte, sondern wie er sich in der Auffassung des achtzehnten Jahrhunderts spiegelte, wie ihn noch der grüne Heinrich
sah. Dies Verweilen in den unteren und mittleren Regionen
konnte bei Darstellung einer ferner abliegenden, dem Dichter
weniger vertrauten Zeit dazu führen, daß das Zuständliche die
Charakterisierung der Figuren nicht voll leisten konnte, woraus
sich wohl der Vorwurf Wilhelm Scherers erklärt, der Dichter sei
im „Hadlaub“ den Menschen der Vergangenheit doch zu wenig
auf den Leib gerückt.

In der kulturgeschichtlichen Provinz der historischen Novelle war Keller in seinem Element. Die großen Charaktere blieben ihm hierbei im allgemeinen fern, dem einzigen großen Menschen der Geschichte, den er dargestellt hat, Ulrich Zwingli, ist er nur von jener Seite aus nahegekommen. Was von Zwingli der großen Geschichte, dem Ganzen der Reformation, dem Hin und Her der eibgenössischen Politik angehört, ist nur andeutend oder in einigen Genrebildchen behandelt: der Prediger und Volks= mann wird uns hingestellt, der Mensch unter den Menschen seines Zeitalters. Daher gab Keller es Meyer ohne weiteres zu, daß sein Zwingli nicht ganz auf der Höhe sei. Nur wenig nähert sich Keller in „Ursula“ der Art Meyers. Gerade diese Novelle illustriert vielmehr den Unterschied der Kunstauffassung bei aller Berührung im Stofflichen. Schon im Eingang: mit einem so vollen Akkord, einem solchen auf die Fülle des Menschheitlichen gehenden Ausblick würde Meyer nicht begonnen haben. Man halte den Anfang seines in der gleichen Epoche spielenden „Pescara“ daneben: da ist keine Schilderung von Z u s t ä n d e n eines Zeitalters, sondern nur die Bewegung weniger G e = s t a l t e n. Sie halten die Maschen des Gewebes der großen Politik. Und während wir in dies Netz allmählich Einblick ge= winnen, fließt uns unmerklich die Lebensform des Jahrhunderts zu. Kaum daß ihr hier und da eine eigene Zeile ausgespart wird.

Ob es ein Zufall ist, daß Kellers „Züricher Novellen“ un= gefähr den Forderungen entsprechen, welche F. Th. V i s c h e r s Ästhetik für den historischen Roman aufstellt? Hier heißt es, der im Vordergrund der Handlung stehende Held des geschichtlichen Romans dürfe selber nicht bedeutend sein, weil der Roman das Allgemeine, genreartig Namenlose des Privatlebens, das rein Menschliche der Persönlichkeit zum Inhalt habe. Nun bean= spruche diese unhistorische Vordergrundsperson im geschichtlichen Roman das höhere Interesse, das doch seinem bedeutenderen Gewicht nach der historische Hintergrund oder Mittelgrund ver= lange. So ergebe sich für diese Art des Romans ein innerer

50

Widerspruch. Eben dieser hat Keller schließlich von der Gattung der historischen Erzählung abgeführt.

Im „Amulet“ noch entspricht C. F. Meyer der Theorie Vischers, indem er zugleich jenen Widerspruch geschickt auszugleichen weiß. Aber dann wird er ihr untreu, seltsamerweise desto entschiedener, je mehr er das ästhetische Hauptprinzip Vischers, das der Ökonomie, zu befolgen bestrebt ist, ein Prinzip, das einem entscheidenden Hange seiner künstlerischen Natur gemäß war. Die Helden seiner Novellen gewinnen an historischer Größe; gerade seine letzten Sachen zeigen hier eine aufsteigende Linie, und die Ausführung der Pläne seiner letzten Lebensjahre: Dynast, Komtur, Petrus Vinea und Friedrich der Zweite, würde diese fortgesetzt haben. Dieser Zug nach der Höhe, der ihn von Gottfried Keller unterscheidet, und von dessen Ursachen später die Rede sein soll, verschwistert sich mit seiner Art der Behandlung des historischen Stoffes.

In einem Briefe an Félix Bovet aus dem Herbste 1876 plaudert C. F. Meyer über den eben in der Buchausgabe vollendeten „Jenatsch“ und die Art der Entstehung. Er schließt: „Pour Jenatsch, j'ai la certitude que ce n'était qu'un coquin et j'en ai fait un personnage.“ Das Verhältnis Meyers zur Historie ist in diesen Worten ein für allemal ausgesprochen. Der Gegensatz zu Keller wird fühlbar. Hat dieser vor den Fakten geschichtlicher Überlieferung eine Achtung, deren poetischer Nutzen zwar sich bei seinen Schilderungen der Zustände erweist, die ihm aber die freie Behandlung großer Charaktere der Vergangenheit verbietet, so fühlt sich Meyer der Geschichte gegenüber durchaus als Herrscher: „Quant aux traits historiques — j'en ai disposé plus que cavalièrement.“ Die Einzelheiten führte er treu — und künstlerisch zugleich — der Kulturlage der Zeit angemessen aus. Die Ereignisse dagegen und vor allem die Charaktere formte er nach seiner leitenden Idee — so den Umformungsprozeß, wie Ohmann mit glücklicher Wendung sagt, den die geschichtliche Überlieferung selbst schon an dem Rohstoffe

des Wirklichen vorgenommen hatte, bis zur höchsten Stilisierung
treibend. Mit ihr überschritt er die Grenze zwischen den Ge=
bieten des Historikers und des Dichters. Denn jene leitende
Idee bestimmte sich dadurch, daß er den psychologischen Keim,
der ihn an dem Stoffe angezogen hatte, durchaus so entfaltete,
wie es seinem eigenen Wesen entsprach. Er gab sich hier schlecht=
hin selbst, und nahm sich dieses Recht wie sein Armbruster im
„Heiligen": „Ist einmal das letzte Sandkorn verrollt, so tritt
der Mensch aus der Reihe der Tage und Stunden hinaus und
steht als ein fertiges und deutliches Wesen vor dem Gerichte
Gottes und der Menschen. Beide haben Recht und Unrecht,
Eure Chronik und mein Gedächtnis." Sein Michelangelo schiebt
die Schildereien des Antlitzes des Pensieroso zurück: „Ich kenne
seine Seele, das genügt."

Die Frage, wie C. F. Meyer überhaupt zur historischen
Novelle kommt, wird späterhin zu erörtern sein. Hier sei noch=
mals auf den subjektivistischen Grundzug seiner Kunst hinge=
wiesen, soweit sie ein Operieren mit geschichtlichem Stoffe be=
deutet; er treibt nicht etwa die Arbeit des Historikers, der ihn
vollständig zu durchdringen und objektiv neu zu beleben hat,
bloß auf die Spitze, sondern geht wesentlich an ihr vorbei und
über sie hinaus.

Man sollte den Beitrag der stofflichen Studien Meyers
zum schließlichen Gehalt des Kunstwerkes nicht überschätzen. Ge=
wiß gab er dem Stoffe, was des Stoffes war, aber darf man
wohl von einer „mühseligen, schon durch den Stoff mit einem
gewaltigen wissenschaftlichen Apparat beschwerten Arbeitsweise"
reden oder von einem Gestalten „aus reichen, wirklich gelehrten
Studien heraus"? Es ist seltsam, wie z. B. die Plautusnovelle
diese Auffassung genährt hat, während uns zufällig ein Brief
Meyers an Bovet darüber belehrt, wie instinktiv der Dichter bei
der Heranziehung und Verarbeitung des Rohstoffes verfahren
ist. Ein Landsmann des Dichters tadelte noch ganz kürzlich, der
„Jürg Jenatsch" leide an dem Übelstand, daß der Dichter

sich durch die Rücksicht auf die Geschichte die Hände habe binden lassen, wo doch bloß in der G e n e s i s des Romans C. F. Meyer einmal mutlos geäußert hatte, er getraue sich nicht, der histo= rischen Wahrheit eine vollere Gestalt zu geben, als ihm die Quellen böten. Was gaben schließlich die (für „Amulet" und besonders den „Jenatsch" freilich nicht zu leugnenden und ad hoc weit ausgedehnten) Vorstudien? „Après avoir lu à peu près tout ce qui a été écrit sur ce sujet-là, j'ai mis tout cela de côté et j'ai donné le champ libre, très libre à mon imagination." Eine Reihe weiterer ebenso bestimmter Außerungen des Dichters über diesen Punkt liegen vor, sie sind von Adolf Frey in seiner Meyerbiographie scharf beleuchtet, die große Briefsammlung vermehrt sie, so durch das fast programmatische Zeugnis eines Briefes an Carl Spitteler, wo Meyer mit den Worten schließt: „Stoffe habe ich nie gesucht, noch je sogenannte ‚Vorstudien‘ gemacht." In einer früheren Fassung seines „Musensaal" führt der Dichter K l i o ein mit den Versen:

> „Die Schleier wirft sie weit zurück
> Und wandelt in des Tages Klarheit.
> Die staub'gen Rollen legt sie hin,
> Die ihr der Dinge Saat verkünden,
> Der Gegenwart Gebieterin
> Will sie die vollen Garben binden."

Unabweisbare Aufgabe dessen, der die Geschichte dichterisch gestalten wolle, sei es, so schreibt er einmal, „einen historischen Stoff mit dem Leben der Gegenwart zu durchdringen".

Unter diesem verstand er zuvörderst alles, was er selbst erlebte und innerlich mitfühlen konnte. Die rein stoffliche Ge= schichtsschreibung nannte er in einem Novellenentwurf „ein großes Netz von öffentlich kundgewordenen Tatsachen und Jahreszahlen, zwischen dessen weiten Maschen die Seelenvor= gänge wie blitzende Fischchen" durchschwimmen. Und gerade diese trachtete er zu erfassen und lebte dabei zugleich seine eigene

Seele aus. Die Verfolgung der in der Geschichte bloß ange=
deuteten Möglichkeiten der führenden Charaktere zog ihn an;
und ihre Ausgestaltung war seine Domäne. Hier schuf er frei
Geist von seinem Geiste. „Je me sers de la forme de la nouvelle
historique purement et simplement pour y loger mes expériences
et mes sentiments personnels." So ist das Spielfeld seiner
Subjektivität, freilich einer sehr intellektualistischen, zum Objek=
tiven neigenden Subjektivität, im Geschichtlichen viel ausge=
dehnter als das Kellers, den man als den Dichter des warmen
Subjektivismus so gern dem objektiven und kühleren Meister der
historischen Novelle gegenüberzustellen pflegt. Keller war im
Kulturgeschichtlichen förmlich antiquarisch treu, ließ die „fest=
stehenden" historischen Charaktere als unzugänglich beiseite und
gab der Einbildungskraft erst im Felde des allgemein Mensch=
lichen den Sporn, wobei er, nun nach Herzenslust subjektiv, bis
an die Grenze des Romantischen, ja Phantastischen Vorstöße zu
machen liebte, ohne doch das Gebiet des an sich Möglichen je
ganz aus den Augen zu verlieren. Meyer entwarf sorgfältig,
aber künstlerisch, ohne realistische Pedanterie, den kulturellen
Hintergrund, das Zuständliche nur als Mittel zum Zwecke ver=
wertend, strömt dagegen den ganzen Reichtum der eigenen Per=
sönlichkeit und Erfahrung in die von der Geschichte nur teilweise
ausgefüllten Formen, als welche die führenden Gestalten der
Vergangenheit ihm entgegentreten. Aber mit dieser psycho=
logischen Problembildung findet der Subjektivismus seine
Grenze. Wohl wird das Gebiet des wirklich Geschehenen oft
verlassen, aber nicht das der Wahrscheinlichkeit. Man hat bei
Meyer nie die Empfindung, die Ereignisse und die Personen
entsprächen nicht der Geschichte; es verläuft alles folgerichtig und
natürlich; jeder seiner Menschen ist wirklich „ein Mensch mit
seinem Widerspruch", so daß man es wohl begreiflich findet,
wenn der mit Meyers Leben und Persönlichkeit nicht Vertraute,
verführt besonders durch die gut getroffene Zeit= und Lokalfarbe,
seine Novellen für genial geschilderte Abbilder vergangener

Wirklichkeiten hält, was nach des Dichters eigener Aussage mehr=
fach selbst Gelehrten passiert ist. Bei Kellers Geschichten aus
der alten Zeit hingegen fühlt man gar manchmal: jetzt geht es
auf einen Seitenpfad zum Ritt ins alte romantische Land. Und
die Menschen sind meist so einheitlich angelegt, daß man sie trotz
all ihrer realistisch gegebenen Einzeleigenschaften als Geschöpfe
eines Licht und Schatten nach Liebe und Abneigung verteilen=
den Meisters erkennt. Was Bernhard Seuffert kürzlich im ein=
zelnen für die Gestalten des „Grünen Heinrich" nachgewiesen
hat: daß ihr Charakter durch eine mehr oder minder verborgene
Kontrapunktik in der Komposition bestimmt wird, so daß er das
Gepräge einer gewissen symbolischen Einseitigkeit trägt, gilt auch
für die „Züricher Novellen".

Mit der Vorführung dieser Unterschiede sind wir voraus=
geeilt. Erst eine spätere Zeit läßt sie ausgesprochen hervortreten.
Die Vorausnahme indes war nötig, um zu zeigen, daß nur ein
zufälliges Zusammentreffen und keine Annäherung von seiten
Kellers die Begegnung mit Meyer auf dem Boden der hei=
mischen Geschichte zustande gebracht hatte. Gottfried Kellers
Entwicklung hatte ihn von selbst dahin geführt. Nicht ganz so
scheinen die Verhältnisse bei C. F. Meyers „Schuß von der
Kanzel" zu liegen.

6. Der Schuß von der Kanzel.

Schon mehrfach ist auf die Verwandtschaft der Novelle mit der
Art Meister Gottfrieds hingedeutet worden. Der Dichter
selbst war sich ihrer halb und halb bewußt. An Rahn, dem zu
Gefallen er die Novelle in den Züricher Almanach für 1878 gab,
schrieb er im Mai 1877, die Vortrefflichkeit von Kellers Züricher
Novellen werde ihn „sicher in Schatten stellen und vielleicht gar
ungerechterweise als Nachahmer erscheinen lassen". Im De=
zember 1877 bezeichnet er Rodenberg, der den „Schuß" gern
in der „Rundschau" gebracht hätte, die Parallelen genauer,

wenn er von „den zu ungunsten meines barokken Generals sich
bietenden Vergleichungspunkten mit dem herrlichen und tüch=
tigen Landolt der Zürcher Novellen unseres lieben Meisters
Gottfried" redet; Rodenberg dürfe seine Leser „nicht mit
Züricher Geschichten übersättigen".

Nach der ausdrücklichen Versicherung C. F. Meyers muß
die Annahme einer b e w u ß t e n Nachahmung Kellers —
etwa derart, daß Meyer bei Stoffwahl und Behandlungsweise
habe versuchen w o l l e n , es Keller auf seine Weise gleich zu
tun — fallen gelassen werden. Wertmüller war ihm durch die
Arbeit am Jenatsch nahegebracht worden längst ehe die
„Züricher Novellen" erschienen waren: „Eigentlich ist der ‚Schuß‘,
weil er den Charakter des Wertmüller ausführt, eine Fort=
setzung des Jenatsch." Daß er den Faden mit lokalzürcherischem
Einschlag ausspann und dabei von einem großen historischen
Hintergrunde absah, war zum nicht geringen Teil durch die
lokale Art der Publikation der Novelle bedingt: „Die Züricher
Herren verlangten etwas Amüsantes von mir, .. das zugleich
in der Heimat spiele." Dagegen ist mir ein Meyer u n b e =
w u ß t e r Einfluß der „Züricher Novellen" auf die Ausführung
des „Schuß" wahrscheinlich.

Das Auffälligste ist der humoristische Charakter der Novelle,
womit Meyer aus seinem eigentlichen Wesen ganz herausgeht
und in den Grundton der „Zürcher Novellen" einstimmt. Zwar
war ihm der Humor an sich nicht fremd; einzelne Stellen des
„Hutten" z. B., selbst des „Jenatsch", manche Gedichte gaben
davon Zeugnis; aber nie zuvor noch später je ist ein Werk von
ihm (auch die Plautusnovelle nicht) ganz auf ein komisches Motiv
gestellt worden. Bis in die „Angela" hinein hat er, wie zum Aus=
ruhen für den Leser, gelegentlich, aber diese Gelegenheiten spar=
sam benutzend, eine heitere Arabeske angebracht; im „Schuß"
verschwendet er sie förmlich, gleich als ob der fröhliche Kern nicht
der Fröhlichkeit genug böte. Die Streiche des Wertmüllerischen
Mohren und der Schnörkel von dem „jungen Lyriker von be=

deutender Begabung" unter den Fröschen der Halbinsel sind von
einer überwältigenden Komik und den feinsten Seldwyler
Späßen ebenbürtig, der Krachhalder ist eine ganz kellerische
Figur. Nichts verdankt Meyer der Überlieferung als das Motiv
und die spärlichen Daten zum Leben des Generals, das Übrige
ist erfunden. Man kennt ihn nicht wieder: „Où donc, mon
cher Conrad, avez-vous pris tant de gaillardises?" fragte
Vulliemin. Meyer selbst behauptete später, mit dieser „Posse"
seinem Elemente untreu geworden zu sein: „Es ist tolles Zeug,
das mir eigentlich nicht zu Gesichte steht"; „Sie schlagen den
‚Schuß' entschieden zu hoch an, ... Mir individuell hinterläßt
das Komische immer einen bitteren Geschmack, während das
Tragische mich erhebt und beseligt". Ja er meint ziemlich weg=
werfend: „Es ist eigentlich demütigend, daß diese ‚Bluette',
auch in Deutschland, mehr gefällt als meine zarteste Lyrik", und
schreibt an Rodenberg in dem erwähnten Briefe: „Für Ihre
‚Rundschau' wäre der ‚Schuß von der Kanzel' nichts gewesen;
ich würde in der „Rundschau" nur ungern auf meine Hauptforce
verzichten, nämlich auf einen großen humanen Hintergrund,
auf den Zusammenhang des kleinen Lebens mit dem Leben und
Ringen der Menschheit". Daß ein solcher beim „Schuß" nicht
ganz fehlt, tröstet ihn noch: „.. der ernste Hintergrund wird
dem tollen Zeuge wohltun".

Woher nun diese Heiterkeit? Hat Meyer nur die humo=
ristische Novelle geschrieben, weil die Zürcher Herren „etwas
Amüsantes" verlangten? Oder reizte es ihn, auch einmal „für
die Menge" zu schreiben, als „Optimist" wie Keller, von dem
er später sagte, daß er „der Menge gegenüber" durch eben diesen
Optimismus vor ihm etwas voraus habe? „Denn so sind die
Leute: sie drängen sich um den Brunnen des Lebens und sind
froh, wenn sie mit ihrem Becherchen wenigstens ein Tröpflein
auffangen." Man würde Meyer Unrecht tun, wollte man an=
nehmen, solche Beweggründe — die an sich recht wohl mit=
gesprochen haben können — seien allein bestimmend gewesen.

Er war nicht der Mann, etwas hinausgehen zu lassen, für das
er nicht mit seiner ganzen künstlerischen Persönlichkeit einstehen
konnte; das heißt bei ihm: hinter dem und in dem nicht der
lebendige Mensch, ein Stück wenigstens seines Lebens stand.
Wir brauchen in der Tat nach der Beziehung der Schöpfung
zum Leben des Dichters nicht weit zu suchen. Die Heiterkeit
der Ausführung des Leitmotivs im „Schuß von der Kanzel" ist
kein bloßes Kunsterzeugnis, die Stimmung nicht erarbeitet, son=
dern erlebt. In einem Briefe an Lingg entschlüpft ihm denn
auch, über der Arbeit an der „Kleinigkeit", dem „unbedeutenden
Motiv", das er, „en attendant mieux" ausführe, das Geständnis:
„Meine kleine Novelle ... belustigt mich herzlich".

Die Munterkeit der Geschichte hat zweifellos ihren Ursprung
in dem übermütigen Glücksgefühl der ersten Ehejahre des Dich=
ters. „Das Herz, auch es bedarf des Überflusses." Man wird
mit der Vermutung nicht fehlgehen, daß Rahel, mit ihrem ent=
schiedenen, aus Ernst und Schalkhaftigkeit gemischten Wesen,
einzelne Züge der jungen Frau C. F. Meyers geliehen sind,
welche mit der letzteren Eigenschaft zumal den etwas schwerblütig
gewordenen Dichter so sehr beglückt hat. Dieser hat der Figur
des Kandidaten Pfannenstiel von seinem eigenen Wesen etwas
gegeben: außer der hohen, hellen Gestalt eine gewisse Scheu
und Zurückhaltung in Gesellschaft, wie sie Meyer in jungen
Jahren eigen war; die literarischen Neigungen, das fast ganz
nach innen gerichtete Wesen, wodurch er von den „Kavalieren" der
Verwandtschaft Rahels absticht wie der Dichter von dem Fa=
milienkreise seines Schwiegervaters, des Obersten C. Ziegler,
und des Majors H. Ziegler, des Oheims Luisens, in dessen
Hause Meyer die Braut kennen gelernt hat — im „Schuß" ist
Rahel Nichte und Patenkind des Generals, in dessen Hause sie
ein= und ausgeht, wo sie auch Pfannenstiel einmal begegnet.
Conrad Meyer traf späterhin Luise Ziegler bisweilen im Pfarr=
hause ihres Schwagers zu Herrliberg am See — Rahel und der
Kandidat lernen sich im Pfarrhause von Rahels Vater in Mythi=

kon am See kennen. Auf der grünen Halbinsel Au, der durch
Klopstocks Fahrt und seine Ode an den Zürichsee berühmten,
hat sich der Dichter verlobt — die „Au" macht er zum Schauplatz
der Novelle, auch der rührenden Begrüßung der beiden Lieben=
den. C. F. Meyer wird gewiß noch mehr des Persönlichen
hineingewoben haben; so scheint mir in der Schilderung des
sonnigen Oktobertages im · „Schuß", der zum Verlobungstage
des Kandidaten wird, die Stimmung von Meyers Hochzeitstag,
der auf einen schönen Tag desselben Monats fiel, festgehalten
usw. Nur der mit des Dichters Leben ganz eng Vertraute wird
alle Beziehungen herausfühlen können: daher bleibt es auch
bloße Vermutung, wenn ich in der Szene zwischen Wertmüller
und Pfannenstiel, bei welcher dieser durch die Schilderung der
südlichen Fahrten des in kaiserlichen Diensten stehenden Gene=
rals entzückt wird, die Widerspiegelung ähnlicher Unterhal=
tungen zu erkennen glaube, die zwischen dem träumerisch zu
Hause verharrenden Dichter und seinem kriegerischen Freunde,
dem kaiserlichen Offizier Conrad Nüscheler stattfanden, der oft
durch seine Schilderungen Italiens in Meyer die Sehnsucht nach
dem Süden weckte. Ein Fremder kann solche persönlichen Züge
nicht so leicht aufdecken, zumal da der Dichter seine Individuali=
tät nur ganz verhüllt gibt.

Was Meyer damals zu geben hatte, war heiter, sonnig, see=
blau, und so griff er von selbst den Ton, auf den die „Züricher
Novellen" gestimmt waren, und die Begegnung mit Keller, vor=
bereitet durch den lokalen Charakter der Novelle, ergab sich ganz
ungesucht. Bei der G e s t a l t u n g dieses heiteren Stoffes,
beim Festhalten dieser Stimmung war es unmöglich, an den
Zürcher Geschichten Kellers vorbeizusehen. Die Betrachtung
der zeitlichen Verhältnisse legt die Annahme einer Beeinflussung
durch Gottfried Keller mindestens nahe.

Im Novemberheft 1876 der „Rundschau" beginnen die
„Züricher Novellen" zu erscheinen; jede neue wird von Meyer
sogleich mit Eifer gelesen. „Hadlaub" und „Der Narr auf

Manegg" sind gedruckt, als Meyer am 12. Februar 1877 zu
einem Briefe an Keller die Feder ansetzt: „Ich kann es nicht
lassen, Ihnen wenigstens mit einer Zeile meine Bewunderung
Ihrer ,Züricher Novellen‘ zu bezeugen, deren letzte — wenn man
den Teil eines Ganzen loben darf — mich tief ergriffen hat."
Am Karfreitag schreibt er Betsy: „Gottfried Keller behandelt
als letzte Züricher Novelle den Landvogt und seine fünf Körbe —
ganz vorzüglich." Im Januar war Rahn gegenüber die erste
Andeutung über „die fragliche Humoreske, die ... besser unge=
schrieben bleibt": den „Schuß von der Kanzel" gefallen; am
3. Februar meldet er, die Novelle sei ihm ganz klar; „durchaus
komponiert", sie werde „in den freien Zeiten dieses natürlich
sehr verzettelten Frühjahrs" niedergeschrieben. Die Arbeit scheint
aber erst im Mai in Fluß zu geraten: ich werde „nach Versprechen
und Kräften meine Novelle liefern, bitte aber ... um präcise
Bezeichnung des letzten Einsendungstermins", schreibt er Rahn
in dem früher erwähnten Briefe, nachdem inzwischen der „Land=
vogt" erschienen ist. Im August wird der „Schuß" fertig. Während
der Ausarbeitung muß der Einfluß Kellers gewirkt haben.

Zwar die Gemeinsamkeit der allgemeineren Züge: die
humoristische Grundstimmung, die Lokalität, das Idyllische der
Handlung, welche bei C. F. Meyer nur durch einen Verzicht auf
„große Historie" möglich wurden, beweist jenen nicht; diese sind
ja bereits auf Motive zurückgeführt, die bei Meyer selbst liegen,
wie denn auch die Selbständigkeit der Konzeption durch die
Chronologie gesichert ist. Auch allgemeinere Ähnlichkeiten
zwischen „dem herrlichen und tüchtigen Landolt" und dem
„barocken General" fallen wenig ins Gewicht: daß beide einer
Züricher Patrizierfamilie entstammen, Kriegsleute sind, als
solche weit herumkommen, von fremden Fürsten gesucht werden,
im Kriegswesen der Heimat eine Rolle spielen, sich zu Sonder=
lingen auswachsen, auf einem ländlichen Schlosse an einem See
mit merkwürdiger Dienerschaft ihr Wesen treiben. Auffallender
sind schon gewisse Parallelen bei Ausmalung der Seltsamkeit der

beiden Helden: der General betreibt in seinen Mußestunden die
Kunstschlosserei und erschreckt dadurch — besonders durch die
aufsteigenden Funken — die frommen Seebauern; Landolt
dilettiert in der Malerei und befremdet mit dem Malerwesen
eine Durchschnittsnatur wie die fromme Barbara; das Türkinnen=
bild Wertmüllers erinnert an die seltsamen Gemälde im Eltern=
hause von Landolts Mutter; dieser läßt sich von dem elfen=
beinernen Töblein auf seinem Schreibtisch Memento mori sagen,
jener von dem vor seiner Schlafzimmertür Schildwache stehen=
den Skelett. Er läßt nach militärischem Brauch die Zugbrücke
nach dem Lande zu abends hochziehen, wenn er auf der Au
weilt; in den „Züricher Novellen" heißt es von Salomons Groß=
vater: „.. wenn der alte General da war, kehrte eine gewisse
Ordnung insofern ein, als am Morgen auf der Trommel Tag=
wache und Abends der Zapfenstreich geschlagen wurde". Lan=
dolt begrüßt die Ankunft seiner alten Schätze in Greifensee mit
dem Feuer von zwei kleinen Kanonen und durch den Affen Cocco;
Wertmüller hat zwei ebensolche Geschütze auf dem Hausflur
stehen und will damit den Damm vor seinem Landhause ver=
teibigen, wenn man Pfannenstiel und Rahel zu holen komme;
er hält zwar keinen Affen, aber ein schwarzer Diener treibt bei
ihm sein Wesen. Er ist entschiedener Freigeist und mag die
„Pfaffen" nicht leiden; Landolt sagt „fast tonlos": „Ein Pfaff!"
als Aglaja von ihrer Neigung erzählt. Der alte General liebt
einen kräftigen Schabernack: der Landvogt spielt seinen fünf
Freundinnen einen solchen durch die Einladung und besonders
durch die Verlobungskomödie. Die Art, wie Wertmüller nach dem
Schuß durch die schlagfertige Skizzierung seines Testamentes alle
Beteiligten, zumal die Bauern, zufriedenstellt, entspricht der
Gewandtheit des Landvogts bei seinen salomonischen Urteilen
über die Landleute während des Rosengerichts.

Manche Stellen sehen aus wie von Keller diktiert. Die
Ähnlichkeit des Gegenstandes zwar wird Ursache davon sein, daß
Meyer das „Bibliothekzimmer, in das die Seebreite durch drei

hohe Bogenfenster hereinleuchtete", fast mit denselben Worten
zeichnet wie Keller Landolts Speisesaal: „Das Gemach
leuchtete vom Glanze des blauen Himmels und des noch blaueren
Seespiegels, der durch die hohen Fenster hereinströmte." Aber
das Spielzeug, welches Wertmüller dem würfelfreudigen
Pfarrer Rosenstock vermacht, „zwei hohle Hembdknöpfe von Mes-
sing mit einer Glasscheibe versehen, worunter auf grünem
Grunde je drei winzige Würfelchen liegen", ist zweifellos ein
Nachkomme der zumal aus den Seldwyler Geschichten bekannten
Tändeleien Kellers: des Kirschkernes Züs Bünzlins, „in welchem
ein winziges Kegelspiel klapperte" und ähnlicher, so der Attri-
büte des John Kabys — auch im Landvogt hatte Keller dieser
anmutigen Schrullenhaftigkeit wieder nachgegeben, als er aus-
malte, was alles Landolt hinter der zurückrollenden Klappe des
Schreibtisches seiner Großmutter erscheinen sah: die kleine sil-
berne Weltkugel, den Ritter mit der „wirklichen" Rüstung usw.
Es mag Meyer, in dessen Art solche Miniaturarbeit sonst nicht
lag, wohl gelüstet haben, auch einmal ein solch heiteres Kunst-
werklein zu erfinden und behaglich zu beschreiben, als er das
muntere Motiv des „Schuß" in der Klangfarbe des „Landvogt"
ausführte.

Meyer hat sonst „ein paar am Züricher See altheimische
Züge" bei der Figur Wertmüllers verwendet, wohl auch hie
und da eine Einzelheit aus seiner Nachbarschaft verwertet — das
Treiben des Grafen Plater z. B., „der, den Seebauern zum
gehörigen Ärger, mit seinen zwei Hengsten wild daherbrauste"
scheint halb widergespiegelt, wenn von dem General erzählt
wird: „Er .. fährt wie ein Satan auf dem See herum, blitz-
schnell in einer zwölfrudrigen Galeere", zum Befremden der
Landleute. Im übrigen wage ich zu vermuten, daß der kleine
Meister Gottfried selbst dem kleinen General einige Eigenschaften hat leihen müssen. Wie dieser, der „ergraute Freigeist
und Spötter", „allen geistlichen Leuten aufsässig" ist, hegte er,
hierin ja auch seinem Landolt ähnlich, „für die Diener am Worte

keine große Vorliebe". Er „ist eine Brennessel, die keiner un=
gestochen berührt", heißt es von Wertmüller; er stand im Rufe,
seinen Gästen nur das Abgehen, nicht aber das Auftreten zu er=
leichtern; er trank, „wie man zu sagen pflegt, einen grimmigen
Wein", was mit denselben Worten auch von Meister Gottfried
gemeldet wird. Auch das Übrige paßte ebensogut auf Keller.
Man braucht nur etwa Berichte über die Erfahrungen zu lesen,
die fremde Besucher bei Keller machen konnten, um die Über=
einstimmung zu erkennen. — Keller läßt die leitenden Figuren
seiner Novellen gern einen derben Scherz mit irgend einer an
sich guten Absicht verbinden: man denke an den Fastnachtszug
vor der Entlarvung Wenzel Strapinskis oder an die Bestrafung
der drei Lumpen in der „Armen Baronin" — so tritt auch bei
Wertmüller bei einem guten Werke der Schabernack, der dabei
zu haben ist, in den Vordergrund. Aber hinter diesen mehr
äußerlichen Eigenschaften bleiben, wie bei G. Keller, die tieferen
der Großmut, der Herzensgüte, der feinen Geistesbildung unver=
kennbar.

Es ist Zeit, daß wir nach der mikroskopischen Untersuchung,
die uns Kellers Einfluß auf den „Schuß" wahrscheinlich gemacht
hat, wieder weiter zurücktreten, um die stofflichen und künst=
lerischen Unterschiede zwischen dem „Landvogt" und der Meyer=
schen Novelle deutlich hervortreten zu lassen. Sie liegen ohne
weiteres offen: Im Landolt eine Kette reicher Motive und
Charaktere, Keim und Mittelpunkt des Ganzen der Charakter
des Helden, in seinem Verhältnis zu den fünf Schätzen der
Grundton verklärte, heitere Entsagung, die Beziehung zum
Leben des Dichters innig und wesentlich. Im „Schuß" als Keim
ein einzelnes komisches Motiv, um deswillen der Charakter des
Helden ausgebaut und in den Mittelpunkt gestellt wurde; sonst
wenige Nebenfiguren, darunter das Liebespaar — während im
Landvogt die Liebe die Hauptsache ist. Das Ganze trotz einzelner
dunkler Zwischentöne und des unheimlichen Schlußakkordes
vollkommen heiter, frei von Resignation, bejahend; was der

Dichter von sich selbst'hineingelegt hat, ist nicht unwesentlich, gehört aber nicht unmittelbar zum Grundmotiv. Ob die Unterschiede in der inneren Komposition der Charaktere so durchgreifend sind, wie Lina Frey annimmt, scheint mir zweifelhaft: „vielseitiger und gemischter" im Gegensatz zu den „meist auf einen Zug aufgerichteten" Menschen Kellers könnte höchstens Wertmüller, vielleicht noch Pfannenstiel erscheinen — bei Landolt indes wäre schließlich auch eine Mischung von Tüchtigkeit und Abenteuerlichkeit festzustellen. Und ob Meyer wirklich seine Personen mit sehr viel größerer Objektivität behandelt hat als Keller, bei dem Lina Frey „eine leidenschaftliche Parteinahme für oder gegen die eine oder andere seiner Figuren" meint nicht verkennen zu dürfen? Ich glaube nicht, daß Friedrich von Wyß der einzige Leser ist, der „Spott gegen die Geistlichen, Vorliebe für Wertmüller" aus dem „Schuß" herauslesen darf, wenn man auch Meyers Entschuldigung: „Siehst Du denn nicht, wie dieselbe barocke Beleuchtung gleichmäßig auf alle Gesichter fällt"? in gewissem Sinne mag gelten lassen. Der Krachhalder jedenfalls ist so ironisch gezeichnet wie nur irgend eine unzulängliche Seldwyler Gestalt. Und der schlechthin mit Liebe geschilderten Rahel Meyers würde etwa die mit ebensoviel Spott als tiefem Wohlwollen, also so objektiv wie nur möglich hingestellte Figur der Gimmelin im „Landvogt" entgegenzustellen sein. Ob weiterhin bei Meyer im Gegensatze zu Keller „das phantastische Element" fehlt? C. F. Meyer hat in brieflichen Äußerungen über die kleine Novelle nicht mit Unrecht wiederholt von Wertmüllers Treiben „à la Rübezahl" gesprochen. Man wird, glaube ich, die Unterschiede eher anderswo suchen und im übrigen feststellen müssen, daß Meyer fast überall im „Schuß" sich Kellerischer Art so weit nähert, daß er aus s e i n e r Art herauszutreten scheint. Daher auch wohl das späterhin sich regende Gefühl, sich etwas vergeben zu haben. —

Gottfried Keller dankte am 30. November 1877 dem „verehrten Herrn Nachbarn am See" „für den lustigen General und das ausgesuchte Vergnügen, das der streitbare Herr mir gestern zu zweienmalen gewährt hat, da ich ihn am Morgen las und dann nachts vor dem Schlafengehen ihm nochmals die Rosinen ab= klaubte. Seien Sie Ihrem Verdienste gemäß froh und wohlauf".

7. Näherung.
Die Züricher Novellen im Urteil Meyers.

Ich kann mir den Zeitabschnitt, den wir eben betrachten, nie ohne eine gewisse Wehmut vergegenwärtigen. Denn damals scheint sich ein menschlich und künstlerisch fast restlos harmonisches Verhältnis zwischen Gottfried Keller und Conrad Ferdinand Meyer angebahnt zu haben. Ein schönes Erinnerungsblatt Betsy Meyers, das ich durch einen Brief ergänze, erzählt davon, wie sie mit ihrem Bruder auf dem Verdeck des Dampfers auf dem Zürchersee einst Gottfried Keller begegnete: „Beim Be= steigen des Schiffes fanden wir ihn ans Geländer des Decks ge= lehnt. Er war kein passionierter Fußgänger und bevorzugte diese ruhigen lichten Seefahrten". „Da saßen die beiden Fünfziger vom Hintergrunde der blauen Wellenfläche umflossen unter dem von der Sommerluft bewegten Zelte an das Geländer gelehnt wie alte Freunde beisammen und sprachen lebhaft, Gottfried Keller mit einem gewissen ruhigen, dunkelbärtigen Ernst, der ihm wohl zu Gesichte stand". Sie hatten das schon erwähnte Gespräch über Kellers „Ursula". Man sieht im Geiste neben dem untersetzten Manne die große, soldatische Gestalt C. F. Meyers, das Strahlen seines Antlitzes gemildert durch eine gewisse schüchterne Ehrerbietung, die er nach seinem eigenen Ausspruch Keller gegenüber stets empfand, die obere Hälfte des sonnen= beschienenen Gesichts vom weichen Filzhut beschattet, wie ihn Karl Stauffer einige Jahre später radiert hat. Bei einer ähn= lichen Gelegenheit mag die Annäherung stattgefunden haben, von der Meyer später halb wehmütig, halb mit Herbheit erzählt hat: „An einem schönen Abend hat er mir einmal seine Freund=

schaft angeboten. Ich lehnte sie nicht ab, obgleich ich wußte,
daß nichts dabei herauskommen konnte. Wir haben beide dann
keinen Gebrauch davon gemacht".

Jene Annäherung war nur scheinbar gewesen. Dahinter
lag schon eine leise Verstimmung, hervorgerufen durch Meyers
in der Form unbedachtes Lob der „Züricher Novellen". In den
„Erinnerungen" rühmt er ihre einzelnen Gestalten und erwähnt
nach einem Vergleich des Narren auf Manegg „mit den genialen,
halb weinenden, halb grinzenden Masken Leonardo da Vincis":
„Keller liebte es nicht, verglichen zu werden, natürlich nicht mit
Kleineren als er, aber auch nicht mit den Großen". Er wollte
„weder Shakespeare noch Cervantes" sein. Als Meyer nämlich
im Februar 1877 Keller nach Erscheinen des „Narren" in der
„Rundschau" seine Freude darüber ausgedrückt hatte, „die poe=
tische Kraft eines Zeitgenossen—und eines Landsmannes dazu—
mit aufrichtigem Herzen bewundern zu dürfen", hatte er hierzu die
Bemerkung gemacht: „Auch ich wüßte, die Art des Eindruckes auf
den Leser und die Mischung nicht nur des Tragischen und Ko=
mischen, sondern überhaupt Ihrer poetischen Kräfte erwägend,
keinen sich ungesuchter bietenden Vergleichungspunkt als den
Humor und die Tragik des großen Britten", und mündlich hatte
er eine seiner Novellen einmal mit einer solchen des Cervantes
verglichen. Das war Keller „zu starker Lobtabak", und sein Miß=
trauen gegen den Spender war geweckt. Bächtold erzählt, er
habe sich über Meyers Interpretation des Heyseschen „Shake=
speare der Novelle" „mit unnötiger Empfindlichkeit beschwert".
An C. F. Meyer selbst schrieb er nur ein wenig ironisch, er wolle
sich wohl hüten, die „freundlichen Zeilen über die letzte Rund=
schaunovelle abzulehnen", da er „gerade wegen dieser resp. ihrer
Magerkeit und Stofflosigkeit in Sorgen stehe"; er sei nun
„wenigstens des gröbsten Kummers, daß die kleine Arabeske ge=
radezu als trivial und leer erscheinen könnte, in etwas enthoben".
Den Vergleich „mit dem bewußten Britten" nach dem Heyse=
schen Sonett rechne er dagegen zu den „unbedachten Guttaten",

66

die einem Schaden zufügen könnten. Man durfte ihm eben, wie auch Betsy Meyer zu erzählen weiß, mit bewundernden An= reden oder Ansprüchen nicht zu nahe rücken. Meyer schwieg fürs erste, wenn er auch der Schwester acht Tage später berichtet, Keller habe auf seinen Brief über die „Züricher Novellen" „um= gehend auf das allerkordialste" geantwortet; er schwieg, ob auch Kellers freundliche Schlußbemerkung über den neuerworbenen Kilchberger Besitz vielleicht zu einer Fortsetzung der brieflichen Unterhaltung einladen mochte.

Keller hat sich dann im Dezember für den „Schuß von der Kanzel" durch die Buchausgabe der „Züricher Novellen" er= kenntlich gezeigt, was Meyer „eine unbeschreibliche Freude" macht; er betrachte die Zusendung „als eine sehr große Auszeich= nung und — Ermutigung". Er kennt nun schon Kellers Art, starken Ausdrücken gegenüber mißtrauisch zu werden, und schwächt das Achselzucken Kellers durch Vorwegnahme sogleich ab: „Das klingt etwas feierlich, etwas sentimental, ist aber der aufrichtige, also der richtige Ton". Am Schluß des Briefes Wünsche für die poetische Zukunft Meister Gottfrieds: so schließt man, wenn man keine Antwort erwartet. Meyer ist von nun ab darauf bedacht, an sich zu halten und sich keiner Abweisung mehr auszusetzen.

An seiner Hochschätzung der Züricher Novellen hielt er fest. Als Frey ihm einen Artikel über die Buchausgabe derselben zu= sandte, schrieb er im Februar 1878: „Ich habe erst die Aufrechten und Ursula gelesen, was ich lesen nenne. Letztere hat mich im höchsten Grade interessiert. Grüßen Sie mir Meister Gottfried, den ich ein bißchen um seine Muse beneide — nicht um seine Muße, obwohl ich auch dazu allen Grund hätte". Auch Betsy Meyer berichtet, daß er besonders „Ursula" bewunderte. Wäh= rend eines Schreibens an seinen kunsthistorischen Berater Rahn ergötzt er sich noch in der Erinnerung an einem humoristischen Schnörkel der Rahmenerzählung — zugleich ein Zeichen dafür, wie genau er gelesen hatte, und wie alle Einzelheiten ihm gegen=

wärtig waren: „Würdeſt Du mir für das Titelblatt das
Züricher Schild mit den zwei Löwen zeichnen .., natürlich
ſo kühn wie möglich, nicht wie die ſchwächlichen Löwen in Kellers
Züricher Novellen" — gemeint iſt die köſtliche Schilderei des
Herrn Jacques auf dem Titelblatte ſeines „Zürcheriſchen Ehren=
horts", wobei zwei Löwen „von allzu unſicherer Geſtaltung ..
mitten im Kampfe ums Daſein .. auf einer unteren Ent=
wicklungsſtufe erſtarrt" zu ſein ſchienen und dabei „unweiſe"
lächelten. — Ernſt Stückelbergs Fresko „Das Gaſtmahl auf
Manegg" nach „Hadlaub" hat er 1883 gewiß nicht nur als
Kunſtwerk genoſſen, ſondern zugleich mit Freude, daß eine der
zahlreichen nach dem Maler förmlich rufenden Situationen der
farbenbunten Novelle einen Künſtler gefunden hatte, welcher
über reichere Ausdrucksmittel verfügte als der Miniator des
Maneſſiſchen Kodex, aus deſſen Bildlein Keller öfter ſeine Szenen
entwickelt hat, und etwas der Phantaſie des Dichters Eben=
bürtiges ſchaffen konnte. — Im Jahre 1887 ſuchte Meyer bei
einem gelegentlichen Zuſammentreffen Gottfried Keller dadurch
eine kleine Freude zu machen, daß er ihm erzählte, ſeine Frau
beſitze durch Erbſchaft das Taufhäubchen ſeines Landvogts Lan=
bolt. In ſeinen „Erinnerungen" an Keller ſtellt C. F. Meyer
als Kunſtwerke die „Legenden", als pſychologiſches Meiſterſtück
dagegen die „Züricher Novellen" an den erſten Platz, den ſie
verbienten ſchon wegen der „Einheit und Einfachheit des Grund=
gedankens" und ſeiner eindringlichen, vielfach variierten Predigt:
„ſich zu beſcheiden und immer ſich ſelbſt zu ſein".

8. Freundesangelegenheiten.

Vorjahr und Sommer 1878 gehen hin ohne unmittelbares
Zeugnis für die Art der Beziehungen zwiſchen Keller und
Meyer. Jener ſinnt über der Neugeſtaltung des „Grünen" und
nutzt das fruchtbare Verſejahr aus, das zeitlich mit der Korrektur
und Sammlung der älteren Gedichte zuſammenfällt; dieſer ar=

beitet am „Heiligen". Mitte August weilt er zur Erholung in
Silvaplana und bittet von dort aus Keller, ihn mündlich zu ent=
ſchuldigen, falls er Ende des Monats nicht zur Unterredung mit
J u l i u s R o d e n b e r g zurück ſein könne. Er mag wohl nicht
ohne Genugtuung dem berühmteren Landsmanne davon Mit=
teilung gemacht haben, daß nun auch er der „Rundſchau" nahe=
zutreten beginne. Keller tat ſich gern etwas darauf zugute, zu
ihren ſtändigen Mitarbeitern zu gehören: „Man iſt da immer
ſicher, gute Muſik zu hören und feine Weinlein zu trinken" hatte
er kurz zuvor an Theodor Storm geſchrieben. Rodenberg hat
dann Meyer doch noch am 30. Auguſt getroffen: „Ich wünſchte
wohl, es ließe ſich eine bleibende Verbindung mit ihm an=
knüpfen", ſchrieb Conrad der Schweſter. Sie iſt mit dem
„Heiligen" zuſtande gekommen, ihre Geneſis beſonders in den
Briefen an H a e ſ ſ e l zu verfolgen. Von nun an legte Meyer,
hierin Kellers Beiſpiel folgend, ſeine neuen Novellen faſt immer
zuerſt den Leſern der „Deutſchen Rundſchau" vor, ehe ſie das
große Publikum in Buchform erhielt. —

Zu Neujahr 1879 fand jener Glückwunſchwechſel ſtatt, der
ſo tief in Meyers Gedächtnis geblieben iſt, daß er noch in den
„Erinnerungen an G. Keller" davon erzählt: „Meinerſeits be=
gegnete ich ihm ſtets mit Ehrerbietung und hielt dieſen Ton feſt,
wenn er auch gelegentlich darüber ſpottete und einmal einen
‚in Ehrerbietung‘ unterzeichneten Brief mit ‚in Ehrfurcht‘ er=
widert hat". Meyer war wieder einmal zu feierlich für Keller
geweſen ...

Aber gleich darauf bot die gemeinſame Sorge um einen
Landsmann Anlaß zu einem längeren Briefwechſel. Es handelte
ſich um den unglücklichen Heinrich L e u t h o l d , der in der An=
ſtalt Burghölzli bei Zürich untergebracht war, und deſſen Ge=
dichte gerade vor kurzem Jakob Bächtold unter Kellers ſtiller
Mitwirkung herausgegeben hatte. Der letztere beſprach die Ge=
dichte außerdem im Dezember 1878 in der „Neuen Zürcherin"
— nach C. F. Meyers Meinung, „kurz aber mit großem Ver=

stande". Sein privates Urteil über die Poesie Leutholds lautete
strenger als das öffentlich ausgesprochene: er fühle sich „an die
Glätte der Porzellanmalerei erinnert" und vermisse den „per=
sönlichen Gehalt". Er traf in dieser Auffassung mit C. F. Meyer
zusammen, der in einem Briefe an H. Lingg vom 11. April 1879
gesteht, daß er „das Lieberartige der geschliffenen Cristallware der
Sonnette" vorziehe und „im Ganzen wie bei Platen den Gehalt
etwas gering" finde — es ist wohl kein Zufall, daß Kellers
Rezension einen ähnlichen Hinweis auf Platen enthält. Aus
Kellers Briefen an Bächtold und anderen kürzlich erst bekannt
gewordenen ist die Geschichte der Ausgabe und überhaupt der
ganzen Leutholdangelegenheit zu lesen, wobei Kellers
schlichter Edelmut rein hervortritt. Da Emil Ermatinger in
seiner Studie über Leuthold und Keller den Briefwechsel
zwischen Keller und C. F. Meyer über Leuthold außer acht ge=
lassen hat, mag ein kurzer Bericht davon am Platze sein.

In literarischen Kreisen Deutschlands hatte sich das Gerücht
verbreitet, Leuthold leide in jener Anstalt Not, und Paul Heyse
schrieb am 1. Januar 1879 an Meyer, er sei angegangen wor=
den, „bei der Schillerstiftung für Leuthold zu wirken", aber am
Schlusse seines Briefes fügte er hinzu: „Ein Aufruf von Ihnen
würde sicherlich von Ihrer Heimat den Makel abwenden, daß
man auf Deutschland habe warten müssen, um einem sterbenden
Schweizer Dichter zu Hilfe zu kommen. Sie sagen mir wohl
gelegentlich, was Sie erreicht haben". Meyer wandte sich an
Keller und bot seine Hilfe an. Die Antwort kam sogleich: „Ich
bin etwas verlegen mit der Antwort, da sie leicht als hart und
herzlos erscheinen kann". Für Leuthold sei bereits im stillen ge=
sorgt, jede weitere Hilfe unnötig; „Es wäre wohl das erstemal,
daß man aus der Schweiz und für einen Schweizer an dieselbe
(die Schillerstiftung) gelangte ... Ich vermute auch, daß die
Anregung von nicht ganz berufener Seite kommt". Es ist mög=
lich, daß Keller an einen Zusammenhang mit den Verleum=
dungen dachte, die im Jahre zuvor gegen den Leiter der Anstalt

ausgestreut worden waren. Die eingehenden Auskünfte
Kellers teilte Meyer am 5. und 6. Januar Heyse mit; und am
6. Januar ging wieder ein Briefchen an Keller ab mit der
Schlußwendung: „Und nun — wer hat Heyse den Schritt an=
gesonnen und ihn so schlecht unterrichtet? Und in welcher Ab=
sicht? Aus Fahrigkeit oder um der Schweiz etwas anzuhängen?"
Nach einer Woche klärte sich die Sache auf. Durch Heyse erhielt
Keller die Nachricht, „daß hinter der ganzen Sache nur eine
Wichtigmacherei" eines Keller fremden, obskuren Literaten
stecke; inzwischen aber war über Leutholds Gedichte in einer
deutschen Zeitung ein Feuilleton von J. Mähly erschienen, wor=
in das traurige Geschick des Dichters wieder einmal seinem
Heimatlande zur Last gelegt und er in den Himmel erhoben
wurde, wobei der Feuilletonist die Möglichkeit durchblicken ließ,
daß an etwaigen Schwächen der Gedichte Bächtold und Keller
schuld sein könnten. Keller weist Meyer auf dies „blöde Ge=
schwätz" hin und fügt herb hinzu: „Wir haben es herrlich weit
gebracht, sogar unser bißchen Poesie und Literatur muß zum
öffentlichen Verdächtigen und Herabreißen herhalten", worauf
C. F. Meyer am 19. Januar antwortet: „Ich dachte .. gleich,
Irgendeiner würde sich eine derartige Stylübung, eine Hölder=
lin=Parallele, eine Anklage gegen Vaterland, Freunde, Heraus=
geber usw. nicht entgehen lassen. Und wer dagegen reclamierte,
würde sich noch dem Verdachte der Kaltsinnigkeit oder gar der
Eifersucht auf das große Talent des Arnisten aussetzen! ,Es ist
halt Welt!' mein Herr und Freund!" Bächtold schrieb in
der Neuen Zürcher Zeitung vom 7. Februar 1879 eine Abwehr
des Mählyschen Artikels — im Sommer hat er dann über Leut=
holds Gesundheitszustand und Tod berichtet.

Im Verkehr zwischen Keller und Meyer tritt wieder eine
Pause ein. Im Frühjahr jedoch machte Meyer Keller einen Be=
such, was bei ihm allmählich zur Gewohnheit wird, trotzdem Keller
diese Besuche nie erwidert hat. Dem gemeinsamen literarischen
Freunde Lingg schrieb Meyer Anfang Mai: „G. Keller war, bei

meinem letzten Besuche auf dem Bürgli — so heißt seine Woh=
nung, ganz liebenswürdig, ja heimlich, kurz ‚bon prince‘ und er=
kundigte sich angelegentlich nach Ihnen“. Keller hatte Hermann
Lingg vor kurzem durch C. F. Meyer kennen gelernt: Lingg näm=
lich ist der „namhafte deutsche Schriftsteller“, den Meyer nach dem
Bericht seiner „Erinnerungen“ auf seinen Wunsch zu Keller führte:
„Mir war nicht heimlich dabei zu Mute, da mir schien, ich könnte
leicht zwischen den zweien zuviel sein. Aber wir fanden Keller
in der hellsten Morgenstimmung, und ich war nicht überflüssig,
denn die beiden betrachteten sich eine Weile schweigend, und wer
weiß, wie lange dies gedauert hätte, wenn ich nicht ein Gespräch
in Gang brachte. Dann wurde es sehr interessant ... “ Beim
Scheiden nach einer halben Stunde kam vor Raphaels „Ananias
und Saphira“ das Gespräch auf die Vorzüge des Bildes, wobei
Keller rühmte, daß es „die dramatische Spitze der Handlung“
firiere. „Davon ging er auf das Drama über und sprach sehr
kluge Dinge, wie ich meine, da ich plötzlich damit mich zu be=
schäftigen begann, ob dieser seltene Mann die höchste Form der
Kunst, von der er jetzt mit einer gewissen Inbrunst sprach, viel=
leicht selbst einmal ins Auge gefaßt habe.“ Man hat darin, daß
Meyer von den dramatischen Plänen nichts ahnte, die Keller
sein ganzes Leben hindurch begleitet haben, einen besonderen
Beweis dafür erblicken wollen, wie fremd sich die beiden Dichter
innerlich geblieben seien, aber auch Paul Heyse hat ja von jenen
Entwürfen Kellers nichts Genaues gewußt, obgleich er ihm viel
näher stand als Meyer. Keller vermied es in den letzten Jahren
überhaupt, sich bestimmt über seine alten Pläne zu äußern. —

Den Ertrag des reichen Liederherbstes hatte Gottfried
Keller vorläufig in der „Rundschau“ untergebracht; er führte die
Neubearbeitung des alten „Grünen Heinrich“ tatkräftig
durch. Meyer brachte noch vor Sommeranfang den „Heiligen“
zu Ende und sandte ihn an Rodenberg. Den sechzigsten Geburts=
tag Kellers, der ja auch nur in einem ganz kleinen Kreise ge=
feiert wurde, ließ er ohne Glückwunsch vorübergehen.

In den Bergen stieß ihm jener Armbruch zu, von dem das Gedicht „Fiebernacht" spricht; Ende September mußte er Betsy in Pontresina ein Briefchen an Keller diktieren. Ein junger, unbekannter Literat hatte Meyer für eine schweizerische Anthologie einige Gedichte abgenötigt, und hierbei war Meyer ein Hinweis auf die vor Kurzem in der Rundschau erschienenen neuen Gedichte Kellers entschlüpft. Die Äußerung hatte der Herausgeber, nachdem Keller ihn abgewiesen, in einem Zirkular ausgebeutet, was Meyer peinlich war, da er Kellers Empfindlichkeit kannte. Er entschuldigt sich nun deswegen und meint, jener „habe für seine jugendliche Aufgeblasenheit eine Lektion verdient, aber dieselbe auch derb und voll erhalten .. " „Da ich selber H ... mit ein paar schon gedruckten ... Sachen befriedigte, setzte ich voraus, daß auch Sie ihm den Abdruck Ihrer schönen Gedichte .. ohne Mißgefühl gestatten würden. Hätt' es mich doch selber gefreut, dieselben zu aller Lust und Ergötzen in einer schweizerischen Sammlung zu finden". Hätte Meyer geahnt, welch heftige Abneigung der alte Meister Keller gegen „Dichterhalleriche" und namenlose Anthologienbrauer jeder Art empfand, er wäre noch zurückhaltender gewesen. Keller antwortet zunächst auf seinen Brief nicht. Erst fünf Monate später, als er dem Kollegen zum Dr. h. c. gratuliert, fügt er einige beschwichtigende Zeilen bei: „Indessen war ja Ihre Hinweisung auf jene schon gedruckten Gedichte in keinem Fall etwas zum Übelnehmen, was mir auch nicht einfiel ... " „Was die Sache an sich betrifft, so lasse ich mich einmal nicht von jedem unerzogenen und rohen Gesellen, der noch nichts geleistet, ins literarische Schlepptau nehmen ... Doch genug des Gepolters! Lassen Sie sich .. also ja nicht mehr durch die Idee beunruhigen, daß ich wegen der .. Geschichte Ihnen etwas zugerechnet hätte ... Eigentlich aber wollen wir jetzt lieber dem Frühling aufpassen .. "

✕✕✕✕✕✕✕✕✕✕✕✕✕✕✕✕✕✕✕✕✕✕✕✕✕✕✕✕✕✕✕✕✕✕✕✕

9. Der Heilige.

Am Tage zuvor, dem 17. Februar 1880, hatte Meyer Gott=
fried Keller aufgesucht, ihn aber nicht angetroffen. So
war es zu einem Meinungsaustausch über die Rundschaufassung
des „Heiligen", dessen Schluß im Dezemberheft des Jahr=
gangs 1879 gestanden hatte, nicht gekommen. Keller hatte Ende
Dezember an Rodenberg seine Eindrücke mitgeteilt: „Ferdinand
Meyers ‚Heiliger' ist doch eine sehr schöne ausgetiefte Arbeit.
Wenn der Herr nicht immer unsichtbar wäre, so würde ich ihm
sagen, daß mich einzig das unreife Alter der Kanzlerstochter als
eine harte Stelle anstößig berührt; sonst aber liest sich die Novelle
wie Kuchen". Meyer gegenüber hielt er mit seiner Meinung
zurück; auch in dem Februarbriefe spricht er gar nicht über den
„Heiligen". Das hängt damit zusammen, daß er bei aller tem=
peramentvollen Raschheit, die ihm in stacheliger Laune oft ein
herbes Wort auf die Lippen drängte, den Menschen nicht gerne
etwas Unangenehmes sagte. Frey versichert, daß er trotz seiner
starken Empfindung oft gar manches Wenn und Aber für sich be=
hielt. Dagegen verlieh er seinem Gefühl den näheren Freunden
gegenüber Ausdruck. Und dieser fand seinen Weg in die Öffent=
lichkeit durch den Mund Bächtolds, der in der „Neuen Zürcher
Zeitung" vom 12. Januar den „Heiligen" halb mit Lob, halb
mit Tadel besprochen hatte: Die Tragik streife oft fast zu sehr
ans Theatralische, der Rahmen sei „allzu beengend", und Meyer
habe „ohne Not, ja ohne irgend welchen zu rechtfertigenden An=
laß (das Fest des heiligen Thomas am Fraumünster in Zürich
wird wohl bloße poetische Lizenz sein)", dem Stoff „äußerlich
die Gestalt einer sogenannten „Züricher Novelle" aufprägen
wollen, verlockt dadurch, daß Gottfried Keller gerade in der
„Deutschen Rundschau" das von Martin Usteri angebahnte
„neue Genre" der „Züricher Novelle" „zu höchstem Erfolg ge=
führt" habe. Der Vorwurf, welcher Meyer beim „Schuß von
der Kanzel" seltsamerweise erspart geblieben war, begegnete

ihm nun hier, an der falschen Stelle. Mit eben solchem Rechte
vielleicht hätte Bächtold eine Parallele zu Kellers „Sieben
Legenden" ziehen können, weil Meyer im „Heiligen" wie Keller
dort das Heilige und Überirdische auf seine rein menschlichen
Wurzeln zurückgeführt hat.

Meyer hatte sich ja schon mit der Rahmenerzählung
versucht, als man von den „Züricher Novellen" noch nichts
wußte. Nicht hieraus so sehr als vielmehr aus der Art, wie
Meyer die Rahmenerzählung um eine Binnennovelle anlegt,
wie er sie mit dieser Haupthandlung nicht eigentlich lokal, sondern tiefer organisch verbindet (was übrigens auch schon im
„Amulet" der Fall war), hätte Bächtold schließen können,
daß Meyer hier, weit entfernt die nur lose (durch lokale und
ethische Beziehungen) mit den einzelnen Geschichten selbst
verflochtene, durchaus zyklisch angelegte Rahmenerzählung
der „Züricher Novellen" zu kopieren, ganz aus sich heraus eine
eigene Kunstform gebildet hatte. Sie geht hervor aus seinem
Hange zur Objektivität, zur Distanz, zur Reflexion. Die Un-
abhängigkeit ihres Ursprungs erweist sich uns noch durch
ihre weitere eigenartige Entwicklung über „Plautus im Nonnenkloster" und das „Leiden eines Knaben" zu dem kunstreichen
Gewebe der „Hochzeit des Mönchs". Es ist ohne Belang, daß
Hans, der Engelländer, seine Geschichte im Züricher Stift erzählt. Warum sollte der Schweizer Meyer, der in seinen bis-
herigen Dichtungen schon so oft Schweizer oder Züricher Boden
betreten hatte und ihn in der Plautusnovelle wieder betreten
sollte, nicht von selbst darauf verfallen, den Schauplatz der Rahmenerzählung nach Zürich zu verlegen? Er brachte einen geschichtlichen Schweizer Typus, eine Art frühmittelalterlichen
Reisläufers, als Helden hinein und begründete damit zugleich das
Treuverhältnis zu König Heinrich, so daß die Verbindung der
fremden Verhältnisse mit Zürich ganz ungezwungen zustande
kam. So scheint der Vorwurf der Kellernachahmung ziemlich
weit hergeholt. Eher könnte man im Gegenteil behaupten —

wenn man nicht schon im „Pankraz" oder im „Grünen Heinrich" die ersten Spuren einer Rahmen= und Haupterzählung fest ver= knüpfenden Technik erkennen will — daß Keller im später (1881) erscheinenden „Sinngedicht" wenigstens bei der innigeren Verzahnung von Meyer gelernt habe.

Was dieser über den Zweck seines Rahmens sagt, läßt gleich= falls deutlich erkennen, daß von einer unnötigen äußerlichen Nachahmung Kellerischer Rahmenerzählung nicht die Rede sein kann. „Der idyllische Rahmen .. und der episch ruhige Styl mildern die Tragik". Die Novelle sollte nach einem Briefe vom Oktober 1878 den Titel führen: „Ein Heiliger, wie Hans der Armbruster ihn kannte". Offenbar aus dem richtigen Empfinden heraus, daß diese Fassung zu Mißdeutungen führen könnte, etwa zu der Annahme, als sei es dem Dichter darum zu tun „ein paar Geschichtchen und Menschlichkeiten aus dem Leben des Heiligen zu belächeln und das Gold des .. Heiligenscheines — der Be= scheidenheit zu lieb — ein wenig zu schwärzen", wie das Herr Burkhard anfänglich bei des Armbrusters Erzählung beabsichtigt hatte, hat dann C. F. Meyer später (April 1879) schreiben wollen „Der Heilige, Eine Geschichte, die Hans der Armbruster er= zählte", aber dann den Zusatz ganz fallen gelassen. Der er= zählende Armbruster solle „den gesunden Menschenverstand" personifizieren, „naiver Augenzeuge eines einzigartigen Charak= ters (Thomas) sein; es solle dadurch gewissermaßen eine „Be= glaubigung durch einen Augenzeugen" des rein aus seinem Ge= müte gehobenen und in der Wirklichkeit schwer ein Analogon fin= denden Charakters des Heiligen erreicht werden. Der „Arm= bruster mit seinem Vorleben und seinen Raisonnnements" biete zudem eine „energische Angabe des Kostüms durch ein lebendiges Stück Mittelalter". Er hat als weiteren Vorteil des Rah= mens in demselben Briefe an Betty Paoli, dem die eben angeführten Stellen entnommen sind, die Möglichkeit genannt, die von ihm „an der Geschichte verübten Frevel auf das schwache Gedächtnis eines alten Mannes" schieben zu können, scheinbar

76

ganz vergeſſend, daß er Hans den Armbruſter ſelbſt ſich den
„nichtigen Zahlen" der Chronik gegenüber auf die „Zeichen,
die in mein Herz gegraben ſind",berufen läßt. Zwar ſchrieb er ſpä=
ter: „Verbrennen Sie, bitte, was ich Ihnen in einer ſchlimmen
Stunde Exegetiſches … geſchrieben. Es war lauter dummes, nach=
träglich erſonnenes Zeug. Die Wahrheit iſt, daß ich den Thomas
ſo ſah. Damit gut" — trotzdem werden wir ſeine Rechtfertigung
der Rahmenerzählung als nicht bloß nachträglich konſtruierte,
ſondern getreue Kompoſitionsgeſchichte bewerten und jedenfalls
aus ihr entnehmen können, daß ihre Geneſis mit den „Züricher
Novellen" nichts zu tun hat. Sie lag begründet im Weſen des
Dichters, der das Bedürfnis fühlte, ſich ganz auszuſchalten, ſich
einen objektiven Standpunkt gleichſam aufzunötigen.

Indes bietet der Rahmen andere Angriffspunkte; die „cirka
3 Stunden lange Sitzung, obwohl ſich ſagen läßt, daß zwei Alte
lange beim Wein ſitzen können" ſcheint mir nicht, wie C. F. Meyer
in ſeinem Briefe an Betty Paoli vorausſetzt, der einzige „Preis
der Unwahrſcheinlichkeit" zu ſein, den Meyer für die Vorteile
zahlen mußte, welche er durch die Einrahmung der Novelle ge=
wonnen hatte. Mit Recht hebt Bächtold hervor, daß der Autor
in den Fall komme, „oft vergeſſen zu müſſen, daß der ſchlichte
Hans erzählt", oder er müſſe ihn „auf unwahrſcheinliche Weiſe"
aus der niedrigen Sphäre emporheben. Es beſteht in der Tat ein
ziemlich auffallender Abſtand zwiſchen der von Meyer in ſeinen
Erläuterungen zum „Heiligen" ſowohl als auch in der Novelle
ſelbſt wiederholt unterſtrichenen Naivetät, Gedächtnisſchwäche
und ſubalternen Art des Armbruſters einerſeits und ſeinen
meiſt tief bewußten, ja raffiniert analyſierenden Charakter=
betrachtungen, der getreuen Spiegelung zahlreicher in ſich ver=
wickelter und untereinander vielfach verflochtener Ereigniſſe mit
allen äußeren und inneren Einzelheiten, ſeinem oft auf hoher
Warte über den Dingen ſtehenden Urteil andererſeits. Der
Spalt iſt durch den Hinweis auf die halb gelehrte Erziehung,
die der Armbruſter in ſeiner Jugend genoſſen hat, auf ſeine edle

Abstammung, auf seine reiche Lebenserfahrung nicht völlig zu
schließen, wenn auch anerkannt werden muß, daß es Meyer oft
unübertrefflich gelungen ist, es wahrscheinlich zu machen, daß
der Erzähler während der Rede, getragen und gehoben von den
gewaltigen Mächten, die in seiner Vergangenheit walteten,
über sich selbst zu jener Höhe hinausgewachsen sei; oder daß
der Dichter es mit großer Kunst versteht, bedeutende und
dunkle Ereignisse in schlichten Worten des Armbrusters so darzustellen, daß er selbst nur ihr getreues Spiegelbild bietet, ohne sie
begreifen oder beurteilen zu wollen, womit sie gewissermaßen
objektiv vor uns stehen und sich von seiner Durchschnittsethik klar
abheben; alles das ungezwungen, naturwahr.

Schwerer wog Bächtolds tadelnder Hinweis auf den be-
denklichen Zug, daß der englische König an einem Mädchen von
zarten Jahren frevele. Hier liege etwas im Wege, worüber sich
der Leser nicht ohne weiteres hinwegsetzen werde, „und doch
wäre gerade da leicht Rat zu schaffen gewesen". Ein subjektives
Urteil, aus Gottfried Kellers Munde übernommen, der wohl
gar irrtümlich tadelte, daß einem „z e h n jährigen" Kinde solches
Schicksal zugemutet werde. Über die Berechtigung, das Motiv
überhaupt einzuführen, läßt sich indes wohl nicht streiten.
C. F. Meyer hat es in einem Briefe an Lingg verteidigt, wenn
er von dem „gründlich unsittlichen" Könige sagt: „In der Geschichte verbrach er noch Schlimmeres als die von mir erfundene
Zerstörung Graces".

Daß der „Heilige" unter dem Teil von des Dichters Landsleuten, die ihn wohl als Stadtzüricher und berühmten Dichter
kannten, aber nur oberflächlich lasen, mißverstanden wurde und
Anstoß erregte, berührte ihn weniger als der Tadel Kellers, zumal da er wußte, es sei weiteren Kreisen nicht verborgen, daß
dieser (wie Frey versichert), hinter jenem Feuilleton stand, den
„Heiligen" in seinem ganz und halb offiziellen Urteil zwar als
ein Muster von Geist, Vertiefung und guter Schreibart preise,
aber in seinem privaten, das wesentlich anders lautete, sein Miß-

fallen gegenüber gar manchem Zuge nicht zurückhalte. Meyer erfuhr, daß Keller „je nach Stimmung lobe oder schimpfe". Das schmerzte Meyer; auch deshalb, weil er nun sogar den literarisch gebildeten Kreisen der Heimat in einem zweifelhaften Lichte erscheinen mußte, nachdem er sich mit Mühe einen Platz an der Sonne erarbeitet. Ein wenig tröstete es ihn, daß er von der heimischen Universität als „Verfasser des Romans ‚Georg Jenatsch' und der eben in der Deutschen Rundschau erschienenen Novelle ‚Der Heilige' in Werthung seiner schriftstellerischen Tätigkeit" am 17. Januar 1880, wenige Tage nach dem Erscheinen von Bächtolds Besprechung, die Doktorwürde h. c. erhielt, was ihn nach der Aufnahme des „Heiligen" in Zürich überraschte.

Als Meyer trotz allem Keller am 17. März den einen Monat zuvor mißglückten Frühjahrsbesuch machte, scheint es zu einer Klärung und Verständigung über den „Heiligen" nicht gekommen zu sein. Es ist indes nicht ausgeschlossen, daß ein Brief Kellers an Meyer über die Rundschaufassung verloren gegangen ist. Als Gottfried Keller am 9. April mit einigen überbescheidenen Worten von Meyer die Buchausgabe erhalten hat, bleibt er in seiner wenige Tage darauf erfolgenden Antwort zurückhaltend und einsilbig und verbirgt sein Urteil hinter nichtssagenden Bemerkungen über die Vorzüge der — Einbändigkeit, welche die größere Hälfte des Briefes bilden: „Meinen herzlichen Dank . . für den ‚Heiligen', der mit seiner Glorie bei mir eingezogen ist, um seine Rätselhaftigkeit noch weiter zu tragieren. Ihre Unzufriedenheit mit dem Erreichten kann ich mir nicht zurechtlegen, es müßte denn die Unmöglichkeit betreffen, einen nach bisheriger Ansicht großen historischen Romanstoff (oder auch Dramenstoff) in einer Novelle auszubreiten. Allein die Zeit der dicken Bücher geht vorüber auch auf diesem Gebiet" usw.

Man begreift es, daß Meyer noch lange mit bitterer Empfindung jener Rezension des „Heiligen" gedenkt. Als es sich im Mai darum handelt, dem Verleger der Buchausgabe Haessel

zuliebe dem „Heiligen“ „einige Empfehlung auf seinen Leidens=
weg mitzugeben“, meldet C. F. Meyer, in Zürich sei „durchaus
nichts für ihn zu tun“. Bächtold, der vertraute Freund Kellers,
mit welchem (Bächtold) er nicht näher bekannt sei, habe nach
Beendigung des Rundschau=Druckes im Feuilleton der Neuen
Zürcherin einen wenig erfreulichen Artikel gebracht: Es sei
„wörtlich das Urteil von Keller, der den Heiligen in Gottes
Namen nicht verstanden hat“, mit einigen „Keller flattierenden
und mich verkleinernden Zutaten“ Bächtolds. Auch sonst habe
ihm der Aufsatz mißfallen, neben anderm durch die patriotische
Übertreibung, zwei Züricher schrieben gegenwärtig das beste
Deutsch, was für Spielhagen, Heyse usw. beleidigend sei. Die
Beziehungen des Dichters zu dem heimatlichen Blatte, die in
früheren Jahren, durch die Vermittlung Emil Freys, sehr gut
waren, kühlten sich nun sehr ab; er klagte von nun an öfter,
mit der Redaktion „auf einem undefinierbaren Fuße“ zu
stehen, das Feuilleton sei ihm „stets abhold“ gewesen usw. Es
muß gesagt werden, daß mit jener Rezension Bächtolds die
leidigen Gegenüberstellungen begonnen zu haben scheinen, bei
denen Keller auf Kosten Meyers geflissentlich gelobt und dieser
wohl anerkannt, aber seine Kunst auf etwas zweifelhafte Weise
gerühmt wurde: „Ferdinand Meyer ne manque ni d’invention
ni de poésie, mais il est surtout artiste“ usw., schrieb 1881 ein
Kellerverehrer der Westschweiz. Als ob es nötig gewesen sei,
durch leise Herabdrückung des Landsmannes „qui, depuis quel-
ques années, a aussi percé en Allemagne“ Keller Relief zu ver=
schaffen. Diese Kellerfreunde sind nicht ohne Schuld daran, daß
das Verhältnis zwischen Keller und Meyer, das nie so recht warm
gewesen war, immer kühler wurde, so daß Meyer 1880, als man
ihm sagte, Keller „möge ihn entschieden nicht“, der Schwester
bekennen mußte, das sei „eine alte, aber unangenehme Neuig=
keit“. Das Wasser zwischen ihnen, über das sie sich fast die Hände
hatten reichen können, wurde breiter und breiter, während jeder
auf seinem Ufer stromab schritt.

10. Die Gegensätze.

So viel Widerspruch, so vielen Mißverständnissen der „Heilige" begegnet war: C. F. Meyer war mit diesem Werke auch in der öffentlichen Meinung neben Gottfried Keller getreten. Keller merkte das an den Gegenüberstellungen, an dem Zusammengenanntwerden. F. Th. Vischer z. B. konnte es sich nicht versagen, im zweiten Bande von „Altes und Neues" (1881) den Neudruck einer Kellerstudie von 1874 um einige einleitende Worte zu bereichern, welche mit hohem Lobe auf M e y e r aufmerksam machten, den Vischer einen „Geistesverwandten" Kellers nennt; er sei wie dieser „eine Kraft, die das Ideale in den Granitgrund der unerbittlichen Lebenswahrheit einzusenken versteht und wie ein strenger Arzt vor das Angesicht unseres verwöhnten und verweichlichten Geschmackes und Seelenlebens tritt"; es erwachse später „die schöne Aufgabe, die beiden so verwandten Talente, auf welche die Schweiz stolz sein darf, eingehend miteinander zu vergleichen".

Gottfried Keller lag jegliches Neidgefühl fern; auch hätte er um so weniger Ursache zu solcher Empfindung gehabt, als ihm zumeist bei jener unbequemen Koppelung die Vorhand gegeben wurde. Und doch, was man ihm nicht verdenken kann, floß ein wenig Bitterkeit mit unter, wenn er so immer wieder C. F. Meyer neben sich gestellt sah. Da hatte sich, wie e r glauben mußte mühelos, in wenigen Jahren eine Persönlichkeit Achtung — auch von seiner Seite — erzwungen, deren Gegensätzlichkeit zu seinem eigenen Wesen in Leben und Dichtung immer deutlicher ihm zum Bewußtsein kam.

Diese Gegensätze sind mit Schlagworten wie germanische und romanische Kultur, Plebejer und Aristokrat, Realist und Idealist nicht so glattweg zu erschöpfen.

Aus der Menge der Gegensätze traten zuvörderst zwei heraus, die alle anderen in sich zu enthalten und zu erzeugen schienen: Keller war, abgerechnet einige wenige mühevoll anerzogene Gepflogenheiten, eine offene und impulsive Natur ohne Rückhalt, fühlte sich auch als solche; auch in seiner Kunst war er rückhaltlos und forderte, daß man in den Gebilden des Dichters das warme Herzblut rinnen sehen müsse und den Atem eigenen Erlebens spüren — Meyer erschien liebenswürdig, aber entschieden vornehm zurückhaltend; auch in seinen Schöpfungen, die rein als Kunstwerke galten, fein gemeißelt waren, aber scheinbar auch marmorkalt. Wenn F. Th. Bischer urteilt, daß in ihnen nirgends das Subjekt mit überflüssiger Rede sich vordränge, so schien ihnen in den Augen anderer die unmittelbare Beziehung zum Leben und Herzen des Dichters zu mangeln. In Kellers Auffassung mußte ihm somit das Letzte und Tiefste, was den Dichter eigentlich macht, fehlen. Aber Gottfried Keller kannte Meyer nicht: dieser hatte keinen Bekenntnisroman geschrieben, in dem jeder, der es liebevoll versuchte, den Schlüssel zu des Dichters Eigenart und den Zügen seines Lebens und Wesens, die in seinen anderen Werken lagen, finden konnte. Ob Keller zu einer solchen Ergründung Neigung verspürt hätte, selbst wenn Meyer seine Persönlichkeit weniger verhüllt gegeben haben würde? Er war im Guten und Unguten seines Wesens in einem langen Leben schon zu fest geworden, hatte sein Ich schon zu fest zusammengefaßt, um sich dazu noch Muße nehmen oder jene Biegsamkeit des Charakters sich aneignen zu können, ohne die man zum Verständnis einer andersgearteten Individualität nicht gelangt. Jedenfalls aber würde er haben erkennen müssen, daß Meyers nun scheinbar wolkenlos glückliches Leben und Dichterlos teuer erkauft waren, daß schwere Schatten dahinter lagen, und wenn je die Spur eines bitteren Gefühls in ihm war, was uns solche versichern, die ihn gut kannten, es hätte verschwinden müssen. Spricht er doch im „Grünen Heinrich" die Einsicht aus, daß das Sehen des „ruhig Leidenden", künstlerisch Objektiven „auch nicht ohne äußere Tat und Mühe ist . . gleichwie der Zuschauer eines Festzuges genug Mühe hat, einen guten Platz zu erringen oder zu behaupten". Allein wie die

Dinge lagen, ist C. F. Meyer für Keller ein fremder Mensch
geblieben.

Es ist seltsam, wie schwer es überhaupt gehalten hat, bis
die Erkenntnis allgemein wurde, daß hinter einer solchen Kunst
ein schweres und herbes Menschenschicksal liegen müsse. Trotz=
dem Lina Frey schon 1892 in ihrem leider viel zu wenig ver=
breiteten Büchlein über C. F. Meyers Gedichte und Novellen
deutlich genug die Spuren tiefen Jugendleides und bitterer
Manneskämpfe aufgezeigt hatte, welche durch die scheinbar er=
haben künstlerischen und vornehm objektiven Werke Meyers
gehen, trotzdem jede der seither erschienenen biographischen oder
urkundlichen Meyer=Veröffentlichungen in dieser Richtung neue
Aufhellungen gebracht hat, begegnet man bis in die neueste Zeit
hinein der Ansicht, als ob Meyers Leben eigentlich recht be=
neidenswert gewesen sei, während Keller es doch viel schwerer
gehabt habe. Diese Tatsache mag uns Gottfried Kellers Miß=
verständnisse mit begreiflich machen, wenn wir auch geneigt sind,
von dem Landsmann und Zeitgenossen einen schärferen Blick
zu erwarten als von Fremden und Jüngeren — vielleicht nicht
ganz mit Recht, denn aus der Nähe wird oft das Ganze einer
Erscheinung nicht so leicht erfaßt als aus größerer Distanz.

Und Meyer ist dieser Arbeit nirgends durch deutliche Kon=
fessionen entgegengekommen, weder in den wenigen autobio=
graphischen Skizzen, die er geschrieben, noch sonst. Man kann es
ihm nachfühlen, daß er, endlich auf die Höhe gelangt, es ver=
mied, das Auge zurückzulenken und seinem eigenen Schatten
nachzugehen, Zustände wieder zu beleben, die er mit Mühe
niedergekämpft hatte. Wer die scheuen und ins Allgemeine ge=
läuterten Geständnisse der Gedichte nicht herausfühlen konnte
oder wollte; wem es verschlossen blieb, daß hinter den Prosa=
schöpfungen nicht nur ein Künstler stand, dem drängte Meyer
sich nicht weiter auf.

Er war nicht der Gott, der nur von außen stieß, wenn auch
die Art, wie er erzählt, wie er die Erzähler in den Rahmen seiner

Novellen mit dem Stoff schalten läßt, wie er besonders seinen
Dante als unbeschränkten Schöpfer über seine Geschichte stellt,
leicht diese Auffassung in den Vordergrund rückt. Als „höchste
Zier", wie „Ein goldner Helm in wundervoller Arbeit" steht
Meyers Werk vor den Augen Detlevs von Liliencron. Feine
Kunst — das ist für Fernstehende der herrschende Eindruck.
Nichts wäre indes ungerechter, als hierauf die Meinung zu
gründen, sie sei n u r dies gewesen. Dann kommen oberfläch=
liche Urteile zustande, welche dem Dichter etwa vorwerfen, er
sei so ganz nur Künstler, daß Weib und Kind in seinen Schöp=
fungen nicht die geringste Stelle gefunden hätten — selbst wenn
viele Gedichte und Einzelzüge der Prosaschöpfungen n i c h t
wären: müßte denn der Dichter das Herz und seine Wärme
mit solcher Unmittelbarkeit dartun?

An der Oberfläche ist bei Meyer der persönliche Anteil nicht
zu suchen. Im „Jenatsch" und im „Heiligen", sagte er 1882, sei
in den verschiedensten Verkleidungen weit mehr von ihm, seinen
wahren Leiden und Leidenschaften, als in seiner Lyrik, und Frey
erklärte er einmal, viel mehr als jemand denke, mehr als selbst
die Schwester ahnte, seien im „Leiden eines Knaben" Stim=
mungen seiner gequälten Jugend niedergelegt. Sind diese
Zeugnisse wirklich als nachträgliche Einbildungen abzutun?
Darf man ohne weiteres behaupten, Meyer habe „die aus
Edlem und Niedrigem wunderlich gemischte Prosa" des Lebens
seiner leidvollen Jugendjahre nicht dichterisch gestalten können,
während Keller das im „Grünen Heinrich" doch fertig gebracht
habe — oder das ihn umgebende Leben sei n i e so nahe auf ihn
eingedrungen, daß es ihm zum Problem und zum Stoff seiner
Arbeit werden konnte? Er habe n u r edle und geistige Stoffe
formen können! Man gibt mit solchen Urteilen dem S t o f f e,
was des Dichters ist: e r war es, der allen Dingen die edle und
geistige F o r m gab, indem er die Möglichkeiten seines eigenen
Wesens hineinlegte und entfaltete.

Bekannt ist ja sein Wort, daß „dans tous les personnages

du Pescara, même dans ce vilain Morone", „du C. F. Meyer"
stecke; er sei „sous une forme très objective et éminemment
artistique ... au dedans tout individuel et subjectif". Weil
er es auf ganz eigene Art war, spürt man von diesem Sub=
jektivismus fast nichts. Wohl war es nicht ein ungestüm über=
quellendes inneres Leben, das die Substanz seiner epischen Dich=
tung ausmacht, aber doch ist auch wieder nicht bloß „eine Reihe
bedeutender Gebärden" das Wesentliche der Existenz seiner Per=
sonen, wie neuerdings behauptet wird. Ich leugne nicht, daß
die Rücksicht auf die bedeutende Gruppe, die große Geberde die
Stilisierung der Meyerschen Charaktere mitbestimmt hat, das
haben ja besonders unsere Beobachtungen am „Jenatsch" ge=
zeigt; aber ihr Wesen geht doch nicht in dieser äußeren Form
auf. Es erscheint nur vielen deshalb so, weil Meyer nicht allein
mit dem eigenen Ich, sondern auch mit der Seele seiner Per=
sonen hinter die äußere Handlung zurücktritt.

Seine Vorliebe für die „forme de la nouvelle historique"
gegenüber dem Zeitroman hat er, was für seine Natur be=
zeichnend ist, mit den Worten begründet: „Elle me masque
mieux .. et distance davantage le lecteur"; an Wille schrieb
er 1887: „Sie kennen mich und wissen, daß sich etwas in mir
sträubt gegen die Betastungen der Menge". Dieses Etwas war
die bis zur Schwäche gehende Zartheit und Sensibilität seines
seelischen wie physischen Wesens, das vor jeder Unmittelbarkeit
zurückwich. So hat er denn auch jedes öffentliche Auftreten ver=
mieden und sich im Gegensatze zu Keller nie im politischen Leben
der Heimat betätigt. Zwar verfolgte er mit reger Teilnahme
die Ereignisse am politischen Horizont, und es ist ja bekannt, wie
eifrig er Bismarcks Handlungen und später sein Verhältnis zu
Wilhelm II. kommentiert hat; aber nur s e h r selten, wie in dem
Gedicht „Hohe Station", hat dies Interesse an der Gegenwart
unmittelbaren poetischen Niederschlag gefunden. Man kann
daher von einer eigentlichen Gegenwarts f r e u d i g k e i t , von
einem direkten dichterischen Verhältnis Meyers zum Ge=

schehen des Tages nicht reden. Und wo er einmal gelebtes
Leben ohne Maske dichterisch hinstellt, wie im „Liebesjahr" und
anderen persönlichen Bekenntnissen, da rückt die Form das Er=
lebnis aus dem Gebiete des Individuellen heraus. Mit Recht
hat Ohmann, der diese Zusammenhänge klug betrachtet, darauf
hingewiesen, daß der Dichter im „Hutten" später alles positiv
die Gegenwart Betreffende getilgt habe. Man muß die Extreme
vermeiden: Meyer war kein Fremdling im Leben, der ganz nur
in fernen Zeiten und Menschen gelebt hätte, aber auch kein
Gegenwartsmensch. Er blickte in den rauschenden Überfluß der
Welt hinein mit offenen Augen, aber er fuhr nicht darauf. Die
Flut mußte verströmt sein, wenn er ihre Wege poetisch wider=
spiegeln sollte.

Völlig anders prägt sich — auch äußerlich — Gottfried
Kellers Verhältnis zur Gegenwart aus. Er war so sehr
Mensch der Gegenwart, daß er nach einigen gelungenen Ver=
suchen, das Ewig=Menschliche und immer Lebendige, das All=
gemeingültige in der Vergangenheit zu finden und darzustellen,
gegen das Ende seines Schaffens immer mehr das Unmittelbare
suchte und schließlich in „Martin Salander" gar ein politisches
Erziehungsbuch gab. C. F. Meyer aber trat nach etlichen
schwachen Ansätzen zur Gegenwartsnovelle immer entschiedener
aus der laufenden Zeit und dem Strom der Welt heraus, um
sein Leben in die stillen dunklen Wasser der Vergangenheit zu
tauchen.

Man hat hier ebensosehr wie mit persönlicher Vorliebe und
Abneigung mit künstlerischen Rücksichten zu rechnen. Ein leiser
Einfluß der Ästhetik F. Th. Vischers scheint dabei unverkennbar.
Um seinen Gegenstand voll ins Auge fassen und von allem Bei=
werk gereinigt darstellen zu können, mußte er einen gewissen
Abstand dazu gewinnen; Louise von François hat ihn mit Recht
einen Teleskopisten genannt im Gegensatz zu Keller, den sie als
einen „Mikroskopisten der Gegenwart" bezeichnete, ohne indes
damit die Keller eigentümliche Mischung von realistischer Schil=

derungsart scheinbar kleiner menschlicher Zustände und oft ro=
mantischen, jedenfalls aber immer ins Allgemeine, Menschheit=
liche gehobenen Motiven und Charakteren richtig zu treffen.
„Am liebsten vertiefe ich mich in vergangene Zeiten", gesteht
Meyer 1881 der genannten Freundin, „die mir erlauben, das
Ewig=Menschliche künstlerischer zu behandeln, als die brutale
Aktualität zeitgenössischer Stoffe mir nicht gestatten würde."
Darum hat er auch ihren Wunsch, statt der „kleinen", „kräh=
winkligen" Figuren Kellers „ein Bild der heutigen Gesellschaft,
künstlerisch umschleiert", zu geben, nicht erfüllt. 1890 hat er
einem Besucher gegenüber seine Abneigung gegen die „moderne
Novelle" — er war 1888 mit dem Plan umgegangen, eine solche
zu schreiben — auch stofflich begründet: Die moderne Konven=
tion mache alles so verhüllt, so matt; das Laster gebe sich nicht
unverstellt; die Menschen der „verruchten Renaissance" seien
„freier". Er mag darunter die Unbefangenheit und Offenheit
verstanden haben, die dem Künstler das Eindringen in die see=
lischen Probleme erleichtert. Und sie hatten den, wie Kalischer
hervorhebt, für Meyer besonders anziehenden Vorzug der
großen Geste, die seinem Streben, alles innere Erleben nach außen
hin schaubar, sichtbar zu gestalten, eine gute Strecke entgegen=
kam. Ein anderes mehr gefühlsmäßiges Moment sprach natür=
lich mit bei seiner Antipathie gegen Stoffe aus der Gegenwart:
er sei, sagte er, bei dem Versuche, eine moderne Novelle aus der
Gesellschaft zu schreiben, vor der „Schamlosigkeit" zurückge=
schreckt, die seinem Empfinden nach nun doch einmal darin liege,
„die bekannten Menschen der Umgebung, wenn auch in noch
so viel Hüllen verkleidet, umgemodelt abzuzeichnen". „Mit
meinem (ohne Selbstlob) geübten Auge komme ich oft in Ver=
suchung Gegenwart zu schildern, aber dann trete ich plötzlich
davor zurück. Es ist mir zu roh und zu nahe". Er mußte, um ein
von ihm selbst für seine Darstellungsweise geschaffenes Bild
auch für sein Verhältnis zu seinen Stoffen zu gebrauchen, diese
letzteren wie Fresken sehen, aus der Distanz. Daher gewannen

seine Figuren auch erst in der Erinnerung Plastik für ihn, und
es ist, als ob die Zeit den poetischen Stoff für ihn von selbst siebe.
Von hier aus verstehen wir auch wieder seine Vorliebe für die
Ich- und Rahmenerzählung. Wenn die Gegenstände seinem
Auge zu nahe rückten, so verzerrten sich die Linien, und das
Wesen der Dinge und Menschen, der große geistige Zug und das,
was man die Ethik der Geschichte, besser: jeden Geschehens
nennt, löste sich nicht daraus ab.

Es ist nur natürlich, wenn dem Dichter aus der Ferne die
g r o ß e n Gestalten, die überragenden Männer zuerst in die
Augen fielen und seine Phantasie reizten, während Keller, wie
sich bei den „Züricher Novellen" gezeigt hatte, auch in der Vergangenheit das Zuständliche bevorzugte. Ich verstehe nicht recht,
wie man sagen kann, auch Keller habe „die Vorliebe für das
Große" gehabt, weil er die Welt vorzüglich mit dem Auge genieße; er verlange „die Einheit des Äußeren und des Inneren".
Ist diese Einheit notwendig Größe — wobei die Fragen, ob
Keller sie wirklich überall fordert, ob er wirklich so ganz aus dem
Auge lebte, beiseite bleiben sollen — ist sie vor allem Größe im
Sinne C. F. Meyers? Kalischer sieht richtig, daß die Neigung
zum Großen sich bei diesem aus einer anderen Quelle nährt als
bei Gottfried Keller. Aber er läßt im Unklaren, daß auch der
Begriff der Größe bei beiden verschieden ist, und indem er es
unternimmt, ihn für C. F. Meyer zu bestimmen, versteigt er sich
zu der allzu scharf geschliffenen Formel, der Begriff der Größe,
welchen C. F. Meyer in der Kunst Michelangelos gefunden habe,
bestimme sich bei ihm vorab aus dem Gesichtseindruck: wer hierbei bedeutend wirke, sei bei ihm ein großer Held. Wenn auch
weiterhin das nebenhergehende „Ethos" als Gegengewicht
dieser rein bildhaften Auffassung für Meyer geltend gemacht
wird, so ist damit die Innerlichkeit des Problems, die doch für
C. F. Meyer End aller Ende die Hauptsache war, bei weitem
nicht entschieden genug als solche bezeichnet. Und ein Haupt-
zug seiner Kunst erscheint wie deren tiefste Wurzel. Was

Meyer über seine Neigung zur Größe gelegentlich gesagt hat, mag ja dem Wortlaut nach eine solch äußerliche Auffassung nähren. Aber jener Hang ist doch tiefer begründet, und daher ist jener Meinung entgegenzutreten, die so ziemlich schon diejenige Gottfried Kellers gewesen ist.

Meyer erklärte Keller in einem Gespräche: „Ich muß mit der großen Historie fahren"; und äußerte zu Kögel: „Ich nehme gern Helden, die im irdischen Leben hoch stehen, damit sie Fall=höhe haben für ihren Sturz. Unter einem General tu ich's nicht gern mehr". Mit dieser Richtung, die er gern als „großen Stil", „große Kunst" bezeichnete, trat er immer ausgesprochener in Gegensatz zu Keller, was dieser auch wohl fühlte: „Manchmal kam er sich mit der kleinen Welt seiner Dichtung, seinen einfachen Menschen gegenüber der großen Meyerschen mit ihren Feld=herrn und Kardinälen ärmlich vor, oder — um wahrhaft zu erzählen — die Welt des andern war ihm fremd", erzählt Bäch=told. Keller hat den Unterschied in einer köstlichen, aber unver=kennbar ironischen Wendung eines Briefes an C. F. Meyer ge=streift, als er nach Erscheinen des „Sinngedicht" 1881 für „auf=munternden Handwink" dankt in seiner „Not", da er „mit dem Orgelkasten und dem Affen auf dem Markt stehe. Möge Ihnen ein gleiches Labsal werden, wenn Sie demnächst, wie zu hoffen, mit einem Löwen oder Adler im Käficht aufziehen werden". Man wird unwillkürlich daran erinnert, wie Keller in einem Jugenddrama von 1837 eine seiner Personen von den Historienmalern sagen läßt, sie seien „von der Scheitel bis zur kleinen Zehe mit hohem Genius und Antike angefüllt" und blickten „mit dem Stolze eines Hahns, der auf dem Mist steht, auf die gescheiteren Enten herunter, welche im lieblichen Teiche sich tummeln. Einige fühlen diesen Stolz mit edlem Rechte, die meisten aber zu ihrem eigenen Spotte". Von hier aus erhält auch jenes durch Bächtolds Mund ausgesprochene Urteil Kellers über den „Heiligen": Das Tragische streife oft zu sehr ans Theatralische, sein rechtes Licht. Die Neigung

Meyers, große Menschen zu bedeutenden Gruppen zusammen=
treten zu lassen, hatte sich seit dem „Jenatsch", wo Keller mit
seinem Tadel der „Unweiblichkeit" des Beilhiebes unbewußt
diese Kompositionsrichtung Meyers getroffen hatte, immer deut=
licher entwickelt. Keller mußte es so erscheinen, als wolle Meyer
sich mit der Wahl „bedeutender" Stoffe und hochstehender
Träger der Handlung von vornherein einen Vorsprung ver=
schaffen gegenüber gewöhnlichen Sterblichen s e i n e r Art, die
sich in ihrer Bescheidenheit zuvörderst damit plagen müssen,
durch ihre Arbeit äußerlich mittelmäßige, ja niedrige Naturen
seelisch zu vertiefen und ihnen dadurch erst die Aufmerksamkeit
zu verschaffen, deren jene von vornherein gewiß sind wegen
ihrer offensichtlichen Höhe und der bedeutenden Begebenheiten,
in denen sie sich bewegen, den auffallenden Tableaus, zu denen
ihr Bühnenmeister sie vereinigt hat.

Das ist es: der Gegensatz wird fühlbar zwischen dem ge=
borenen Idylliker und Epiker Keller und dem pathetischen
Dichter, dessen Epik, man mag im übrigen über die r e i n drama=
tische Begabung C. F. Meyers urteilen wie man will, erst durch
die Beimischung tragischer und dramatischer Elemente äußerer
wie innerer Art ihr eigentümliches Gepräge erhält, wie er denn
auch selbst das anscheinend stolze Wort von sich zu sagen pflegte,
er habe den Stil der großen Tragödie in die historische Novelle
eingeführt. Rein als Epiker genommen, kann er dem Auge des
Andersgearteten hie und da einen Mangel darbieten, der in zu
lebhaftem Hervortreten des dramatischen Einschlages besteht,
während man bei Keller an dem oft allzu undramatischen
Wuchern des rein Erzählenden, Schildernden sofort den ur=
sprünglichen Epiker erkennt, der sich behaglich gehen lassen darf,
mehr impulsiv arbeitet, wie man denn auch mit Recht getadelt
hat, daß seine d r a m a t i s c h e n Versuche in epische und lyrische
Breiten auseinanderfließen, die bei aller Schönheit als solche
fühlbar sind. Daß er t h e o r e t i s c h die Probleme des Schau=
spiels von Grund aus bewältigt hat, wofür er ja z. B. auch

C. F. Meyer den Beweis lieferte, als dieser ihn mit Her=
mann Lingg besuchte, ändert nichts daran, daß er die starke
dramatische Ader seines Landsmannes nicht besaß, die sich unter
anderem auch darin zeigt, daß bei C. F. Meyer die epische Flut
durch strenge Reflexion, ein Haupterfordernis für den Drama=
tiker, eingedämmt wird.

Hatte Meyer sich in seinen ersten Arbeiten wohl hier und
da noch zum Ausbau von Episoden, zu breiterer Schilderung
verlocken lassen, im „Jenatsch" z. B. bei der Zeugnisaussage des
Magisters Pamfilio Dolce aus Padua oder dem landschaft=
lichen Bilde im Eingang, so führt er späterhin die von früh auf
in ihm lebendige Kunstregel, seine „Idee, nichts mehr und nichts
weniger" zu verkörpern, immer strenger durch. Schon nach Voll=
endung von „Engelberg" tut er sich etwas zugute auf die „Be=
schränktheit, die eine Bedingung jedes Motivs ist. Man fühlt,
wieviel Schönes nicht gesagt werden durfte, um den Hauptein=
druck rein zu halten". „Immer hüte sich der historische Roman
vor Episoden", sagte er 1890 zu einem Besucher. Der Bau
seiner Novellen wird immer sorgfältiger; immer mehr wird das
Beiwerk beschnitten, immer klarer und schärfer werden die
Hauptgestalten herausgearbeitet, immer bewußter die Hand=
lung in große, einfache Bilder zusammengedrängt bei aller
Pracht und Fülle der Schilderung. Lag der Reichtum seiner
Fabel vor ihm ausgeschüttet, so wählte und vereinfachte sein
strenger Geist wie der seines Dante in der „Hochzeit des Mönchs".
In der Tat scheint es das romanische Kunstideal zu sein, das
sich stetig reiner in ihm bildet. Nicht als ob er bloßer Nach=
ahmer wäre; aber in der Kunst vorab Michelangelos fand er den
Ausdruck und die Bestätigung seines eigenen Strebens. Wie
klar drückt sich das Bewußtsein dieser Entwicklung aus, wenn
Meyer, der in der früheren Fassung seines Gedichtes vom
Münster den Baumeister sprechen ließ:

„Und schuf ich nicht als strenger Meister,
Gleich mit erzürntem Angesicht . . ."

diese Worte weitet in die Verse:

> „Wollt' ich in schwelgendes Verzieren,
> In üppig Blattwerk mich verlieren,
> Und opfert's nicht mit keuschem Sinn
> Dem Ganzen streng ich zu Gewinn,
> Gleich schlug ... "

Keller aber liebt es bis an das Ende seines Schaffens, seine un=
tragischen, mittleren oder niederen Charaktere in ihrer ganzen
Mannigfaltigkeit und Buntheit auszumalen und seiner Neigung
zu liebevoller Kleinmalerei selbst bis zur Spielerei nachzugeben.
Wohl spinnt er später vor allen die inneren Vorgänge nicht
mehr in gleicher Ausführlichkeit aus wie im „Grünen Heinrich";
er legt sich Beschränkung auf und lernt es immer besser, ge=
dankliche Seitenpfade auch bloß einmal kurz anzudeuten; aber
die süße Gewohnheit, bei aller Klarheit des Bauplanes „in
schwelgendes Verzieren, in üppig Blattwerk" sich zu verlieren,
hat er nicht geopfert. Es wäre ja auch schade gewesen, denn ge=
rade sein Barock, seine Schnörkel sind reizvoll.

Alles an ihm ist gedrängte Fülle wie in einem Naturwalde,
während wir bei Meyer in einem planvoll gerodeten Forste zu
wandern meinen. Keller wehrt dem Überfluß der Welt nicht;
er sucht nicht einen zeitlichen Abstand zu gewinnen, bevor er an
die Gestaltung seiner Gegenstände geht, und im Werke selbst
dünkt ihm zwar künstlerische Bewältigung des Stoffes, nicht aber
kunstvolle Verhüllung des der Gegenwart Entnommenen und
Maskierung des Persönlichen unerläßlich. In allem stand er
zum Leben und zur Gegenwart unmittelbar. Daher kommt es
auch, daß seine Epik ungleichmäßig voll über die Gegenstände
hinflutet, daß er bald verweilt, bald hastig weiterschreitet: „Denn
wer in einem festlichen Zuge mitzieht", sagt er im „Grünen
Heinrich", „kann denselben nicht so beschreiben wie der, welcher
am Wege steht". Er hat sich nie in die Öffentlichkeit gedrängt,
aber er scheute sie auch nicht, wie der sensiblere C. F. Meyer.
Längst bevor er Staatsschreiber wurde, hat er tatkräftig seinen

Platz am Webstuhl des politischen Lebens eingenommen, „als
einer der Tausende im großen Haufen der Guten und Rechten"
freilich nur, wie Frey bei Besprechung der Frühlyrik Kellers
sagt. Es mutet wie ein Gleichnis des Lebens der beiden Männer
an, daß Meyer immer einen einsamen ländlichen Wohnort
suchte, fern von der Stadt, wogegen Keller noch im späten Alter
seine hohe Warte über See und Land verließ und in eine Straße
der unteren Stadt zog. Während Meyer auf den Posten des
Beobachtenden, in seiner Kunst auf formal objektive Darstellung
sich zurückzog, wurde bei Keller der Drang zu praktisch ethischer
Betätigung immer entschiedener fühlbar, das schweizerisch Pä-
dagogische gewann über das Kunstwerk rein als solches die Oberhand, obgleich er in den Entwürfen zu „Salander" sich vorgenommen, „ruhig", „getragen, ohne Leidenschaft und Polemik"
zu arbeiten, wie Homer. Mit Recht hat C. F. Meyer in den
„Erinnerungen" ihn einen Schutzgeist der Heimat genannt:
„er ... lehrte, predigte, warnte, schmollte, strafte väterlich und
sah überall zu dem, was er für recht hielt", und gesprächsweise
im gleichen Jahr geäußert: „Keller ist, was die Schweizer verlangen, lehrhaft, weitschweifig, er predigt. Das ist nötig, um
den Schweizern zu gefallen, es ist republikanisch. Meine größte
Emancipation vom Schweizertum ist, daß ich das nicht tue, daß
ich es grundsätzlich vermeide".

Die Unmittelbarkeit, mit der Keller dem Leben gegenüber-
tritt, findet ihren Ausdruck darin, daß er die Form der Gegenwartsnovelle bevorzugt. Und er gibt im „Salander" die Gegenwart unverhüllter, als er es zur Zeit des Sonderbundskrieges
innerlich vermocht hatte, wo er seine Zeitdramen ungeschrieben
ließ und sich damit begnügte, später jene Epoche ohne deutlich persönliche Note in „Frau Regel Amrain" widerzuspiegeln. „Salander" ist nicht mehr auf Bergnebel gemalt wie die Seldwyler
Geschichten. Nach den „Züricher Novellen" kehrt Keller mit
Entschiedenheit zur Gegenwart zurück. Und wo er Vergangen-
heitsnovellen bringt wie dort und bisweilen im „Sinngedicht"

(Don Correa, Die Berlocken) oder im „Grünen Heinrich" (Das Meretlein) — nur die „Legenden", „Dietegen" und „Spiegel" stehen abseits — da setzt er wenigstens den R a h m e n in die Gegenwart und stellt dadurch die unmittelbare Fühlung her, während Meyer stets auch den Rahmen, der ihm lange Zeit unentbehrlich, im alten Stil arbeitet und so das G a n z e in die seiner Kunstart wie seiner Natur notwendige Perspektive und Entfernung rückt.

Gottfried Keller zeigt auch in der Art seines künstlerischen Schaffens jene Frische und Gesundheit, die den aus der Tiefe des Volkes unmittelbar emporgetauchten Intelligenzen eigen zu sein pflegt. Er war im vollen Besitz ursprünglicher Säfte und Kräfte, eines reichen Schatzes gemütlicher wie physischer Fähigkeiten, der ihn trug und für sein Geistesleben ein uner= schöpflicher Quell war. Da sein Vater (freilich nicht die Mutter) bäuerlicher Abkunft war und vom Lande kam, so hatte seine Rasse nicht die durch jahrzehntelange oder jahrhundertelange Kultur bedingte Schwäche und Sensibilität, welche man bei C. F. Meyer beobachtet, dem Sohn einer seit langem in der Stadt ange= sessenen, geistige Berufe übenden Familie. Aber die größere Ursprünglichkeit von Kellers Wesen führte einen gewissen, von der Kultur nicht völlig zu bändigenden Rest mit sich, der unter der Oberfläche lag und manchmal hervorgebrochen ist. Das gilt für sein Leben wie für seine Kunst.

C. F. Meyer hat, seinen abgeklärten Begriff der Kultur streng zum Grunde legend, im Jahre 1882 die Natur Kellers brieflich mit den Worten beschrieben: „Was ihm mangelt und ich glaube: er hat selbst das Gefühl davon, das ist wohl die Bildung im höchsten Sinne, aber welcher partielle Tiefsinn, w e l c h e N a t u r g e w a l t , welche Süßigkeit und auch welche raffinierte Kunst in Einzelheiten"! „Er ist nicht recht zur Ab= rundung gekommen und daher scheint manches bei ihm miß= lungen", meinte Meyer 1890 zu einem Besucher, um dann in seiner bekannten Weise sein Urteil mit dem Zusatz einzuschränken, daß freilich die Werke eines jeden doch eigentlich nur Bruchstücke seien. Mehr auf das Menschliche gehen einige andere Urteile aus dem gleichen Jahre: „Er war ein wunderlicher und genialer Mensch und gar nicht so einfach, oder sicher nicht so leicht zu kennen". „Keller war gar kein einfacher Charakter, er war sehr zusammengesetzt, sehr verwickelt. Es lag sehr viel Raffiniertes in seiner Natur. Neben Grobem, Hartem, Rücksichtslosem eine große Weichheit und Feinheit der Empfindung, die man nicht hinter dem groben Kerl gesucht hätte. — Daß Salander am ersten Abend, als er aus Amerika zurückkommt, ins Wirtshaus geht, ehe er seine Familie aufsucht, ist unglaublich roh, aber es ist Kellerisch, er hätte das fertig gebracht. Das Verhalten des grünen Heinrich gegen seine Mutter ist auch Kellerisch". Die Zahl der Stellen in Kellers Werken, wo eine ungebändigte Derbheit vorzubrechen scheint, lassen sich leicht mehren: Die Bestrafung der verkommenen Brüder und des früheren Gatten der „armen Baronin" gehört hierher: C. F. Meyer freilich ur= teilt vorsichtig nur: „Der Gerichtsakt des Vorüberschleppens ... wird durch das Barocke gemildert"; Storm scheut sich nicht, die Stelle als eine „Rohеit" zu bezeichnen, die mit den von Keller sonst beliebten Späßen, wie etwa dem schwarzen Farbe= topf des Seldwyler Kriegsheeres in „Dietegen" nicht mehr auf einer Stufe stehe, und auch Frey gesteht, die Stelle treffe ihn „mit einer unleidlichen Härte". Sie sei mit Kellers sonst so humaner Natur im Widerspruch; es müsse eine Spur seines leicht aufbrausenden Blutes sein. Storm fragt seinen alten Korrespondenten zart, mit einem Blick auf die „biographischen Ausgänge" des einsam alternden grünen Heinrich und des Land= vogts: „Ist das der Punkt, der Spalt, der jene ‚befreienden‘ Späße aufwirft"? C. F. Meyer berührt eine verwandte Ur= sache der Erscheinung, wenn er nach Kellers Tode in einem Briefe an einen Freund sagt, daß das Gemeine „durchaus n i c h t i n s e i n e m W e s e n l a g, sondern aus der Wirts= hausumgebung und Weinatmosphäre, zu der er durch den Coeli=

bat verdammt war, herrührte". Keller hat sich Storm gegen=
über wegen jener Stelle verteidigt; das Wie indes und besonders
seine spätere Genugtuung darüber, daß Storm ihn durch den
„Herrn Etatsrat", den „häßlichen Dämon in seiner betrunkenen
Nudität" u. dgl. in seiner „Zerknirschung" über die „drei zusam=
mengebundenen Kuhschwänze" getröstet habe, zeigt, daß er nur
halb fühlt, was ihm zum Vorwurf gemacht worden ist: nicht der
anstößige S t o f f , sondern der unverkennbare Beifall, mit dem
er Brandolfs Veranstaltung begleitet und behaglich erzählt.
Es bleibt ein Erdenrest, zu tragen peinlich — „Nun, Meister
Gottfried, ich ziehe in Ehrerbietung meinen Hut", so schließt
Meister Storm endlich die Unterhaltung über diesen Punkt.

„Wie die meisten alemannischen Bauern hatte er in irgend
einem verborgenen Seelenwinkel einen Kobold sitzen, der zu=
weilen .. hervorsprang", sagt J. V. Widmann. Wir erkennen
in den bekannten Kellerspäßen wie in jenen Auswüchsen die
Schößlinge einer nicht völlig gebändigten Natur und herber
Lebenserfahrung; in der Bestrafung der drei Unholde aber auch
den unerbittlichen Ausdruck eines überstrengen Gerechtigkeits=
empfindens. Ob es nötig ist, zur Erklärung F. Th. Vischer heran=
zuziehen, der vom Dichter „ein wenig Roheit" fordert? Wohl
kaum. Aus jenen inneren Quellen fließen die fast schauerlichen
Strafgerichte, die er auch am Ende der „Kammacher", und in
„Don Correa" an der Feniza Mayor vollzieht, der erbar=
mungslose Spott, mit dem er im „Grünen Heinrich" eine Ge=
stalt wie Wurmlinger verfolgt, in den Seldwyler Geschichten
Züs Bünzlin, Viggi Störteler oder den Geistlichen im „Ver=
lorenen Lachen". Er reißt so mit, daß man beim Lesen des
„Salander" ein Zucken in den Fingern spürt einem Louis Wohl=
wend gegenüber, und daß man, Kellerischer als Keller, es fast
bedauert, den Gesellen einer derben Bestrafung entschlüpfen zu
sehen. Keller der Mensch läßt sich niemals völlig von Keller
dem Künstler überwinden. Er ist mit seinen Gestalten ver=
wachsen, und wie er die unsympathischen mit einem wahren

Grimm verfolgt und daher, wie oft im Leben, das Kind mit dem
Bade ausschüttet, so hegt und hebt er die sympathischen, und
wenn sie noch soviel Unzulänglichkeiten und Schwächen haben,
mit einer tiefen Zärtlichkeit, ohne freilich zu der lächelnden Nach=
sicht und Milde eines Fontane zu gelangen. Er haßt und liebt
in seiner Dichtung; er lächelt, lacht, weint, zürnt mit seinen
Menschen und Dingen und läßt seinen Herzschlag spüren bis in
die letzte Zeile hinein. Darf es da Wunder nehmen, wenn diese
Fülle des Lebens hie und da überquillt, wenn über die Süße
die Herbheit heraufsteigt, in höchste Schönheit nach Heyses Wort
„ein phantastisch Lachen" klingt, neben Heiligem derbe Sinnlich=
keit, neben milder Nachsicht schonungslose Strenge steht? Man
hat nicht nur, wie J. V. Widmann, von einem Kobold, sondern
gar von einem D ä m o n in Keller gesprochen. Das Wort soll
man stehen lassen, ihm aber zugleich die ganze Tiefe seiner Be=
deutung zubilligen: Gottfried Keller war, im Bösen weniger
als im Guten, eine dämonische Natur im Sinne Goethes, der
zu Eckermann einmal gesagt hat, das Dämonische äußere sich „in
einer durchaus positiven Tatkraft". Und die negativen Er=
scheinungen waren nur die Kehrseite dieses Wesens und flossen
aus derselben Kraftquelle. Man tut Keller Unrecht, wenn man
hier ein tiefer liegendes menschliches G e b r e ch e n aufspüren
will, wie Bächtold, der sagt, es habe dem Dichter „die Milde
und Gütigkeit der Seele" gefehlt, „die auch etwa das Geringere,
das in der Welt vorhanden ist, neben sich duldet". Wenn Keller
wirklich gefehlt hat mit schonungslosem Urteil: er hat es tausend=
fach gesühnt durch die reine Menschlichkeit, mit der er Gerechte
und Ungerechte dargestellt und liebenswert gemacht hat. Mit
Recht hat sich gegen das allzu harte Wort Bächtolds, es habe
Keller „das tiefe Wohlwollen" gemangelt, kräftiger Widerspruch
erhoben, ohne daß es bisher jemand versucht oder vermocht hätte,
jenes Urteil durch Briefveröffentlichungen zu erhärten, wie der
Biograph es vorhatte. Selbst C. F. Meyer, dem Kellers Art im
Leben wie in der Kunst nicht immer glatt einging, würde, und

nicht aus bloßer Klugheit und Höflichkeit, sondern aus innerster
Überzeugung mit widersprochen haben, denn er tadelte es nach=
drücklich, sobald sich jemand über Gottfried Keller ungut oder,
nach seiner Meinung, mit unzureichender Ehrerbietung äußerte,
mag er auch gelegentlich nach Kellers Tode eine kleine Anekdote
erzählt haben, welche den Gegensatz ihrer beiderseitigen Naturen
und Gesellschaftsformen beleuchtete.

Aus dem Gedichte „Michelangelo und seine Statuen" darf
nicht nur C. F. Meyers Kunstideal, sondern auch der entschei=
dende Zug seines persönlichen Lebens herausgelesen werden:
vollkommene Beherrschung des eigenen Ich, Mäßigung nicht
nur im heutigen, meist verneinenden und beschränkten Sinne,
sondern in dem umfassenden schöpferischen, welchen die höfischen
Dichter des Mittelalters in die mâze legten.

> „Du packst mit nerv'ger Hand den Bart,
>
> Doch springst du, Moses, nicht empor."

Er war weit entfernt, Keller darum geringer einzuschätzen, weil
diesem in Kunst und Leben jene mâze nicht immer zu Gebote
stand. Denn er erkannte wohl, daß dieser Mangel die Begleit=
erscheinung eines überreichen Wesens war.

„Bildhauer Gott, schlag zu! Ich bin der Stein." So läßt
Meyer den Schöpfer der Sistina beten. Der Marmor s e i n e r
Seele bot sich willig dem Meißel dar. Ja er war schon vor=
bereitet, trug die Andeutung einer bestimmten Gestalt. Die
Tradition und das Blut der Familie haben dem Schicksal die
Arbeit erleichtert, ihm gar vielleicht ein gefährlich zartes und
zerbrechliches Material hingestellt. Kellers Wesen widerstand
der Bearbeitung wie trotziger Urgebirgsgranit und ließ sich bis
zuletzt nicht völlig in Form bringen. So ergaben sich neben den
künstlerischen Gegensätzen die der äußeren Kultur und Erziehung.
Es ist bezeichnend, daß in C. F. Meyers Briefen und Gesprächen
kaum einmal, und dann nur gleichgültig, wie von etwas Selbst=
verständlichem, von Fragen der äußeren Erziehung und Höflich=
keit die Rede ist: ein P r o b l e m bilden sie bei ihm nur in der

dumpfen Jugendzeit. Bei Keller wird von dergleichen entweder
mit einem gewissen Trotz geredet, wie auch A. Frey in seinen
Kellererinnerungen erzählt, oder der Nutzen guter Formen wird
in einem Tone besprochen, dem man es anhört, daß jene dem
Lobpreiser ein ungewohnter Besitz sind. Es ging ihm wie dem
grünen Heinrich im „Waffenfrühling", wo der Held erzählt, daß
ein Teil der jugendlichen Wehrmänner beim Feste sich als zier=
liche Tänzer zeigte, „die bald gesucht und ausgezeichnet wurden,"
indessen die andere Hälfte „wie ungeleckte Bären über den Rasen
stolperten und nach einigen mißlungenen Abenteuern sich aus
den Reihen stahlen und bei den Trinktischen zusammenfanden,
wo" (der Leser ergötzt sich an dem köstlich verstohlenen Übergang)
„w i r mit energischem Gesang ein wildes Soldatenleben führten,
als rauhe Krieger und Weiberfeinde, und uns gegenseitig ein=
zubilden suchten, daß die Mädchen doch häufig nach unserem
tüchtigen Treiben herüber schielten". Es war, hier wie in seinem
Leben, wie wenn ein Wanderer in einen lockenden Garten blickt,
den er sich nicht durch Bitten erschließen mag. Und wie der
grüne Heinrich und seine barschen Genossen nachher von „tanz=
kundigen Feintuern und Weichlingen" reden, so hat die unbe=
queme und befangene Stellung Gottfried Kellers zu den gesell=
schaftlichen Formen und Gebräuchen ein unwirsches Mißtrauen
gegenüber der Konvention im Gefolge. „Keller ist während
seines ganzen Lebens ein ‚Knorzer‘ geblieben", sagt Carl Vogt
derb, aber richtig; wenn er jedoch hinzusetzt: „seine oft durchaus
unmotivierten Kraftausdrücke und Zoten erweckten wohl den
Verdacht, als seien sie nicht von augenblicklichen Stimmungen,
sondern vielmehr von einer gewissen Effekthascherei eingegeben",
so verkennt er die ehrliche Natur Kellers aufs schwerste, der auch
in ruhigen Stunden wohl fühlte, was ihm mangelte. Er ver=
kennt vor allem, daß jene Rauheit mit einer urwüchsigen Ethik
aus einer Wurzel entsprang, die sich gegen jede überglatte Poli=
tur sperrte. „Ein so tiefes Gefühl er für alle wohlanständigen
Dinge besaß und so stark er durch die feinsten Glacéhandschuhe

und die salonfähigsten Manieren hindurch mit Sperberaugen
die kleinste Schiefheit des Empfindens erspähte, so sehr haßte er
alles Ceremoniöse von Grund aus" erzählt Frey. Aber mit
seiner herben Verurteilung alles Hohlen und Unwahren, aller
rein äußerlichen Formen hat er oft auch jene mit dem Wesen des
innerlich Gebildeten organisch verwachsene Höflichkeit hart ge=
troffen, die, richtig bemessen, Übergänge schafft zwischen den
Menschen, die über viele unausgleichbare Widersprüche hinweg=
hilft und Wunden heilt, und an welche Goethe dachte, als er
schrieb, es gebe kein äußeres Zeichen der Höflichkeit, das nicht
einen tiefen sittlichen Grund hätte. Mit Herzenshöflichkeit
glaubte er äußere Glätte nicht vereinbar: Adolf Frey sagt, daß
er die konventionelle Form verschmähte, „auch wo sie die Wahr=
heit umhüllte, weil ihm diese Form allein schon als Verkörperung
der Lüge erschien". Er handhabte sie wie eine lästige Münze,
sie war ihm ein notwendiges Übel. Höflichkeitsbesuche z. B.
machte er nie, aber auch C. F. Meyers Besuche hat er ja nie er=
widert. Der Höflichkeit mußte ein Körnchen Bitterkeit beige=
mischt sein, wenn er an ihre Aufrichtigkeit glauben sollte, was
Hans Hoffmann in der Schilderung seines Besuches bei Keller
mit den drastischen Worten ausdrückt, er sei Fremden gegenüber
meist erst aufgetaut, „nachdem sich der Gast durch irgendeine
gediegene Grobheit als ehrlicher Mensch und als ethisch eben=
bürtig erwiesen hatte". Selbst tiefere Bewegung und Herzens=
güte verdeckte er oft hinter Herbigkeit und spöttischem Wesen,
aus einer gewissen Keuschheit der Seele heraus. „Der letzte
leise Schmerz und Spott" schwand selten ganz, und Keller setzt
in Erstaunen, wenn er einmal schlackenlos natürliche Liebens=
würdigkeit zeigt. Man darf sich daher nicht wundern, wenn er
von näheren und ferneren Freunden oft betrachtet und behandelt
wird wie ein leicht scheuendes Vollblut, wenn sich, als die besten
Jahre vorüber waren, fast eine kleine Wissenschaft über den Um=
gang mit ihm herausbildet. Das fühlte er dann wieder instinktiv,
und es bekümmerte ihn.

C. F. Meyer erzählt einmal: „Er war gegen alle Welt ent=
setzlich grob und rücksichtslos und fragte mich eines Abends in
weicher Stimmung: ‚Sagen Sie, weshalb sind nur alle Men=
schen so grob zu mir?‘ So naiv, daß ich lachen mußte". Keller
glaubte, bloß Offenheit zu üben. Jedenfalls aber sah er lieber
seiner Derbheit einen groben Keil entgegengesetzt als schwei=
gende Nachgiebigkeit oder Zurückhaltung. Und gerade diese be=
gegnete ihm bei Meyer, das erfüllte ihn nach und nach mit Miß=
trauen. „Ob Gottfried Keller lieber mit mehr Derbheit ange=
faßt worden wäre? Wer kann es wissen?" fragt Betsy Meyer.
Die Antwort ist nicht schwer. Aber Meyer übte gegen Keller
nicht nur „jene rücksichtsvolle, freundschaftliche Vorsicht, die ihm
selbst im Laufe des klippenreichen Lebens zur anderen Natur
geworden war", wie die Schwester sagt, sondern behandelte ihn
obendrein etwas feierlich als Respektsperson, was Keller unbe=
haglich war, der z. B. in seinen Briefen einem ihm entschlüpften
pathetisch scheinenden Ausdruck durch ein ironisches Anhängsel
den allzu vollen Klang zu benehmen liebt; er fürchte immer,
maniriert und anspruchsvoll zu erscheinen, wenn er den Mund
voll nehme, sagt er einmal. Auch das mit Hochachtung aus=
gesprochene Lob, mit dem Meyer ihm besonders zu Anfang be=
gegnete, war ihm verdächtig, wie er denn auch jenen „ehrerbie=
tigen" Neujahrswunsch spöttisch abgeschüttelt hat. „Selbst land=
läufige Komplimente, die jeder ruhig austeilt und einsteckt, er=
schienen ihm leicht als eine Art von Beleidigung, zumal wenn
sie ihm ins Gesicht gesagt wurden", berichtet Frey. Es drängte
sich ihm dabei die Empfindung auf, als ob der andere bei aller
Höflichkeit und Ehrerbietung doch ein Noli me tangere im Ge=
müte habe, und es kränkte ihn dann wieder, daß jemand freund=
lich zu ihm sein könne und doch innerlich nichts wahrhaft Herz=
liches für ihn empfinde. Und gerade Meyers Art hat, bei nahen
Freunden selbst, oft diesen Eindruck erweckt, obgleich er nichts
weniger als eine hinterhältige, sondern bloß eine mimosenhafte
Natur war. Aber seine große Weichheit und Liebenswürdigkeit

erschien leicht als Hülle und Maske — mußte sie auch oft vor
Unbequemen oder Feindlichen als solche dienen, so war sie doch,
in der ersten Zeit gewißlich, Keller gegenüber aufrichtig und
herzlich. C. F. Meyers Art aber bot dem andern eine schwer
zu enträtfelnde Glätte, und dadurch geriet er in den Verdacht
der Kaltherzigkeit. Die eigene, freilich allzu trübe blickende
Mutter beklagte in seiner Natur, die „eiskalt und heftig zugleich"
sei, das Fehlen der rechten Herzenswärme, und ähnlichen Arg=
wohn hegte Keller, wenn auch aus anderen Gründen. Darum
darf eine gewisse Stelle der Keller=Erinnerungen Freys auch
auf C. F. Meyer bezogen werden, auf d e n C. F. Meyer, wie
er in Kellers Sinn sich spiegelte: „Gelangte er zur Überzeugung:
‚Der hat kein Herz!' dann verwehrten ihm selbst gemeinsame
Neigungen, bedeutende Verdienste und Begabung eine innere
Gemeinschaft auf die Dauer, und er zog den Verkehr mit einem
Alltagsmenschen, der das Herz auf dem rechten Flecke trug, der
Gesellschaft eines klugen Herzlosen vor, in dessen Nähe und Um=
gang er sich unbehaglich fühlte". Daß er diese Auffassung von
seinem Landsmann hatte, lehren seine Äußerungen in den
Stormbriefen: „Meyer .. ist für mich zum persönlichen Ver=
kehr nicht geeignet", schreibt er Ende 1881, und als Theodor
Storm später entgegnet: „Erzählen Sie mir in Ihrem nächsten
Briefe doch auch wieder ein wenig von Ferdinand Meyer. Daß
so viel und anderseits so wenig an und in einem Menschen sein
kann, ist mir einerseits widerwärtig, anderseits geht es mir
nach wie eine Kuriosität", da erklärt Keller energisch: „Es ist
ewig schade, daß er mir für den persönlichen Umgang verloren
ist. Allein ich bin in diesem Punkte starr und intraitable. So=
bald ich am Menschen dieses unnötige Wesen und Sich=mausig=
machen bemerke, so lasse ich ihn laufen. Das psychologische Ge=
heimnis ist indessen nicht sehr tief, nur hilft es nichts, dasselbe
zu erörtern, und der Mann ist mir auch für eine solche Sektion
denn doch zu gut". Wenige Wochen zuvor — im April 1882 —
hatte C. F. Meyer an Louise von François geschrieben: „Mit

Keller stehe ich — ohne Intimität — auf einem loyalen Fuße, mit einer Nuance von Deferenz auf meiner Seite".

Der Satz ist zur Hälfte französisch; vielleicht ohne daß Meyer sich dessen bewußt war, regte sich in ihm nach mancher peinlichen Erfahrung leise der Stolz des altzürcherischen Aristokraten, und sein Ausdruck bestimmte sich unter dem Einflusse der französischen, genauer der romanischen Kultur, welcher C. F. Meyer einen großen und gewichtigen Teil seiner Bildung verdankte. „Was ihm mangelt .., das ist wohl die Bildung im höchsten Sinne" — diese Worte bilden die Fortsetzung jener Briefstelle. Sie gelten auch im gewöhnlichen Sinne: der elementare Bildungsgang Kellers war bekanntlich früh unterbrochen worden, und seine Erziehung auf allzu gewundenen Pfaden verlaufen; Meyer hat wenigstens, bevor er auf seine einsamen Wege geriet, seine Schulbildung regelrecht zum Abschluß gebracht. So nebensächlich das in schöpferischer Hinsicht sein mag, in der formalen Bildung des Geistes hinterläßt es Spuren. Damit mag es zusammenhängen, daß die Sprache der Werke C. F. Meyers fast völlig frei von mundartlichen Bestandteilen ist; nur die in den Jugendjahren angefertigte Thierry-Übersetzung wies Provinzialismen auf. Auch seine Umgangssprache hat der heimische Dialekt nur in der Jugend beherrscht, während er von der Universität ab sich zum Hochdeutschen erzog, dessen er sich freilich nur Deutschen gegenüber zu bedienen pflegte, und das nur mit wenigen Schweizer Ausdrücken gemischt war. In seinen Briefen sind romanische (französische und italienische) Einflüsse unverkennbar. Kellers Schriftsprache mutet uns, auch wenn man von den zahlreich durch den Wortschatz verstreuten Perlen heimatlicher Mundart absieht (an denen er aus guten Gründen festhielt, auch als sie ihm als solche zum Bewußtsein kamen) an gar manchen Stellen wie ins Hochdeutsche übertragenes Schweizerdeutsch an; was davon Nachlässigkeit war, strebte er allmählich auszumerzen. Andererseits aber erhält sein Deutsch gerade durch den mundartlichen Mutterboden seine Eigenart und Urwüchsigkeit. Im

Umgang hörte man von ihm bis ins Alter Dialekt, jenen „Vokalismus der Züricher, der bald dumpf geschlossen, bald ungefügsam breit dem Inhaber selbst zuweilen beschwerlich fällt, bis der erstarkende Redestrom alle Hindernisse besiegt und wie ein geschiebeführendes Bergwasser einherdonnert" — so schreibt Meister Gottfried anmutig in der „Ursula". Meyers Sprache aber, die epische zumal, klingt wie das Rauschen seines „römischen Brunnens". So treten Äußerlichkeiten mancher Art herzu, um die Kluft zu verbreitern, welche durch die Gegensätze des inneren Wesens geschaffen worden war, die mit unserer Betrachtung noch nicht erschöpft sind.

Die beiden sind wie die Kontrapunktik einer Melodie. Meyer hat das Verhältnis richtig bezeichnet, als er 1890 sagte: „Seit Kellers Tode hat mich ein eigenes Gefühl der Vereinsamung beschlichen. Er saß so lange Jahre auf dem anderen Ende der Schaukel, und nun bin ich allein".

11. Freundessorgen.
Literarische Höflichkeiten.

Unsere Chronik der Beziehungen können wir bei einem freundlichen Kapitel wieder aufnehmen. Keller und Meyer finden sich in gemeinsamer Sorge um einen jüngeren Freund: Adolf F r e y. C. F. Meyer schreibt im Rückblick auf diese Zeit am 9. Juni 1880: „Als ich das letzte Mal bei Keller war — ich mache ihm jedes Jahr im Frühjahr einen Besuch — sprach ich mit dem mir die Treppe hinab Voranleuchtenden von Ihnen und sagte halb ernst, halb lachend: Ich beneide ihn um seine Jugend. Als ich heim kam, fand ich den Brief von Haessel, der mir Ihre schwere Erkrankung meldete". Als Frey ein Jahr vorher nach Leipzig gegangen war, hatte Meyer seinem Verleger einen Wink gegeben: er denke besonders „an einen möglichen ernsten Fall (z. B. Krankheit), da ich Ihre Dienstwilligkeit kenne". Diese bewies denn auch Haessel aufs treueste. Meyer

teilte Keller noch an jenem Abend die Kunde mit: „Ich würde
der Mutter .. schreiben oder sie besuchen, wenn ich nicht ...
mehr zu beunruhigen als zu nützen fürchtete. Wenn Sie Ihren
projektierten Besuch dort zu machen im Falle wären, so könnten
Sie in Ihrer ruhigen Art weit wohler tun". Keller handelte
nach Meyers Wunsch, der selbst die Gattin zu der Familie des
jungen Freundes sandte: „Meine kleine Frau hat mir erzählt,
daß sie Ihnen bei Frey's begegnet sei, und Ihr Besuch dort hat
mich herzlich gefreut", schrieb Meyer einige Tage später, als be=
ruhigende Nachrichten eingelaufen waren. Bald konnten Keller
und Meyer die Sorge fahren lassen. Als Frey in die Heimat
zurückkehrte, haben beide Dichter gemeinsam sich darum be=
müht, ihn nach Zürich zu ziehen. Was er späterhin für das Ver=
ständnis ihrer Dichtungen und ihrer Persönlichkeit getan, weiß
jeder unter uns.

Die Neubearbeitung des „Grünen Heinrich" war nach
mancherlei Mühen im Herbst 1880 zum Ende gebracht. C. F.
Meyer gratuliert vor Weihnachten zum glücklichen Ende des
Lebensromans: „Möge noch ein zweites reiches Leben vor
Ihnen liegen"! Da wir wissen, daß Meyer eine tief einge=
wurzelte Vorliebe für das Tragische hat, so will uns dieser
übrigens völlig spontane Glückwunsch nicht ganz aufrichtig er=
scheinen; er entsprach aber tatsächlich Meyers wahrster Meinung,
denn dieser betont noch bei Gelegenheit zwei Jahre später: „ich
würde, wenn ich wählen müßte, für einen glücklichen (Ausgang)
inclinieren".

„Eine Kleinigkeit von mir im ‚Züricher Taschenbuch'"(1881),
heißt es weiter in jenem Briefe Meyers, „sende ich Ihnen
nicht, weil sie wirklich zu unbedeutend ist". Es handelt sich um
den umfangreichen Aufsatz „Kleinstadt und Dorf um die Mitte
des vorigen Jahrhunderts", den Meyer auf ein Kapitel einer
handschriftlichen Biographie J. G. Zimmermanns von Dorer
aufbaute — ein Stoff, den er, wie er Keller gesteht, „schwerlich

aus eigenem Antriebe gewählt hätte", zu dem er aber Goethe=
Lavater=Studien der Jugendzeit verwerten konnte. Um Neu=
jahr haben die beiden Dichter aber doch über die kulturgeschicht=
lich sehr fesselnde Studie geplaudert, denn Meyer erzählt am
5. Januar 1881: „Keller hat mir die Bemerkung gemacht —
und er wird schon recht haben — die historische Wahrheit der
Stelle in Wahrheit und Dichtung über Zimmermanns Tochter
werde gegenwärtig stark bezweifelt" — Meyer hatte den Bericht
Goethes über den Besuch Katharina Zimmermanns bei Frau Aja,
bei welcher Gelegenheit sie sich über die „Härte und Tyrannei"
ihres Vaters bitter beklagt haben soll, zur Charakterisierung
Zimmermanns eingeflochten. Kellers Äußerung läßt erkennen,
daß er den Autor des Buches „Über die Einsamkeit", das in einem
schwärmerischen Freundschaftsbündnis seiner Jünglingszeit eine
so merkwürdige Rolle spielte und in dieser auch im „Grünen
Heinrich" verewigt ist, nicht aus den Augen verloren hat. —

Zu einem Meinungsaustausch über den neuen „Grünen
Heinrich" ist es nicht gekommen. Aber eine freundliche Plau=
derei über den alten Roman gab es Weihnachten 1882, als
C. F. Meyer seine Neujahrswünsche sandte und den Brief noch
einmal öffnete, um zu sagen, daß er „zu seinem Christkindchen
den ‚grünen Heinrich‘, d. h. das Exemplar, welches Herrn Oberst
Ziegler gehörte, und in das er seinen Namen vorn eingeschrieben,
erhalten habe". Keller dankt in einem hübschen Brief gleich nach
Neujahr 1883: „Daß mein hochverehrter sel. Vorgesetzter Herr
Oberst Ziegler den Grünen Heinrich besessen hat, verwundert
mich gewiß eben so sehr, als der Inhalt Ihn stellenweise ver=
wundert haben mag, und ich glaube fast sein stilles Kopfschütteln
zu sehen. Sollte es die alte Ausgabe sein, und Sie die neuere
noch nicht haben, so würde es mich freuen, es zu erfahren".
Meyer nimmt mit Dank für das „meisterliche Schreiben" das
freundliche Anerbieten an, indem er bis zur Antwort eine Woche
verstreichen läßt. Er bittet um Erlaubnis, sich das Buch selbst
abholen zu dürfen; aber Keller stellt es ihm doch sogleich zu,

106

damit er „den unbequemen Wälzer nicht noch in der Stadt herumschleppen" müsse; es werde ihm jedoch „sehr zu Genug= tuung und Annehmlichkeit gereichen", Meyer bei sich zu sehen. „Das nenne ich ein Geschenk!" schreibt Meyer dankbar zurück; „Der Meier wird Ihnen, soviel an ihm liegt, so viel Freude machen, als Ihnen in jungen Jahren der ‚Meierlein‘ Verdruß bereitet hat. Ohne Scherz, Ihr grüner Heinrich ist mir schon des= halb wertvoll und unentbehrlich, weil er mir die Zeit und den Boden erklärt, auf welchem auch ich gewachsen bin". Etliche Wochen später erhält Keller „als kleine Gegengabe" eine Photo= graphie Oberst Zieglers, die zwar den Ausdruck des Kopfes nicht ganz wiedergebe; „es ist aber", wie C. F. Meyer zartsinnig hinzusetzt, „die einzige vorhandene Photographie in größerem Maßstabe, dieselbe, welche nach dem Tode Hn. Obersts den nächsten Freunden gesendet wurde, und die auch wir hier be= sitzen". Nun steigen in Keller Erinnerungen an die Staats= schreiberzeit auf: „Ich . habe .. mit dem stattlichen Bilde meinen Arbeitsraum geziert, wo es mir eine Periode heterogen amtlichen Pflichtlebens vergegenwärtigt. Dieses ge= wann unter Herrn Oberst Ziegler dazu noch einen militärisch strengen Anstrich, indem er die täglichen Besprechungen der ein= gegangenen Geschäfte mit den Stadtschreibern ‚zum Rapport erscheinen‘ nannte." Vor Regierungsrat Ziegler hatte Keller großen Respekt; aber auch mit Vergnügen erzählte er Meyer einmal von seiner ersten Niederschrift im Amte: „Ihr Schwie= gervater ... bemerkte mir, es seien zu viel ‚also‘ darin — und er hatte Recht", fügte Keller lächelnd hinzu. Der kleine Vorfall scheint sich im „Fähnlein der sieben Aufrechten" niedergeschlagen zu haben, wo Hermine auf die Bemerkung ihres Vaters, er wolle doch den Entwurf seiner Festrede noch „etwas mildern", zur Antwort gibt: „Das wird gut sein, .. da so viele ‚also‘ vorkommen. Zeig’ einmal! Siehst du, fast jede zweite Zeile steht einmal also. Hier steckt eben der Teufel!" rief er, nahm ihr das Papier aus der Hand und zerriß es in hundert Stücke.

12. Das Sinngedicht.

Jenen Brief aus dem Dezember 1880, in dem Meyer seine
Befriedigung über das glückliche Ende .des „Grünen" aus=
brückt, schließt er als „Ihr auf das Januarheft der Rundschau
sich freuender C. F. Meyer". Der alte „Galatea=Cyclus" hatte
Gestalt gewonnen: „Die ersten siebenzig Seiten sind im
Jahre 1855 in Berlin geschrieben. Genau an der abgebrochenen
Stelle fuhr ich hier auf dem ‚Bürgli' im Dezember 1880 fort,
als ob inzwischen nichts geschehen wäre", erzählt Keller später.
Von der Genesis der Novellen hatte er Meyer gesprächsweise
einiges verlauten lassen: den Stoff zu den „Verlocken" im
Sinngedicht habe er in der literarischen Korrespondenz des
Barons Grimm, des Freundes von Diderot, gefunden und ver=
sucht, ob sich das Histörchen vertiefen lasse. Auch von dem Motiv
des „Stuhlweibes" wußte Meyer schon aus Kellers Erzählungen:
Dieser tat „sich etwas darauf zu gut, daß das Menschenbild, das
er in der zweiten Braut seines portugiesischen Seehelden Don
Correa schildert, eine ethnographische Möglichkeit wäre. ‚Ich
habe Rohlfs (oder einen anderen gelehrten Reisenden) darüber
beraten', sagte er wichtig". Nun brachte Rodenberg vom Januar
bis Mai 1881 den Erstdruck. Meyer teilt Keller schon Ende April
seine Empfindungen mit; er hütet sich vor zu hohem Lobe, ja
er rückt sogar seine Bedenken deutlich und ehrlich ans Licht, frei=
lich nicht ganz so rückhaltlos wie Frey gegenüber, dem er zwar
anfangs versichert: „Alles in allem hat mir dieses neueste Pro=
dukt Meister Gottfrieds, so unorganisch es ist, große Freude ge=
macht. Die ‚Regine' ist von großer Schönheit. Einige Anfänge
von Manier sind noch unerheblich", dem er aber zwei Monate
später doch gesteht: „Kellers neuestem Stil (sein Genie un=
angetastet) kann ich — en conscience — keinen Geschmack ab=
gewinnen. Es ist derjenige einer Jesuitenkirche". Man besinne
sich, wie der Schüler von Michelangelos strenger Kunst im
„Jenatsch" den Stil eines solchen Bauwerkes geschildert hat:

„Das Innere .. so lustvoll und heiter wie ein Theater", wäh=
rend sich aus der Ferne „die effektvolle Statuengruppe des
Daches von der Rückseite in den wunderlichsten Verkürzungen"
zeigt und „die von eisernen Stangen gestützten Engel und
Apostel mit ihren Flügeln und flatternden Mänteln .. auf=
fallend an kolossale gespießte Schmetterlinge" erinnern — man
wird nun den Sinn von Meyers Vergleich begreifen und auch
den leisen Tadel heraushören, der darin liegt, daß er in dem
Briefe an Keller den Rahmen „reich und schwer" nennt. Er
setzt hinzu — die Parenthese ist für Meyers behutsame und leise
Art bezeichnend: — „Unwahrscheinlichkeiten im Detail (— die
man übrigens — so oder so — jedem Poeten, auch dem größten,
vor= oder zugeben muß und es. so gern tut, wenn man — wie
bei Ihnen — durch ein so intenses Vergnügen entschädigt wird)
— Unwahrscheinlichkeiten im Detail werden durch das Sub=
stantielle des Ganzen quasi aufgehoben. Kaum sagt ein ‚ge=
bildetes‘ Mädchen: ‚Den Teufel hoffst du!‘ aber wer möchte das
entbehren?" Die Gespenstergeschichte gebe „zu lachen und zu
denken". Auch „Don Salvador mit seinem astrologischen Mantel
und sonstigen Eigenschaften, der ‚einen Stuhl‘ heiratet", ergötzt
Meyer; den harten Schluß der „armen Baronin" tadelt er, wie
schon erwähnt, nur milde. „Oben an" stehe „Regine", „darüber
ist kein Wort zu verlieren" — bei Meyers Vorliebe für das
Tragische selbstverständlich. Was sein Stilempfinden im übrigen
besonders gestoßen hat, ist schwer zu sagen — hat er die (etwa
am Anfang der „Regine" liegende) Naht entdeckt zwischen dem
in den fünfziger Jahren entstandenen Anfang und dem neuen
Gewebe von 1880? Doch wohl kaum; Baldensperger wird
Recht behalten mit seiner Behauptung, am Stil sei sie nicht
zu erkennen. Auch ist nicht anzunehmen, daß er eine Diskrepanz
zwischen den beiden Hälften des „Don Correa" empfunden habe.
Meyer mag wohl das allzu lebhafte Hin und Her des Novellen=
geplänkels verwirrt haben — es war ihm zu viel des Guten, zu
viel der Gegensätze, zu viel der selbständigen Motive. Er ist ge=

schloſſene Architektur und Sparſamkeit gewöhnt. Die Verbin=
dung mit dem Rahmen wird ihm noch zu loſe erſchienen ſein,
auch hat es ihn wohl geſtört, daß der Rahmen eigentlich eine
ganze runde Novelle für ſich bildet, deren Geſtalten ein beſonderes
Problem abwandeln, durchaus auf eigenen Füßen ſtehen, wäh=
rend die Figuren ſ e i n e r Rahmen nur als Träger der Haupt=
geſchichte Leben haben und bloß dazu dienen, zwiſchen Dichter
und Leſer einer=, dem Stoffe andererſeits Abſtand und zugleich
das rechte optiſche Mittel herzuſtellen.

Wie grimmig mag der kleine Meiſter Gottfried gelächelt
haben, als er in ſeiner Stube auf dem „Bürgli" das durch die
Klammer ſich hinwindende Lob C. F. Meyers las! Man glaubt
es zu ſehen, wenn man den Antwortbrief Kellers lieſt, dies
Lächeln — nicht das anmutige Lächeln, das, wie Meyer zu er=
zählen weiß, langſam in den Mundwinkeln entſtand und ſich wie
ein wanderndes Licht über ſein Geſicht verbreitete, wenn ſeine
Seele heiter war, ſondern ein Lächeln von der Art, wie es Albert
Welti geſchildert hat: „Jetzt zuckte es wunderlich in dem Ge=
ſichte des Alten; er lachte kurz und ſtark .., wobei er wunder=
liche, halb giftige, halb ſchalkiſche Blicke .. her blitzte". Sein
eine Woche ſpäter (am 1. Mai 1881) verfaßtes Antwortſchreiben
beginnt mit einem ironiſchen Dank für den „aufmunternden
Handwink" — es folgt jenes bezeichnende ſpottgetränkte, aber
die ganze Gegenſätzlichkeit im künſtleriſchen Schaffen der beiden
Dichter ſcharf darſtellende Bild, in dem hier der Orgelkaſten und
der Affe, dort ein Löwe oder Adler im Käfig aufziehen. Er be=
reitet noch darauf vor, daß Meyer den Schluß der Rahmenerzäh=
lung in der nächſten „Rundſchau" lückenhaft finden werde; „eine
Epiſode, welche das Weſen der Lucia erklärt" — es handelt ſich
um die Geſchichte ihres Übertritts zur katholiſchen Kirche —
„hat nicht mehr Raum gefunden und kommt erſt in der Buch=
ausgabe" — die Keller Ende Oktober ſendet — und fährt nach
dieſer Einleitung fort: „Nach bekannter Unart" (— man ſehe
nur, wie er ſich wegen des Schluſſes der armen Baronin, wegen

des Farbtopfes des Seldwyler Kriegsheeres gegen Storm und andere verteidigt, wie er die Kindereien der Wiedertäufer in „Ursula", weil sie zum „einst Möglichen" gehören, rechtfertigt u. dgl. —) „muß ich noch die Wahrscheinlichkeit des Teufels= anrufes der sog. Hildeburg in Schutz nehmen resp. gegen die Kritik bellen". Sie sei ja „eine Art Original", der „nächtliche Gespensterbesuch in den Schlafzimmern junger Herren" „viel unwahrscheinlicher und doch das Rückgrat der Geschichte". Und nun ein kleiner Seitenhieb gegen den alten Stadtzürcher: „Übrigens gab es bei uns Damen aus vornehmen Häusern, die noch vor 1798 erzogen, solche Originale vorstellten und unter anderm fluchen und pfeifen konnten wie die Fuhrleute. In größter Hochachtung ergeben Ihr G. Keller."

Damit schließt der Meinungsaustausch über das „Sinn= gedicht", das einzige Werk Kellers, in dessen Werden er Meyer ein wenig Einblick gewährt hat. Diese Schöpfung, die Art, wie sie aus den zwei Zeilen Logaus sich herausspinnt, tut übrigens dar, wie Unrecht Baldensperger hat, wenn er behauptet „il n'a jamais été conforme à l'esprit de Keller de procéder ainsi de l'abstrait au concret" und von hier aus auch die Wahrheit der von C. F. Meyer berichteten Erzählung Kellers bestreitet, „zu den ‚gerechten Kammmachern‘ .. habe der Ausspruch von Peter Bayle in seinem Diktionär den Anstoß gegeben: ein Staat von lauter Gerechten könnte nicht bestehen" — Baldensperger meint, unter Berufung auf gewisse Briefe Kellers aus Berlin sowie auf die Gestalt des „Meierlein", der ganze Stoff müsse durch Lebenserfahrungen Kellers geliefert worden sein. Er ver= gißt, daß eines das andere nicht auszuschließen braucht: Keller will selbstverständlich nicht die ganze Novelle einfach als Beispiel zu einem abstrakten Satze erfunden haben, und umgekehrt braucht der Satz nicht bloß ein nachträglich gefundenes Motto zu sein zu einer Geschichte, die lediglich ein Niederschlag eigener Erlebnisse wäre; sondern die Idee, die in dem Worte Bayles liegt, wird, wie im „Sinngedicht" der Zweizeiler Logaus, auf

die noch ungeformt im Bewußtsein des Dichters liegenden Er=
fahrungen und Menschenbilder gewirkt haben wie der Faden,
der in eine gesättigte Lösung getaucht wird: die Materie setzt
sich um den eingeführten Kern in der Form von anschießenden
Kristallen. Der Dichter hat mit der Entdeckung solcher schein=
bar ganz allgemeinen und abstrakten Sentenzen plötzlich das er=
lösende Wort gefunden, das seinen Beobachtungen erst Licht und
Gestalt gibt, das die Menge seiner anscheinend ganz willkürlich zu=
stande gekommenen Einzelerfahrungen plötzlich dem Zusammen=
hange einer allgemeineren Weisheit und Gesetzlichkeit einreiht,
sodaß ihre dichterische Gestaltung überindividuelle Geltung, ob=
jektive Bedeutung beanspruchen darf. Dem Dichter ist ja die
Geisterwelt solcher Worte nicht verschlossen; er spürt, daß sie
nicht blutleere Schemen, willkürlich konstruierte Dogmen sind,
die als „abstrait" in unversöhnlichem Gegensatze zum leben=
digen Dasein stünden; sondern er erkennt sie als den Auszug und
Ausdruck des Lebens selbst, als ein Saatkorn, das auf dem Acker
der Menschheit gewachsen ist und darum auch die Keimkraft in
sich birgt, sich wieder zu blühendem Leben auseinanderzufalten,
wenn seine Zeit gekommen ist, wenn der rechte Sämann es in
den rechten Boden senkt. Auch hier gilt das Wort: „An ihren
Früchten sollt ihr sie erkennen". Es wäre aus einem Worte
nichts herauszuholen, in das nicht eine umfassende Weisheit von
Anbeginn hineingelegt worden wäre.

13. Der neue Hutten.

Der Sommer des Jahres 1881 verging für C. F. Meyer in
reger Geschäftigkeit. Das Haus auf der Kilchberger Höhe
bekam den Anbau, er mußte das Nachbarhaus bewohnen — in
all der „Bauunruhe" bearbeitete er die dritte Auflage von
„Huttens letzte Tage", die zum Teil einen völligen Neuguß dar=
stellt, und schrieb „Das Brigittchen von Trogen", die Plautus=
novelle.

Die dritte Auflage des Hutten, für die er damals „die alte Stimmung unverhofft gefunden", nimmt eine ganz besondere Stellung ein. Der Dichter war seit 1871 ein anderer geworden, als Mensch und als Künstler. „Bei kühlerm Blute und fortgesetzten geschichtlichen Studien setzte ich später noch manchen realistischen Zug in das Bild des Ritters, um ihm Porträtähnlichkeit zu geben", erzählt Meyer 1891. Er hat also damals selbst die rein stilistischen Ursachen der Umwandlung der Dichtung in den Vordergrund gerückt, während er im Dezember 1881, geärgert durch ein zweideutiges Lob Ramberts, an Félix Bovet geschrieben hatte: „Quant à Hutten, je l'ai refait non par des raisons de style, mais par des raisons de conscience, parce qu'il était sentimental, et je ne l'étais plus du tout. Voilà pour mes ‚limes grandes et petites'. Je ne suis pas du tout un ‚artiste'." Jedenfalls war es nicht in dem Sinne der Rambertschen Rezension; er war kein Künsteler, sondern ein Künstler, für den das innere menschliche Verhältnis zum Gegenstand die Form bedingte; sie war ihm nicht „ein Goldgefäß, in das man goldnen Inhalt gießt", sondern, nach dem Stormschen Worte, „nichts als der Kontur, der den lebend'gen Leib beschließt". An Wille, den Paten des alten Hutten, schrieb er in jener Zeit, es sei ihm eine w a h r e H e r z e n s s a c h e gewesen, „dem frechen Ritter gerecht geworden zu sein." Der Mensch und der Künstler Meyer waren eins. Es würde zu weit führen, die Stellung der dritten Huttenauflage in der Geschichte des Buches bis zur Ausgabe letzter Hand genau zu beschreiben; das kann befriedigend erst an Hand einer textkritischen Ausgabe geschehen, die wir noch nicht besitzen. Bis dahin muß auf die aus Briefen C. F. Meyers an seine Schwester gewonnene kleine Skizze Freys, auf die wenigen Zeilen Betsys, auf etliche Billets an F. Wille und A. Frey sowie L. v. François — die Briefe an Haessel aus dieser Zeit fehlen leider — hingewiesen werden sowie auf das in Hinsicht auf Varianten erfreulich inhaltreiche Kapitel bei Langmesser. Uns interessiert zunächst der Anteil Gottfried Kellers an der end=

gültigen Fassung. Er ist in gewissem Sinne nicht zu bestreiten,
eine Tatsache, die ebensowenig bekannt scheint wie die Be=
ziehung, welche Keller vielleicht mit dem Entstehen der Dichtung
Meyers verbindet: Frey glaubt, daß die Fahrt des Züricher
Stubentengesangvereins nach der Ufenau 1858, bei der Keller
von Baumgartner mit dem Vortrag der Komposition seines
Huttenliedes überrascht wurde, auch Meyers Aufmerksamkeit
erregt und ihm „den tapferen Ritter näher gebracht" habe.
Ich wage überdies zu vermuten, daß in dem Stücke „Das
Huttenlied"—fahrende Schüler singen es aus dem Kahne zu dem
Hutten der letzten Tage hinüber — das dichterische Spiegelbild
jener Maifahrt zu erblicken ist. Aber kehren wir zum neuen
„Hutten" zurück!

„Hier .. die neue Ausgabe des ‚Hutten'", schreibt C. F.
Meyer an Keller den 9. Oktober 1881, „welche ich mit der mir
Ihnen gegenüber gewöhnlichen und noch etwas aparten Schüch=
ternheit übersende; denn die Mängel sind sichtbar und das Pri=
mitive oder — richtiger — die Abwesenheit der Composition,
das hölzerne Metrum und anderes mehr nicht sehr erbaulich!
Ob das aufgewogen wird durch die Wahrheit der diesbezüglichen
Gefühle — denn freilich diejenigen eines Einsamen kenne ich
zur Genüge und ein Gibelline war ich von jung an und bin es
mehr als je — ist die Frage. Daß gewisse sentimentale Züge,
welche mich .. langeher geärgert haben, weggefallen sind, wer=
den Sie schwerlich tadeln". Keller erwidert die Sendung erst
am Ende des Monats, da er, um gleichzeitig eine Gegengabe
überreichen zu können, die Ankunft der Buchausgabe des „Sinn=
gedicht" hatte abwarten wollen. „Ich habe mit großem Interesse
den neuen Hutten gelesen und Nummer für Nummer mit dem
alten verglichen. Statt des alten, genügend konstatierten
Lobes" — Frey berichtet, daß Keller den „Hutten" in der Tat
immer lobte — „will ich Ihnen diesmal einige kritische Be=
denken zum Besten geben. Schon längst bedaure ich, daß Sie
statt des jambischen Zweizeilers nicht den Vierzeiler gewählt

haben, .. der sich eben so leicht schreibt und nicht so trocken klappernd abschnappt. Ein ganzes Buch in dieser Form sieht fast aus wie eine Sprichwörtersammlung. Doch das ist nun abgetan und soll uns nicht weiter grämen.

Dann finde ich .., daß Sie im ‚Schlag auf die Schulter‘ das welke Blatt nicht hätten beseitigen sollen. Ich fühle wohl, was Sie damit beabsichtigten, allein der große Reiz des vermißten Zuges wird mir durch die größere Knappheit oder Concentrierung nicht ersetzt“. Die „glücklichen neuen Einlagen“ von „Ritter, Tod und Teufel“ und „Göttermord“ seien „etwas zu mager behandelt   “ „Das ist aber nun alles, und im übrigen wünsche ich Ihnen dankbar Glück zu dem alten neuen Rittersmann“.

C. F. Meyer gibt sogleich zu: „In den berührten Punkten Huttenkritik haben Sie leider ... unbestreitbar recht. An das Metrum wagte ich nicht zu rühren, da die Umarbeitung eines vom Publikum acceptierten Buches sonst schon alle Vorurteile gegen sich hat, und die ungenügende Verwertung der fraglichen zwei Vorlagen ist nicht die einzige Eilfertigkeit des mir vom Verleger vorzeitig abverlangten Büchleins. Den Wegfall des ‚Blattes‘ dagegen plaidire ich ganz entschieden. Ich bitte Sie: ist es möglich, daß ein fallendes Blatt durch den Kittel hindurch sich der Schulter auch eines nervösen Mannes fühlbar mache, während allerdings eine sacht aber unversehens auf die Schulter eines Träumenden gelegte Hand diesen erschrecken kann“. Trotz der Entschiedenheit, mit der Meyer hier spricht, hat er in der nächsten, fünften Auflage — die vierte war nur ein Prachtdruck im Anschluß an die dritte — den „Schlag auf die Schulter“ sogar mit der Überschrift „Das fallende Laub“ wieder eingeführt; nicht bloß, wie Langmesser sagt, „ein sprechendes Beispiel, wie der Dichter das poetisch Wirksame tastend suchte“, sondern auch ein Beweis dafür, daß er Kellers Bemerkung sorgsam erwogen und schließlich als gewichtig und richtig erfunden hat. Das Metrum, dessen Mängel er Keller ohne weiteres eingestanden, hat er unverändert gelassen: er mochte fühlen, daß er mit dem

Aufgeben der zweizeiligen Strophe, mit der Auffüllung zum
Vierzeiler nicht nur der Urgestalt des Gedichtes allzusehr hätte
Gewalt antun müssen, sondern vor allem auch seinem eigenen
Wesen, das gerade in der Knappheit, dem lapidaren Charakter
jener kurzen Strophe die ihm gemäße Kunstform sich geschaffen
hatte, die es erleichterte, alles lyrische oder reflektierende Rah=
menwerk zu beschneiden. Die Schärfe und Feinheit, in der die
Gedanken uns im Zweizeiler entgegentreten, hätte sich im
Vierzeiler abgeschliffen. In jener Knappheit und Gedrängtheit
des Ausdruckes zumal und nicht so sehr im Metrum — in dem
ja durch das Enjambement mit Leichtigkeit größere Gebilde ge=
schaffen werden können — prägt sich die stilistische Eigenart
Meyers aus, die durch die klassische Kunst Italiens in ihm erweckt
worden ist. Sie übt sich zum erstenmal völlig aus an Hutten,
der ja übrigens nicht nur deutscher Ritter und Reformator, son=
dern auch Jünger der Renaissance ist. „Gottfried Keller emp=
fand den Hauch des Fremden", bemerkt fein Kalischer, „und
suchte ihn im Metrischen". Es ist mir wahrscheinlich, daß C. F.
Meyer an diese Huttenkritik Kellers dachte, als er (in „bewun=
dernswerter Objektivität", wie Franzos hervorhebt, kein Wort
zur Verteidigung beifügend) in den „Erinnerungen" schrieb:
„Gemäß seiner ... Definition des Schönen als der ‚mit Fülle
vorgetragenen Wahrheit' nannte er die Kürze gern Schroffheit
und das Schlanke dünn und mager". — Kellers Hinweis auf
die „zu magere Behandlung" der beiden neuen Einlagen „Ritter,
Tod und Teufel" und „Göttermord" hat Meyer sich zu Herzen
genommen. Das erstgenannte Stück zwar ist an Umfang nicht
gewachsen; anstatt

   „Da meine Stich' und Schnitte!"
sagt die Neubearbeitung nur realistischer:

   „Da meine Brief' und Helgen";
den Worten der dritten Auflage

   „Ich häng' es auf,
   Zum Hammer dient mir meines Schwertes Knauf",

steht in der 5. Auflage der Vers: „... Und nagl' es an mit
meines Schwertes Knauf" gegenüber. „Göttermord" hingegen
hat Meyer von 7 Strophen auf 10 gebracht; und zwar ist die
fünfte Strophe der dritten Auflage:

> „Es ist gethan. Was sagt dem nord'schen Ohr,
> Was schiert ein deutsch Gemüth der Musenchor?"

erweitert worden zu:

> „Ich löge, sagt' ich, daß mir Bann und Acht
> Des Heidenhimmels großen Kummer macht.
>
> Das Wiesenbächlein flutet leicht und hell,
> Was braucht's, daß eine Nymphe bad' im Quell?
>
> Brennt Herz und Stirn dem Zecher minder heiß,
> Der nichts vom Kranz des Dionysos weiß?
>
> Schiert's, ob man einen Sohn des Mars ihn tauft,
> Den deutschen Knecht, der todeslustig rauft?"

14. Plautus im Nonnenkloster.

Im Oktoberheft 1881 der „Deutschen Rundschau" hatte
Adolf Frey auf C. F. Meyers Einladung hin eine mit
Proben aus der Dichtung reichlich ausgestattete Anzeige des
neuen „Hutten" erscheinen lassen; im Novemberheft folgte „Das
Brigittchen von Trogen". Am 28. November äußert Theodor
Storm sich beifällig darüber in einem Briefe an Keller; es ist
das erste Mal, daß in der schriftlichen Unterhaltung der beiden
C. F. Meyers gedacht wird; aber während Keller wohl mit
seinem Urteil über die Persönlichkeit des Landsmannes heraus=
kommt und seine Gedichte preist, schweigt er sich diesmal, wie
im Frühjahr des nächsten Jahres, als Storm die Meyerschen
Sachen in den beiden Rundschauheften „recht respektabel"
nennt, über die Plautusnovelle beharrlich aus.

Auch C. F. Meyer selbst gegenüber. „Das Novellchen in
der November=Rundschau", schreibt dieser Keller bei Übersen=

bung der neuen Huttenausgabe, „ftichfeft, aber unbedeutend,
fteht im Separat-Abbruck zu Dienften, doch Sie halten wohl die
Zeitfchrift". Keller antwortet Ende des Monats in dem Briefe,
welcher den „Hutten" befpricht: „Die neue Novelle werde ich
diefer Tage, wo die Rundfchau anlangt, begierig kennen lernen".
Eine Außerung über die neue Profafchöpfung ift aber nicht erfolgt. Wohl kein Zufall, fondern gewiß Abficht. Denn wir
werden die Plautusnovelle zu denjenigen Profafchöpfungen
rechnen müffen, die Keller nicht leiden mochte. Freilich hat
fein Urteil nur mittelbar den Weg in die Öffentlichkeit gefunden
(ähnlich wie beim „Heiligen"), und zwar wohl durch einen
Artikel Eugène Ramberts über „Les romanciers zuricois" im
Januarheft 1882 der Laufanner „Bibliothèque universelle",
aber wir dürfen darüber hinaus einige Vermutungen über die
Urfache von Kellers Schweigen wagen.

„Le fond un peu fantaisiste du récit", fchreibt Rambert,
„est racheté par la grâce de la forme, car F. M. est un écrivain
qui s'entend à ciseler son style …" „son atelier est bien
outillé, bien pourvu surtout de limes, grandes et petites". Der
Eindruck ftarken Stilifierens ift hier in derfelben Art formuliert,
wie ihm Bächtold fpäter bei feiner Befprechung der Gedichte
Meyers und auch Keller bei der „Hochzeit des Mönchs" Worte
geliehen haben: Keller hat ihn ohne Zweifel auch fchon bei der
Plautusnovelle empfunden. Hier fchon kündigt fich jene Ver-
feinerung der Rahmentechnik an, die dann in der Dantefabel
auf die Spitze getrieben wurde, und deren Fortfchritt gegenüber
dem fchlichteren technifchen Griff, der im „Heiligen" durch die
Einführung des Armbrufters vollzogen wurde, bereits richtig
feftgeftellt ift. Mit Poggios Facetia ferner betritt C. F. Meyer
das Stoffgebiet der Renaiffance, das er von nun an vorzüglich
bebaute, das aber für Keller immer etwas Frembartiges behielt,
da er zwar ein Verhältnis zur bildenden Kunft der Renaiffance
gehabt hat, hierin aber rein äfthetifch intereffiert und genießend
geblieben ift im Gegenfatz zu Meyer, der für feine Perfönlichkeit

wie für seine Kunst dort das erlösende Wort, ein ewiges Gleich=
nis seines eigenen menschlichen Wesens gefunden hatte. Was
Keller an dem Renaissancemenschen Poggio — von der Stoff=
frage abgesehen — unangenehm berührt haben mag, ist die
ethische Indifferenz, und er wird wie andere, und wie auch Ram=
bert, eine energische Stellungnahme C. F. Meyers zu dem zwei=
deutigen Charakter des Helden vermißt haben. „Ce phraseur
de Rambert", schreibt Meyer ärgerlich an Bovet am 31. De=
zember 1881 unter dem frischen Eindruck der Lektüre des un=
angenehmen Essays, „n'a pas vu, qu'au fond et malgré la gaîté
du récit je méprise cet humaniste, ce Poggio qui 'voit dans son
fils devenu brigand, ou peu s'en faut, sa facilité de vivre dégé=
nérer en crime et ignominie'. Ce n'est pas pour rien que j'ai
mis cela au commencement de mon récit". „Kann man deut=
licher sein? Und andererseits d u r f t e man n i c h t deutlicher
sein im Munde eines Poggio"! sagt er in einem Briefe an seinen
Verwandten F. v. Wyß, in dem er sich wegen der ethischen An=
fechtbarkeit seiner Novelle verteidigt. Ja er muß sich energisch
dagegen wehren, daß man ihn mit Poggio identifiziere! Er war
zu weit zurückgetreten, hatte die Gestalten der Dichtung zu sehr
sich selbst überlassen, und so ist es nicht zu verwundern, daß er
in den Verdacht sittlicher Gleichgültigkeit geriet trotz Gertrude,
denn dieser Charakter schien durch den Mittelsmann Poggio ab=
geschwächt. Es ist wohl anzunehmen, daß Keller hier die Ob=
jektivität zu weit getrieben schien: im „Hutten" waren Gestalten
wie Herzog Ulrich und Erasmus noch mit entschiedener Geste
nicht nur vom Helden der Dichtung, sondern auch vom Dichter
selbst verurteilt worden; im „Jenatsch" lag die Gesinnung des
Dichters offen zu Tag. Im „Heiligen" war eine ethische Orien=
tierung schon schwieriger gewesen: die Poggionovelle aber schien
gar auf eine Krönung seelisch kalter Humanistenschlauheit hin=
auszulaufen. Ein kluger Beobachter wie Kalischer, dem die
„Lust an der Gerechtigkeit" doch als ein Grundzug der Meyer=
schen Kunst erscheint, meint gar, die ethische Wage senke sich nach

längerem Schwanken erst in „Angela Borgia“ entschieden wieder
zum Guten; das Behagen der Parteilichkeit, wie es Gottfried
Keller von Grund aus erfüllt habe, sei ihm fremd gewesen.
Darüber darf man indes nicht vergessen, daß bei aller künst=
lerischen Vorliebe für das sittliche Hellbunkel der romanischen
Renaissance die Unterströmung germanischer Ethik das beherr=
schende Element ist. Aus München hat C. F. Meyer in der
Jugendzeit einmal der Schwester geschrieben, daß „allenthalben
erst das moralische Element Kunstwerken Tiefe und An=
ziehungskraft geben könne“. Auch im tieferen Sinne des
Ethischen gilt das bei ihm. Es war und ist freilich nicht immer
leicht, ohne intimere Kenntnis vom Wesen C. F. Meyers, die
Keller nach Lage der Dinge nicht besaß und besitzen konnte, diese
tiefer liegenden Quellen aufzudecken. Keller vergaß — wenn
es erlaubt ist, bloße Rückschlüsse wie tatsächliche Erkenntnisse vor=
zutragen — über den fremden Elementen ganz die ihm homo=
genen: die Gestalt der Abtissin ist fast kellerisch zu nennen, und
über Kloster= und Weltleben hat er in „Die Jungfrau und die
Nonne“ nicht deutlicher und protestantischer geurteilt als C. F.
Meyer dadurch, daß er Gertrudens Schicksal die Entwicklung
nach der Freiheit hat nehmen lassen. Keller aber neigte immer
mehr zu d i r e k t e r Ethik. Das entsprach seinem Charakter, dessen
„ethisches Gewicht“ Meyer schon bei seinem ersten Zusammen=
sein mit ihm auffiel.

✕✕✕✕✕✕✕✕✕✕✕✕✕✕✕✕✕✕✕✕✕✕✕✕✕✕✕✕✕✕

15. Meyers Haltung.
Brahms Kellerstudie.

Es ist nicht ohne Rührung zu sehen, wie C. F. Meyer immer
wieder die Hand reicht — nicht um Freundschaft werbend;
dazu kennt er Keller und sich viel zu genau. Aber er sucht Aus=
gleiche, flicht gern ein paar freundliche Worte ein: wie hübsch
schreibt er im Oktober 1881: „Öfter aufgefordert, .. Ihnen
Besuch zu bringen oder Ihr Autograph zu vermitteln, habe ich
stets standhaft abgelehnt, wofür Sie mir ein bißchen Dank
schuldig sind". Wenn er das Gefühl einer Spannung hat, so
strebt er sie sachte und ohne Aufsehen zu lösen. Es erscheint mir
wie eine Verzerrung seiner zarten Art, wenn man urteilt, es
habe ihn Gottfried Keller gegenüber nie ein Gefühl der Unsicher=
heit verlassen; er habe vor ihm „direkt eine heimliche Angst" ge=
habt und ihn darum behandelt „etwa wie ein rohes Ei oder wie
eine Bombe, von der man nicht weiß, ob sie im nächsten Augen=
blick nicht explodiert. Es war ihm bekannt, daß Keller .. ihn
bzw. seine Dichtungen doch nicht ganz ernst nahm". Das scheint
mir die eigentlichen Verhältnisse zu entstellen: was Gottfried
Keller über Meyers Schöpfungen urteilte, erschien diesem nur
später während der Krankheit in Königsfelden so ins Krasse und
Unheimliche vergröbert, daß er seine Werke als dilettantische
Versuche eines träumerischen Menschen bezeichnete, den z. B.
Gottfried Keller niemals ernst genommen habe. Und jenes vor=
sichtige Entgegenkommen C. F. Meyers hat mit Unsicherheit
nichts zu tun — vorsichtig mußten zudem alle sein, die in den
letzten Jahren mit Keller zu tun hatten. Meyer zeigte ein
richtiges Empfinden dafür, daß zwischen zwei Persönlichkeiten,
die weder sich allein angehörten, noch mit der Masse in Reih und
Glied standen, sondern weit vor der Front, als Ziel der Augen
aller, und allen verantwortlich, eine geordnete Beziehung ob=
walten muß. Dem vornehmen Zug in ihm dankten wir's, so
urteilt der mit beiden Dichtern bekannte K. E. Franzos, daß uns

das peinliche Schauspiel erspart geblieben sei, die beiden großen
Schweizer in persönlichem Hader zu sehen. Selbst Keller habe
schließlich erkannt, daß der Friede nur Meyers Verdienst ge=
wesen. Julius Rodenberg sagt, in dem bis zum versöhnenden
Schlußakt gespannten Verhältnis sei der Unterschied zu beob=
achten gewesen, daß Keller im Gespräche mit ihm Meyer selten
überhaupt nur erwähnte, während dieser, auch in seinen Briefen,
oft und immer, wiewohl mit Reserve, doch mit Hochachtung von
Keller gesprochen habe, ja sein Bedauern habe durchblicken
lassen, sich des Gleichen nicht von ihm versehn zu dürfen. Auch
Betsy Meyer bezeugt ausdrücklich, daß auf seiten C. F. Meyers
dem großen Schweizerdichter gegenüber kein anderes Gefühl
bestand „als das vollkommen loyaler Anerkennung mit dem
Wunsche, die Beziehungen zu dem ihm wegen seiner Vater=
landsliebe und seines echten Künstlertums hochstehenden Lands=
manne so korrekt, so einfach, so freundschaftlich und so wenig ver=
letzend als immer möglich, zu festigen".

Keller hatte auf Meyers Brief vom 1. November 1881 nicht
geantwortet. Eine zwingende Veranlassung lag ja nicht vor;
aber auch zu Neujahr erfolgte kein Glückwunschwechsel wie früher
wohl. Nun ließ Otto Brahm im Juniheft der Rundschau 1882
seinen Artikel über Keller erscheinen, der später zu dem bekannten
Büchlein ausgebaut wurde, und Meyer ergriff die Gelegenheit
zu einer Ansprache: „Ich muß Ihnen doch mit einer Zeile
sagen, welches Vergnügen mir der Artikel .. gemacht hat ...
Die wesentlichen Züge sind, mir scheint, quasi endgültig hervor=
gehoben. Da wird Frey geholfen haben. Wenn ich mir von
demselben hätte Rechenschaft geben wollen, ich hätte, kritisches
Talent à part, Ihr Wesen wahrlich nicht anders umrissen. Aber
wer weiß, ob Sie es nicht ... in Ihren künftigen Sachen er=
weitern? Ich denke, mit Ihrem Ererbten und Erworbenen wäre
quasi nichts unmöglich.

Warum ich Ihnen dieses schreibe? Weil ich von Zeit zu
Zeit das sehr natürliche Bedürfnis fühle, Ihnen ausdrücklich zu

122

fagen, daß ich wahrlich nicht der Letzte bin, Ihren ganzen und
vollen Wert zu begreifen und zu empfinden".

Frey zuliebe, der Brahm bei der Beschaffung des Materials
an die Hand gegangen war, hatte auch Meyer sich seinerzeit für
Brahm verwendet: dieser war wegen des Abschnittes über den
Lyriker Keller in Verlegenheit, da er das sehr rar gewordene
Gedichtbändchen von 1854 nicht auftreiben konnte. C. F. Meyer
wandte sich an Bächtold, der sich aber energisch weigerte, sein
Exemplar herzuleihen — auch Meyer besaß eins, hatte es aber
wohl damals nicht zur Hand; als er es gelegentlich beim Räumen
seiner Bibliothek aufstöberte, verehrte er es Frey. Vorläufig
mußte er ihn vertrösten: „Neulich wurde mir gesagt, die Er=
scheinung seiner (Kellers) Lyrica sei imminent, der erste oder
letzte Bogen korrigiert. Da wäre ja Brahm aus der Verlegen=
heit". Die Briefstelle, nebenbei, beweist, wie wenig vertraut
Keller und Meyer waren; erst am 22. Juli 1882 schreibt Keller
an Rodenberg, er hoffe mit der Redaktion seiner „lyrischen
Sünden" bis anfangs Herbst fertig zu werden: „Einige lyrische
Zitate in Brahms Aufsatz sind aus dem Quellenschatz schon lang
verschwunden, so daß ... ein philologischer Nachfolger schon aus
diesem Umstand mit Brahm wird rechnen und seinen Spuren
nachgehen müssen, und schon seh' ich vor mir liegen eine Disser=
tation von 1901: Über die Lyrik Gottfried Kellers und die
Brahmschen Quellen" — eine Prophezeiung, die dann ja, freilich
etwas später als der Poet meinte, durch Brunner erfüllt wurde.

Erst reichlich vier Monate später, nach Empfang von Meyers
Gedichten, findet Keller Gelegenheit zu einer Antwort auf seines
Landsmannes freundliche Worte: „Es ist in dieser Art Situation
immer kritlich, sich angemessen auszudrücken. Die jüngste Gene=
ration der gebildeten Kritik verhält sich der Produktion gegen=
über mit Pietät und Wohlwollen in etwas übertreibendem
Maße, nimmt dagegen eine so herrschende Stellung zu ihren
‚Objekten' in Anspruch, daß sich das Unabhängigkeitsgefühl wie=
derum dagegen sträubt. Man wünscht doch auch etwas oder

meint etwas davon zu wissen, wie es zu und hergegangen ist.
Derohalben soll nun aber Undank nicht der Welt Lohn sein, und so
hält man schließlich am liebsten das Maul". Meyers späteres
Urteil über das Kellerbüchlein Brahms ist durch diese Worte
zweifellos beeinflußt worden; während er dem Rundschau=
artikel fast ohne Rückhalt zugestimmt hatte, schreibt er Brahm
Anfang Februar 1883, als dieser ihm seinen „Essay" geschickt
hatte: „Das Büchlein hat mir gefallen, muß ich sagen, und mich
auch über manches aufgeklärt. Gefallen hat mir die herzliche
Ehrerbietung für Meister Gottfried, welcher sie auch verdient.
Daß Sie, Deutlichkeit halber, ein paar etwas harte Linien durch
ein lebendiges Leben gezogen haben . . . nun, das ist Ihr Beruf".
Drei Tage später rechtfertigt er dann wieder — mit Worten,
die für seine Auffassung der Durchdringung einer jeden Stoff=
fülle überhaupt bezeichnend sind — in einem Briefchen an Keller
diese etwas zu energische Objektivität des Kritikers: „Zur Be=
wältigung Ihres Reichtums sind seine Rubriken doch sehr dien=
lich. Mir wenigstens und wohl vielen Andern war ein Hilfs=
büchlein willkommen". Als Keller antwortet: „Das Brahmsche
Hülfsbüchlein .. ist mir eine unbekannte Gegend", beeilt sich
C. F. Meyer, sein Exemplar zur Verfügung zu stellen. Freilich
hat Keller über dem „Opus Brahmii" nie so recht warm werden
können — obendrein verursachte ihm nachträglich der Verleger
den Ärger eines Strafportos von 5 Frs. 50 Cts.! Wie mag da
Schwester Regula gemurrt haben!

16. C. F. Meyers Gedichte.

Fast gleichzeitig haben die beiden Schweizer Dichter die
Sammlung ihrer Gedichte vorbereitet; kurz hintereinander
traten sie damit hervor. Zuerst kam C. F. Meyer im Herbst 1882.
Keller begrüßt mit einem Enthusiasmus, den man bei ihm selten
beobachtet, das „glückliche Ereignis" — „denn ein solches darf
man und dürfen wir alle das Erscheinen Ihrer Gedichte nennen.

Obgleich es unverschämt scheint, dem, der das Verdienst hat, Glück zu wünschen, so tue ich dies dennoch, da es auch für das Verdienst ein schönes Glück ist, vollständig ausreifen zu können". Das Urteil war aufrichtig und ohne Hintergedanken; zu Frey hat er mehrmals „und sicherlich aus Überzeugung" geäußert, er bewundere Meyers Gedichte, und die seinigen könnten sich mit ihnen nicht messen; Karl Emil Franzos sagte er, Meyers Lyrik gelte ihm mehr als die Epik, und die Liebeslieder seien die Perlen dieser Lyrik. Das Urteil Kellers wurde öffentlich von Jakob Bächtold ausgesprochen, der im Feuilleton der „Neuen Züricher Zeitung" vom 30. Oktober 1882 eine freilich nur kurze Anzeige der Gedichtsammlung drucken ließ — die eingehende Würdigung der „für unsere Literatur so hocherfreulichen Erscheinung" überließ er Adolf Frey, der am 12. November eine mit zahlreichen Proben ausgestattete Besprechung lieferte.

Trotz aller Anerkennung der „Gedichte" kommt Kellers hohe Meinung in Bächtolds Rezension nicht völlig rein zum Ausdruck. Der Eingang bringt auch die Parenthese, daß die Gedichte Meyers „für uns immer der Schwerpunkt seiner poetischen Tätigkeit waren"; und bei aller Kürze des Aufsätzchens kann der Verfasser am Schlusse es sich nicht versagen, zu bedauern, daß längst bekannte Lieblinge in veränderter Gestalt auftauchen: „So ist uns persönlich das alte ‚Heimchen' weit lieber als das neue Gedicht, das zu seinen Ungunsten als ‚Conquistadores' aufgebauscht und umgetauft ist. Anderes hat dafür freilich durch die Feile, die Meyer nun einmal nicht in Ruhe lassen will, gewonnen". Im Kern indes ist die Beurteilung sehr sympathisch: „Wir legen den inhaltschweren Band in einer Stimmung aus den Händen, die eben nur der ächte Genius hervorrufen kann. Eine edle Dichtergestalt mit ernsten, stillredenden Zügen ist uns entgegengetreten, welche Alles überragt, was seit Dezennien in Liedern sich zu uns wandte... Meyer verfügt über alle Töne des wahren Dichters; die ursprüngliche Gedankenfülle, Sinnigkeit, das plastische Vermögen, die Gefühlstiefe erhebt seine Ge-

dichte den Regionen der höchsten Schönheit entgegen. Nicht
bloß stofflich, sondern auch formell."

Keller hatte das lyrische Schaffen Meyers jahrelang ver=
folgt, ehe dessen Gedichte gesammelt erschienen. „Die Fahrt des
Achilles" — jetzt „Der tote Achill" — kannte er schon aus den
„Romanzen und Bildern" und rühmte im Gespräche unter
anderem den vollen Klang, den stolzen Gang des Gedichtes, . .
zugleich die spätere Umarbeitung bedauernd und mißbilligend,
weil sie diesen Klang verstummen machte". Ende 1881 schrieb
Keller an Storm: „Meyers Bedeutung liegt in seinen lyrischen
und halb epischen Gedichten. Wenn er sie einmal sammelt, so
wird es wahrscheinlich das formal schönste Gedichtbuch sein, das
seit Dezennien erschienen ist". Was ihn an der Prosa störte:
die überall fühlbare Kunst und Feinheit der Ziselierung, das be=
neidete er, wenn man so sagen darf, an der Verskunst Meyers.
Hier verlangte der Gedanke, das Gefühl, von dem Dichter, der
sich einmal in den Bann der strengen Form begab, restlos durch=
gearbeitete Fassung, und gerade dies ist Meyers Stärke, und
während er auch in tadelloser Zuspitzung des Schlusses, in
scharfer Herausarbeitung der Krone des Motivs Meister ist, liegt
bei Kellers Gedichten der Höhepunkt oft vor dem eigentlichen
Schlusse, der nicht selten lyrisch etwas dünn verklingt, wogegen
in den vorhergehenden Strophen die Fülle des Gehalts über
den Zaun der Verse hinauswächst. Storm freilich kannte „von
C. F. Meyers Lyricis   nur ein kaltes, klangloses Gedicht
‚Einer Toten‘"; das formell Schöne, setzt er hinzu, tue es,
wie Leuthold beweise, nicht allein: der „schmackhafte Herzschlag"
des Lerchenjubels, der Nachtigallenklage müsse da sein, „und wo
der nicht ist, fehlt auch der volle Klang, ohne den ich keine Lyrik
anerkenne‘". Aber Keller weiß bald dem in Lyricis etwas gar
zu strengen Richter — daß sein Geschmack enge Grenzen zog,
sollte Keller bald selbst erfahren — etwas Stichhaltigeres vor=
zulegen und schreibt am 5. Juni 1882: „Ferdinand Meyer
redigiert jetzt seine gesammelten Gedichte oder Dichtungen; ich

sende Ihnen heute eine kleine Probe seiner lyrischen Art mit, in einem Büchelchen, das von bettelnden Damen veranstaltet wurde, und an dessen geschmacklosem Titel namentlich wir keine Schuld tragen. Die von mir darin enthaltenen ungefügen Verse sind Ihnen schon bekannt. An Meyers Versen aber wird Ihnen gleich der ungewohnt schöne und körnige Ton auffallen". Das „Züricher Dichterkränzchen, gewunden von Gottfried Keller, . . . Ferdinand Meyer" usw., wo also die beiden zum erstenmal mit Beiträgen nebeneinander standen, enthielt vom letzteren zwölf Gedichte, in denen alle Gattungen seiner Lyrik vertreten waren. Storm entgegnet: „Die Proben der Meyerschen Gedichte haben mich freilich auf seine Sammlung neugierig gemacht; ich werde mir das Buch sofort besorgen"; und Keller ermuntert am 21. No=vember 1882: „Nun sind auch die Gedichte von Conrad Ferdi=nand Meyer erschienen. Sie sollten sich den Band ansehen oder vielmehr fest anschaffen; es würde Sie nicht gereuen, und Sie werden an diesen langen Winterabenden auch Ihre Damen mit mehr als einer guten Vorlesung regalieren können. Auch dem Herrn Sohn, dem Juristen, würden die Sachen Freude machen". Auch dem gemeinsamen Freunde Petersen empfiehlt er sie, sogar mit Angabe des Verlegers: „es ist seit Jahren nichts so Gutes im Lyrischen erschienen". Und Rodenberg lobt er wenigstens den rein lyrischen Teil; dieser habe „trotz des uralten Stoffes jene eigentümlich edle Klangfarbe, welche so selten ist und macht, daß ein solcher Band Gedichte, der vielleicht dreißig Jahre lang entstanden ist, doch wie erst gestern und heute geschaffen scheint".

Storm, der sich die Gedichte Meyers 1882 zu Weihnachten geschenkt hat, lobt sparsamer: „Wenn Sie aber früher meinten, der Band werde eins der formell schönsten L i e b e r bücher werden, so werden Sie jetzt, wo es vorliegt, wohl anders denken: Ein Lyriker ist er nicht; dazu fehlt ihm der unmittelbare, mit sich fortreißende Ausdruck der Empfindung, oder auch wohl die un=mittelbare Empfindung selbst. Sie muß bei ihm erst den Weg durch den Stoff nehmen, dann tritt sie oft überraschend zutage,

so in dem Gedichte „Die gezeichnete Stirn“   Mich freut der
Besitz dieses Buches, man hat doch einmal wieder etwas in der
Hand, was bei einer Gedichtsammlung lange nicht der Fall ge=
wesen ist“. „Mit dem Liederbuch von C. F. Meyer“, räumt
Keller Anfang 1883 ein, „haben Sie wohl recht, nur habe ich
den Ausdruck jedenfalls aus Versehen, d. h. nicht im ausdrück=
lichen Sinne gebraucht“ — Keller hatte übrigens nur von einem
„Gedichtbuch“ gesprochen. Als Storm im März mitteilt, daß
sein „kritischer Filius“ die Gedichte C. F. Meyers „mäßig“ finde,
bemerkt er dazu: „Richtig ist, daß man in vielen, vielleicht der
Mehrzahl, noch die Arbeit fühlt. Aber, trotzdem —. In dem
Abschnitt . ‚Liebe‘ betitelt .. habe ich das Meiste mir Zu=
sagende gefunden“. Er begegnete sich darin mit Meister Gott=
friebs Gefühl, der seiner Bewunderung der Poesie Meyers
treu geblieben ist. Adolf Frey erzählte er einmal: „Gestern
hatte ich einen schönen Nachmittag; ich saß wieder stundenlang
über Conrad Ferdinand Meyers Gedichten. Ich bin überzeugt,
das Publikum weiß diese Feinheit und Grazie noch lange nicht
nach Gebühr zu würdigen. Wie wunderbar z. B. sind diese
Liebesgedichte“.

Es spricht für die Unmittelbarkeit des Empfindens, das in
diesen sich in Worte faßt, daß Storm wie Keller, die einen Natur=
laut wohl herauszuhören verstanden, gerade an den Liebesge=
dichten ein besonderes Gefallen fanden. Hier also, wo gelebtes
Leben Gestalt gewonnen hat, ohne daß der Dichter ihm einen
allzu schwer durchsichtigen Schleier überwarf; hier in der un=
mittelbarsten Kunst seiner Lyrik — und im „Schuß von der
Kanzel“, wo ja die gleichen Quellen persönlichsten Lebens= und
Liebesglückes unmittelbar in das Kunstwerk flossen —, rücken
Gottfried Keller und C. F. Meyer zusammen. Die gesundeste und
frischeste Zeit Meyers hat jene Werke werden lassen, mühelos
im Vergleich mit den Schöpfungen aus der Zeit des langsamen
Sinkens seiner Kräfte, Erzeugnissen eines heißen Ringens, einer
Übersteigung seines eigenen Wesens. Je schwächer er persönlich

gewesen sei, meint ein Psychologe, desto gewaltiger seien die
Gestalten seiner Einbildungskraft geworden. Der Ausspruch,
obgleich etwas zugespitzt, ist wahr. Je weiter Meyer die Gegen=
wart von sich abrückt: sei es aus Scheu, aus nervöser Zartheit
und Schwäche, aus Rücksichten künstlerischer Distanz oder aus
einem Gefühle, das aus allen diesen Momenten in einer ihm
eigentümlichen Weise gemischt war, desto bedeutender werden
seine Stoffe, desto größer seine Helden, desto verhüllter, mittel=
barer der Anteil seines eigenen Seins und Erlebens an ihnen —
es ist, als ob er für das eigene Ich eine starke Stütze und eine
große Ergänzung sich erbauen müsse, um den Raum zwischen
seiner wirklichen Persönlichkeit und dem Ideal seiner selbst, das
in ihm lebte und drängte, zu verringern. Je näher er der Gegen=
wart, je kräftiger er das Leben selbst ergreift und meistert, je
unmittelbarer er seiner Fülle entgegentritt, desto mehr ver=
schwinden die gewaltigen Firnhäupter, die ihn sonst zu sich
heranziehen, hinter den lieblichen Hügelrücken, den grünen
Baumkronen nahen, heiteren Lebens: der Erstarkte bedarf nicht
mehr der G r ö ß e zur Ausfüllung seiner Persönlichkeit. In
diesen Momenten seines Schaffens hat er Gottfried Keller am
nächsten gestanden.

Seine Art aber war, als er einmal den Scheitelpunkt seines
Lebens überschritten hatte, so ganz auf Ferne, Größe des Zieles
und Ruhe des eigenen zarten Innern gerichtet, daß er die Um=
kehrung dieser Verhältnisse, jene Jahre und Werke der Kraft und
Gesundheit wie etwas Fremdes, ihren Zusammenhang mit
seinem eigenen Selbst wie etwas Unerklärliches, ja Unwahres
fast peinlich empfindet. Sein absprechendes Urteil über den
„Schuß“, seine Abneigung gegen das Komische kennen wir; als
er Louise v. François jenes Bazarbüchlein sendet, schreibt er am
19. März 1882: „Meine Sachen haben einen sentimentalen
Zug, welchen ich an mir kenne und verachte, der aber in der
Lyrik natürlich hervortritt“. Die Korrespondentin protestiert:
„Den Ausdruck ‚tiefsten Empfindens‘ ‚Sentimentalität‘ zu

ſchelten; Regungen, Stimmungen, Erinnerungen verächtlich zu
nennen, ohne welche es doch gar keine lyriſche Dichtung geben
würde! .. Am ſchönſten finde ich juſt die, welche Sie an-
ſcheinend am wenigſten gelten laſſen wollen. Die Lenzfahrt.
Weihnacht im Süden. Hochzeitlied. Wunſch." C. F. Meyer
aber beharrt in ſeinem Weſen und erwidert mit den alles oben
Geſagte erhellenden Worten: „Meine Lyrik ‚verachte‘ ich nicht,
weil ſie ‚gefühlvoll‘, ſondern weil ſie mir nicht (oder wenigſtens
nicht mehr) ſei es wegen der Zeitentfernung, ſei es wegen Ver-
ſchärfung des Wahrheitsſinnes — weil ſie mir — n i c h t w a h r
g e n u g erſcheint. W a h r kann man (oder wenigſtens ich) nur
unter der dramatiſchen Maske al fresko ſein. Im ‚Jenatſch‘ und
im ‚Heiligen‘ (beide urſprünglich dramatiſch konzipiert) iſt in den
verſchiedenſten Verkleidungen weit mehr von mir, meinen
w a h r e n L e i d e n u n d L e i d e n ſ c h a f t e n, als in dieſer
Lyrik, die kaum mehr als Spiel oder höchſtens die Außerung
einer untergeordneten Seite meines Weſens iſt." Über dem Zyklus
„Liebe" ſtehen denn auch die Worte: „Alles war ein Spiel."
So zieht ſich ſein Pescara mit der geheimen Wunde ſchmerzlich
zurück vor der lebenswarmen Berührung ſeines Weibes.

17. Tandem. Gottfried Kellers Gedichte.

Der Gedichtband Meyers — über „Guſtav Adolfs Page",
der kurz danach erſchien, wird auffälligerweiſe zwiſchen den
beiden nicht verhandelt — hatte Keller ſchon nicht mehr auf der
luftigen Höhe des „Bürgli" getroffen. Seine Überſiedelung in
eine Mietswohnung der unteren Stadt im Oktober 1882 — bekanntlich am Zeltweg in Hottingen — bezeichnet äußerlich den
Abſchluß ſeiner beſten Zeit: die „Salanderſtimmung", um einen
glücklichen Ausdruck Albert Köſters zu gebrauchen, wächſt
heran und beherrſcht den alten Keller ſchließlich, dichteriſch und
menſchlich. Der Verkehr mit ihm, der für Meyer nie eine leichte
Sache geweſen war, wurde immer ſchwieriger.

So wagte es denn Meyer nur zögernd, einem Wunsch seines
Verlegers sowie des Dichters selbst folgend, Keller um ein öffent=
liches Urteil über „Carl Felix Tandems" (Carl Spittelers)
Dichtungen „Prometheus und Epimetheus" und „Extramun=
dana" anzugehen, die bei Haessel erschienen waren. „Ich werde
wohl bei Keller zu Jahresende einen kleinen Besuch machen als
bei meinem Senior und dann kann ich ja .. leise anklopfen.
Seltsamer Weise habe ich bei gewissen realistischen Details Ihrer
Gedichte an Keller denken müssen", schrieb er Mitte Dezember
1882 an Spitteler. Zwar kam C. F. Meyer nicht dazu, den Be=
such auszuführen, denn seine Disposition zu Halsentzündungen
verbot es, doch legte er im Weihnachtsbriefe Keller den jungen
Dichter ans Herz: Keller dürfe diesen „nicht noch weiter ins
Blaue sich verlaufen lassen. Sie sehen: ich schöbe Ihnen die Sache
lieber gleich ins Gewissen — Gott erhalte Euch noch lange Jahre,
Meister Gottfried"! Dieser, der sich für Spittelers Dichtungen
längst interessierte, sprach ihm sein Urteil brieflich und nicht
öffentlich aus, da er zu viel eigenes Werg zu verspinnen hatte.

Da galt es nach Fertigstellung des neuen „Grünen Hein=
rich", welcher um dieses Neujahr das Hin und Her von freund=
lichen Billets veranlaßte, dessen schon oben gedacht ist, vor allem
die Redaktion der „lyrischen Sünden und metrischen Untaten"
zu Ende zu bringen. Gegen Januarende fand sich C. F. Meyer
einmal „auf ¼ Stündchen, in welchem es sich bequemer als auf
einem Stück Papier wird plaudern lassen", bei ihm ein: „Neu=
lich habe ich Keller besucht und einen reinen Eindruck davon=
getragen", meldet Meyer erfreut Adolf Frey am 6. Februar.

Die „Gesammelten Gedichte" hatten schon im Herbst 1882
fertig sein sollen; es wurde Frühwinter 1883 darüber. C. F.
Meyer lag mit einem tüchtigen Flußfieber zu Bette, als er nach
einer Briefpause von fast neun Monaten Anfang November
von Keller den stattlichen Gedichtband erhielt. Er verschob seinen
Dank nicht: „.. wenn ich auch unter solchen Umständen den=
selben in schlichtester Weise abzustatten genötigt bin. Ohnedies

— wozu Worte machen, wo sich um einen Stamm unsterblicher
Lieder die unendliche Mannigfaltigkeit eines ganzen Lebens aus=
breitet? Das Natürliche ist hier, entdecken und genießen, und
zu wünschen bleibt nichts, als daß diese Sammlung jährlich und
lange Jahr sich mehre! — Ich kann Ihnen nicht sagen, verehrter
Herr, wie empfänglich ich für Ihre Freundlichkeiten bin. Ich
habe einen Zug, mich zu isolieren, welchen ich zwar bekämpfe,
aber mit Mühe, weil er in meiner Natur liegt, und gerade des=
halb bin ich unendlich dankbar für ein wohlwollendes Entgegen=
kommen". Meyer unterzeichnet: „In fester Ergebenheit". Wie
sympathisch ihn gerade damals Kellers Aufmerksamkeit berührte,
zeigt die Haessel gegenüber fallende Äußerung vom 10. Novem=
ber, es sei ihm bei seiner nicht leichten Stellung zu Keller
sehr wertvoll, daß dieser ihm seine Gedichte freundlich zu=
gesendet und zugeschrieben habe; drei Tage später weist er den
Verleger an: „Keller senden Sie i n I h r e m N a m e n die
eb. 2 der Gedichte, aber erst wenn der Karton eingefügt ist,
in hübschem Einbande. Er hat sich gut gegen mich betragen".
Als einige Tage zuvor Louise von François in einem Briefe er=
wähnt, von Reisenden höre sie ab und zu „ein erquickendes, weil
gerecht werdendes" Wort über Meyer: „Was man dagegen von
G. Keller erzählt (obwohl man ihn schriftstellerisch höher stellt,
als ich es zu tun vermag), möchte ich gern für Klatsch oder Über=
treibung halten", da überhört Meyer die in den Worten liegende
Frage geflissentlich. Im nächsten Frühjahr aber schreibt er ein=
mal plötzlich von sich aus, nicht ohne Betonung: „Die heutige
Allg. Z. bespricht Kellers Gedichte, nicht lauter, ziemlich perfid.
Ich sage Ihnen einmal mündlich, wer Keller ist. Sie wissen, ich
halte ihn s e h r h o ch".

Keller empfand Meyers Lob der Gedichte überaus wohl=
tuend, um so mehr, als diese bei anderen, wie Storm und Emil
Kuh, eine ziemlich kühle Aufnahme gefunden hatten, und auch
er selbst oft so kein rechtes Zutrauen zu seiner Lyrik haben konnte.
Selbst ein Stoiker bleibt, nach Meyers Worten, bis ans Ende

an seiner Lyrik sensibel. Am 22. November 1883 — inzwischen
hatte er auch Meyers Neuestes, „Das Leiden eines Knaben",
erhalten — „verdankt" er „die so sehr wohlwollende Entgegen=
nahme des Versekastens".. „Was meinen Gedichten mangelt,
weiß ich wohl; es ließ sich eben nicht mehr besser machen, da die
Sache seit 40 Jahren angefangen war, und ignorieren konnte
ich sie auch nicht, wegen der Nachlaßmarder.. So ist das Buch
gewissermaßen von selbst am Wege gewachsen, wie eine unge=
füge dicke Distel. Aber sie ist am Ende wenigstens geworden".

Dieses Werden hatte C. F. Meyer seit Jahren verfolgt. Er
besaß die beiden Jugendgedichtbändchen Kellers und war darin
heimisch. „Auf einem Gange durch die Waldungen des Zürich=
berges mit ihren unvermutet sich öffnenden, reizenden Nieder=
blicken auf den See und sein liebliches Ufergelände", erzählt
Betsy Meyer, „kam er aus einem stillen Gedankengange heraus
plötzlich auf Gottfried Keller zu sprechen. Mit unverhohlener
Bewunderung rezitierte er, von dem damals noch keine Zeile
gedruckt erschienen war, vier Strophen aus einem Trinkliede
Meister Gottfrieds, die in zornroten Rosen flammten. ,Welche
Wucht! Welche Prachtstimmung!' rief er aus. . ,Es schwimmt
ihm rot vor den Augen! Man spürt, jetzt wird er gleich drein=
schlagen!' Er war von der Unmittelbarkeit und Kraft des
poetischen Ausdrucks im Kellerschen Liede ganz hingerissen". Es
handelt sich um das „Trinklied", welches jetzt in der Gesamt=
ausgabe der Gedichte „Morgenwache" heißt — freilich hat
Keller hier gerade den Vers, dessen Stimmung Meyer besonders
gepackt hatte: „.. es wacht der r o t e Zorn" — so heißt es
im Manuskripte und in den Gedichten von 1846 — abgeschwächt:
„.. es wacht der helle Zorn". Hat er sich hier von C. F. Meyers
Geschmack gewiß entfernt, so scheint er bei anderer Gelegenheit
sich ihm genähert zu haben.

Meyer rezensierte am 27. Januar 1877 in der Neuen
Zürcherin den „Schweizerischen Miniaturalmanach auf das Jahr
1877" und hat hierbei — das einzige Mal zu Kellers Lebzeiten —

über diesen ein öffentliches Urteil abgegeben. C. F. Meyer
würde auf die Anzeige verzichtet haben, wenn er nicht ehrlich
hätte loben können: „Das Kalendarium begleiten zwölf Lieder
von G. Keller, alte, liebe Lieder, vom Dichter wieder durch=
gesehen. Da ist ‚Winternacht‘ und ‚Am Wasser‘ so verschieden
als möglich gestimmt und jedes in seiner Art vollkommen. In
‚Erster Schnee‘ ändert der Meister — es kostet ihm ein paar
Federzüge — vielleicht noch die zwei Schlußzeilen für seine end=
gültige Sammlung“. Im Almanach (und schon im Manuskript
von 1845) hieß es am Schluß:
> „Wo der Haß umsonst die Hände
> Träumend aus dem Grabe streckt“.

Keller hat den vorletzten Vers nicht, dagegen in den „Gesam=
melten Gedichten“ „Träumend“ in „D r ä u e n d“ geändert —
Brunner hält die alte Form für Schreib= oder Druckfehler und
findet es auffallend, daß er erst in der letzten Redaktion beseitigt
wurde; mir steht es außer Zweifel, daß C. F. Meyers Rat die
Besserung der Stelle (die ich nicht für einen mechanischen Fehler,
sondern für eine poetische Unklarheit halte) mit bewirkt hat —
freilich fiel sie nicht so durchgreifend aus, wie Meyer vorge=
schlagen hatte. — „Am Wasser“ lautet die Überschrift des zweiten
erwähnten Gedichts im Almanach nicht mehr; hier wie im
späteren Sammelband steht „Am fließenden Wasser“. C. F.
Meyer zitiert die Fassung der „Gedichte“ von 1846. Das
Manuskript hatte die subjektivere Form „An der Glatt“. —

Auch sonst hat Meyer sporadisch erscheinende Gedichte
Kellers mit begierigem Interesse gelesen, so das in „Nord und
Süd“ vor der Gesamtausgabe erscheinende Fragment des „Apo=
thekers“. Als im Frühwinter 1877 in Bodenstedts Almanach
„Kunst und Leben“ „Ein Festzug in Zürich 1856“ erschien,
nennt er das Gedicht in einem Briefe an Wille ein Meisterstück:
„Das enge altdeutsche Metrum und die volle üppige Behand=
lung stellt fast körperlich einen durch eine enge Gasse schreitenden
Festzug dar“. Die Erinnerung dieses Gedichtes hat ihm später

einmal eben zu rechter Zeit aus einer Verlegenheit geholfen;
er erzählt, wie es ihm in einer Unterhaltung mit Keller unterlief,
eine von dessen Novellen mit einer eben gelesenen von Cervantes
in Parallele zu rücken, was Keller murrend abgewiesen habe,
„worauf ich scherzend erwiderte: ‚Also Michelangelo‘. ‚Wie so?‘
fragte er mißtrauisch, und ich antwortete: ‚Nun, weil Sie wider
Wissen eines seiner Motive wiederholt haben‘. ‚Welches denn?‘
‚Das überfallene, badende Heer, das, aus dem Wasser steigend,
sich schleunig bewaffnet und dem Feinde entgegenstürzt. Das
ist der plötzliche Übergang aus einem Zustande der Abspannung
in den der höchsten Energie. Nicht anders Ihr beim Weine
schwelgender und von einer ausbrechenden Feuersbrunst über=
raschter, bürgerlicher Mummenschanz, der mitten aus dem Fest
zu den Leitern und Eimern stürzt.‘ Das ließ er sich gefallen“.
Denn Meyers Worte konnten mit Kellers eigenem Urteil über
seine Dichtung, wonach diese „eine kulturhistorische oder allge=
mein menschliche Pointe germanischen Charakters“ habe, recht
wohl zusammenstehen. — Meyer meinte Michelangelos so=
genannten Carton der badenden Soldaten, der 1504 im Wett=
streit mit Lionardo entstanden war und eine Szene aus den
Pisaner Kriegen darstellte, als bei Cascina die badenden Floren=
tiner Soldaten von den Feinden überrascht wurden. Ob
C. F. Meyer den (nicht ausgeführten) Entwurf Michelangelos
in der Albertina zu Rom selbst gesehen hat, steht nicht fest; wahr=
scheinlich hat er seine Reminiszenz aus dem ihm wohlvertrauten
„Leben Michelangelos“ von Hermann Grimm geschöpft, welcher
neben Jakob Burckhardt Meyer die Kunst Michelangelos ver=
mittelt hat und auch über jenen Carton ausführlich berichtet.
Gottfried Keller kannte das Buch recht wohl; er besaß es sogar
selbst (die 4. Ausgabe von 1874) und hat es sehr genau, freilich
nicht immer mit reinem Enthusiasmus studiert. So verstand
er C. F. Meyers Anspielung sogleich.

Die schönen Gedichte der besonders für Kellers Balladen=
dichtung so fruchtbaren Jahre 1878 und 1879, die vorerst in der

„Deutschen Rundschau" dieser Jahre erschienen, hätte Meyer
bei Gelegenheit „zu aller Luft und Ergötzen" gern in einer
schweizerischen Sammlung gesehen. Man hat behauptet, einige
dieser letzten und besten Balladen Kellers, wie „der Narr des
Herrn von Zimmern" und „der Has von Überlingen" stünden
unter der Wirkung von Meyers Balladen, so daß, was merkwürdig
genug sei, der „strengere Künstler" auf das „größere Genie" Ein=
fluß geübt habe, während sich das Umgekehrte nicht beob=
achten lasse. Daß man mit diesem Letzteren doch wohl rechnen
muß, ist schon zu zeigen versucht worden; das Erstere wage ich
nicht mit der gleichen Entschiedenheit zu behaupten. Zunächst
scheinen die chronologischen Verhältnisse, wenigstens was die ge=
nannten Balladen Kellers anbetrifft, gegen die Annahme eines
Einflusses Meyers zu sprechen: weniger die „Romanzen und
Bilder", als vielmehr erst die um 1880 in Zeitschriften und sonst
vereinzelt erscheinenden Gedichte, besonders aber die Gesamt=
ausgabe von 1882 haben Kellers Lob herausgefordert; der
reiche Liederherbst des Jahres 1878 scheint ohne Meyers Zu=
tun herangereift zu sein. Besonders der Ton, in dem Keller
in einem Briefe vom 30. Juli 1877 an Bächtold von der Ent=
deckung der Motive zu jenen Balladen in der Zimmerischen
Chronik spricht, legt Zeugnis ab dafür, daß wenigstens zwischen
ihrem Ursprung und Meyer so wenig ein Zusammenhang be=
steht wie zwischen dem der „Züricher Novellen" und den Prosa=
werken Meyers, was ja gleichfalls behauptet worden war. An
die zeitlich zurückliegenden Stoffe, an das Studium der Chro=
niken ist Keller ganz von selbst geraten. Und vor allem beachte
man doch nur eins: Kellers Balladen von 1878 hängen nicht
stofflich — wie gerade die wirkungsvollsten der Meyerschen —
fest oder lose mit Personen oder Zuständen der großen Historie
oder Kunst zusammen, sondern bewegen sich rein im Gebiete
k l e i n e r kulturgeschichtlicher Merkwürdigkeiten und mensch=
licher Charakterzüge — ein Unterschied, den wir auch schon (mit
leichter Einschränkung freilich) für die geschichtliche Epik in Prosa

feſtgeſtellt hatten. Bliebe noch der f o r m a l e Einfluß — bei
Kellers Hochſchätzung gerade der formalen Schönheit von
Meyers Gedichten immerhin nicht unwahrſcheinlich. In der Tat
zeichnen ſich dieſe Kellerſchen Balladen — freilich auch ſeine
Spätlyrik wie das „Abendlied“ — durch Reinheit des Rhythmus
und vollen Klang, durch eindringende Schlußpointe aus wie die
Meyers; aber dieſe Formvollendung ſcheint von ſelbſt gewachſen
zu ſein, denn ſie geht Hand in Hand mit der Keller eigenen be=
haglichen Stetigkeit der Auseinanderfaltung des Motivs. Keller
liebt es nicht, den Vers zu unterbrechen, zu kühnen Enjambe=
ments zu greifen; auch tat es ſeinem Ohr und mehr vielleicht
noch ſeinem Auge weh, wenn in einem Verſe unmittelbar auf=
einander mehrere kurze Wörter folgten — faſt muß es dabei
wundernehmen, daß er das Formale bei C. F. Meyer ſo rück=
haltlos gelobt hat. Er kennt nicht die für Meyer charakteriſtiſchen
knappen, wuchtigen Akkorde, zwiſchen denen kein hörbarer Über=
gang zu beſtehen ſcheint, an deren eigene Wirkung wohl Paul
Heyſe dachte, als er urteilte, daß die herbe Kürze und lapidare
Gedrungenheit des Ausdrucks den Genuß dieſer Dichtungen
nicht immer leicht mache; jene Akkorde, die nur durch be=
deutungsvolle Pauſen oder energiſche Versverkettungen ver=
bunden ſind, um am Ende mit einem meiſt überraſchenden
vollen Klang, der die Krönung und Löſung des ganzen Themas
bringt, abzuſchließen. Von K e l l e r wird der Schluß Stufe um
Stufe vorbereitet.

Als C. F. Meyer an Luiſe von François 1882 das „Dichter=
kränzchen“ ſandte, ſchrieb er dazu: „Unter Kellers Sachen gefällt
mir der ‚Has‘ am beſten. ‚Ein Berittener‘.. verſtehe ich nicht“.
Luiſe von François liebt beſonders die „Herbſtlandſchaft“:
„Wenn der ‚Berittene‘ etwas anderes beſagen ſoll als ‚Menſch
ſein, heißt ein Sünder ſein‘, ſo verſtehe ich ihn auch nicht. Über=
haupt verſtehe ich und genieße daher Ihren Keller nicht ſo durch=
aus wie es viele tun; ſuche hinter ſeinem Humor Beziehungen,
an die er vielleicht gar nicht gedacht hat, finde ihn häufig künſt=

lich, selten anschaulich. Nur Romeo und Julie auf dem Lande ist mir als ein naturgewaltiges Meisterstück erschienen. Ich wäre Ihnen dankbar, wenn Sie mir gelegentlich Ihr aufrichtiges Meinen über den Mann und Dichter — vielleicht Ihren Freund, wie auch Ungleichartige es sein können — sagen wollten". Meyer gibt am 8. April 1882 über sein persönliches Verhältnis zu Keller die schon besprochene Auskunft und stellt den Mängeln des Landsmannes besonders den „partiellen Tiefsinn", die Naturgewalt und die Süßigkeit der Kellerischen Dichtung gegenüber. Aber das alte Fräulein in Weißenfels, dem für Kellers Art nun einmal das Organ fehlt, bemerkt etwas spitz: „.. die Süßigkeiten, die Sie ihm ausgesaugt, sollten Sie mir gelegentlich näher bezeichnen. Ich genieße auch gern einmal Honigseim, und Ihr Keller hat mir immer mehr wie Kaviar gemundet, nicht selten wie Kaviar dem Volk, will sagen dem deutschen. Eine liebe kluge Freundin, die eine eifrige Kelleranerin ist, schrieb mir einmal: ‚Schade, daß man hier und dort bei ihm in einen unsauberen Winkel gerät'. Nun, solchen Winkel habe ich niemals entdeckt. Aber die Honigwabe — bei aller Bewunderung des Bienenfleißes — auch nicht". Meyer hat sich durch dies säuerliche Urteil in dem seinen nicht beirren lassen, auch nicht darauf geantwortet. Noch als Adolf Frey sich 1888 einmal öffentlich über Kellers Lyrik äußerte, fiel Meyer bei: „Was über Kellers Lieder (dessen Sterblichkeitsglauben ich übrigens entschieden nicht teile) und deren liebenswürdige und süße Eigenschaften gesagt wird, .. ist völlig wahr".

Er hat einmal den Versuch gemacht, Keller zur Auflösung des Zyklus „Sonnwende und Entsagen" zu bewegen, um die moralische Wirkung dieser Sterblichkeitspredigt abzuschwächen: „Ich hätte einen Wunsch", sagte Meyer damals im Gespräch zu Keller. „Nichts ist inniger und verlockender als Ihre Vergänglichkeitslieder: sie verzichten aus Bescheidenheit auf ein Jenseits. Das ist aber wohl doch eher ein Gefühl, ein Instinkt, als ein erwiesener Satz. Und da liegt es mir nun nicht recht, daß Sie,

bei Ihrem ungeheuren Einfluß, statt die Geister nach Ihrer Ge=
wohnheit frei zu lassen, Ihre Sterblichkeitslieder wie zu einem
Glaubensbekenntnis zusammenstellen. Es wäre leicht zu helfen.
Sie dürften nur diese süßen Stimmen als ebenso viel Stim=
mungen durch die ganze Sammlung verteilen ..." Da brach
ich ab, denn er machte ein mißmutiges Gesicht." Nicht nur des=
halb, weil er seine geliebte zyklische Ordnung hätte aufgeben
müssen: Meyer wußte nicht, daß Keller im Gegenteil ältere
Lieder, die den Unsterblichkeitsglauben verteidigten, ausgeschie=
ben hatte. Er selbst war dem kirchlichen Christentum schließlich
treu geblieben „y ... ramené par un plus fort"; er hatte mit
jenen Worten einen alten Gegensatz heraufbeschworen. K e l l e r
suchte vor dem Unentrinnbaren keine Zuflucht.

18. Alterswerke.

Von nun an hören die gegenseitigen schriftlichen Äußerungen
über neugeschaffene Werke fast gänzlich auf. Keller wird
alt, und was er an Zeit und Stimmung noch finden konnte, das
verwandte er auf die Vollendung von „Martin Salander". Auch
anderen Korrespondenten wird er wortkarg, monate=, jahrelang
scheint sein Briefwechsel gelähmt.

Am 22. November 1883 geht noch einmal, zugleich mit dem
Dank für die freundliche Aufnahme der „Gesammelten Gedichte"
an C. F. Meyer ein Wort der Anerkennung über „D a s L e i =
b e n e i n e s K n a b e n" ab: „Diese Geschichte ist wieder ein
recht schlankes und feingegliedertes Reh aus Ihren alten Jagd=
gründen, und ich wünsche neuerdings Glück zu der Sprache, mit
der sie gesprochen ist. Ein vortrefflicher Kontrast sind die beiden
Knaben: Julian, der stirbt, wenn er von schlechter Hand ge=
schlagen wird, und der junge Argenson, der ‚Sehr gut‘ sagt,
wenn er von guter Hand eine Ohrfeige erhält! Und beide sind
gleich brav!"

C. F. Meyer war schon in Gedanken bei einem neuen

Werke. Eine Antwort von ihm ist nicht erhalten. Er eilte, die
große Ernte zu bergen. Um diese Zeit schloß er für die „Rund=
schau" die „Hochzeit des Mönchs" ab. Mit Keller scheint
er einmal darüber mündlich sich unterhalten zu haben, denn er
schreibt der Schwester am 10. Dezember 1883: „Wie weit es
Keller mit seinen Elogen ernst ist, weiß ich und vielleicht er selbst
nicht recht." In der Tat hat Keller anderen gegenüber nicht bloß
gelobt; zu Rodenberg äußert er: „Ihr Dezemberheft war für
uns Zürcher sehr rühmlich durch die beiden Meyer, wenn auch
der Chemikus Berlin angehört .. Meister Ferdinands ‚Hoch=
zeit des Mönchs‘ ist wieder ein Treffschuß bis auf die Aus=
führung der Töterei am Schluß, die nicht befriedigt; es ist zu
hastig und ungeschickt und wirkt darum nicht tragisch genug.
Diese vertrackten Mordfinales, die seine Passion sind, versteht
er doch nicht immer durchzudenken" — Keller wird den in dieser
Novelle besonders deutlich werdenden fatalistischen Einschlag
empfunden und sich dagegen gesträubt haben. Er tadelt weiter,
daß Meyer sich zu sehr „einem leisen Hang zur Manieriertheit,
wo nicht Affektation des Stiles" hingebe, was er ihm einmal ge=
treulich sagen werde (9. Januar 1884). Ob er es wirklich getan
hat? Als er von C. F. Meyer die Buchausgabe erhält, dankt er
nur kurz und herzlich: „Gelesen habe ich ... das Werk auf der
Stelle wieder und mich aufs neue der erreichten Stylhöhe ge=
freut, sowie des Inhalts, ohne daß ich Sie weiter mit mehr als
einem aufrichtigen Glückwunsch behelligen will". Möglich ist,
daß er mündlich ausgiebiger gewesen ist, denn später bemerkt
C. F. Meyer einmal J. V. Widmann, G. Keller habe ihm
„zwischen Tadel und Lob" gesagt, er stilisiere stark; Meyer fügt
sich verteidigend hinzu, das müsse ihm im Blute stecken, er ver=
fahre gemeiniglich ganz instinktiv, die Zügel dem Rosse und
dieses den Weg suchen lassend".

Adolf Frey hat dargelegt, wie C. F. Meyer mit dem
„Mönch" die Virtuosität der epischen Technik so auf die Höhe
getrieben hat, daß ein Darüberhinaus schlechterdings unmöglich

140

wurde, wenn er sich nicht wiederholen wollte. Unter den Stimmen, die leise oder laut von „Manier" redeten, verdienen als besonders gewichtig diejenigen Paul Heyses und vor allen Friedrich Theodor Vischers Erwähnung, auf dessen Meinung Meyer von jeher viel gegeben hat, dessen Ästhetik ihm sogar hier und da die Formel für seine Kunst gegeben zu haben scheint. Vischer schreibt am 28. Oktober 1884: „Bei Fortsetzung des Motivs, Kreis in Kreis zu ziehen: Kreis, welchem erzählt, und Kreis, von welchem erzählt wird, könnte doch kommen, daß die Leser schwierig werden. ,Tief Schönes bemüht mühelos' — hier wächst noch eine Mühe zu: die Personen stets auseinander zu halten. In ,Leiden eines Knaben' .. und hier: Hochzeit des Mönchs, noch ganz nur künstlerisch, feinstes Ineinander= fügen .., aber vielleicht an der Grenze, wo eine zu bemühende Kunst anfinge". Meyer nahm sich die Mahnung zu Herzen. Paul Heyse gegenüber bekennt er sich nach einer geschickten Ver= teidigung seines „barocken Rahmens" schließlich doch eines „Zuviel" schuldig und zwar fast mit F. Th. Vischers Worten. Auch in einem Schreiben an Otto Brahm, dem er zwar nur be= richtet, Vischer habe ihm „ganz interessant" geschrieben, gesteht und verspricht er: „Mit der ,Manier' haben Sie recht, doch das war der kostende Preis. Ich werde fortan jede ,Manier' ferne zu halten suchen". Und F. Th. Vischer macht er 1885 darauf aufmerksam, er habe die gegebene Lehre in der „Richterin" be= folgt. Künftighin: im „Pescara", der „Angela Borgia", auch in dem Fragment des „Dynasten" ist er beim einfachen Vor= trag geblieben — ob hier nicht außer der Unmöglichkeit, der Technik noch mehr abzuringen, und den Einwendungen anderer auch Kellers Urteil mitgespielt hat?

Über die „R i c h t e r i n" hat wohl nur eine ganz flüchtige mündliche Unterhaltung stattgefunden. „Unser Ferdinand Meyer schreibt gegenwärtig eine Novelle aus Karls des Großen Zeit", erfährt Storm durch Keller Anfang Juni 1884. Das eigentliche Problem: Das Verhältnis des äußeren Rechtes zum

inneren, dem Gewissen — Gattenmord und schuldvolle Ge=
schwisterliebe bilden nicht, wie Vögtlin meint, den Kern, sondern
nur den äußeren Stoff — scheint zwischen Keller und Meyer
nicht verhandelt worden zu sein, auch bei dem Zusammensein
am 26. Juni 1884 nicht. Die Äußerung Theodor Storm gegen=
über beweist ferner, daß Keller in die Genesis der Novelle nicht
eingeweiht war, sondern nur gerade die letzte Fassung kannte —
nicht einmal die dieser unmittelbar voraufgehende, wonach Sizi=
lien und die Zeit des Staufen Friedrichs des Zweiten den
Hintergrund abgeben sollten. Während des Winters 1884 auf 85
und im Sommer dieses Jahres wurde die letzte Arbeit an der
„Richterin“ getan: „Mein Roman beschäftigt mich sehr ange=
nehm“, schreibt C. F. Meyer an Hermann Lingg am 14. No=
vember 1884. „Er wird in der Rundschau nach dem Kellers,
welcher voraussichtlich Januar bis Mai fällt, also kaum vor Juni
oder Juli erscheinen. Ich werde zu tun haben, um auf diesen
Termin fertig zu werden“, und am 23. März 1885: „In der
Rundschau habe ich meinen Kopf darauf gesetzt, Keller den Vor=
tritt zu geben. Dieser aber zögert mit seinem Roman“. Meyer
mußte schließlich doch vorangehen. „M a r t i n S a l a n d e r“
erschien mit mancherlei Unterbrechungen erst vom Januar 1886
ab in der „Deutschen Rundschau“.

Ein brieflicher Meinungsaustausch über „Salander“ unter=
blieb. „Zwei Jahre lang habe ich von ‚Salander‘ gesprochen und
ein Jahr daran geschrieben“, scherzte Keller einmal im Ge=
spräche mit C. F. Meyer, der auch in seinen „Erinnerungen an
G. Keller“ erzählt, daß dieser beim letzten Besuche Meyers im
Frühjahr 1890 von einem zweiten Teile des „Salander“ phan=
tasiert habe und von einer Überschwemmung, die ihn schließen
sollte. Das ist alles. Von dem projektierten zweiten Teile
hat sich Einiges im Nachlaß Kellers erhalten. — Es war ihm
nicht leicht ein Urteil über den Altersroman recht; Lob und
Tadel erregten in gleicher Weise seine Unzufriedenheit, die noch
geschürt wurde durch die vielfachen Mißverständnisse, denen be=

fonders der Rundschaudruck mit dem aus äußeren Gründen
bruchstückhaften Schluß, aber auch die Buchausgabe ausgesetzt
war. Auch Theodor Storm stand dem Werke ziemlich ratlos
gegenüber, und wir wissen, daß die frostige Aufnahme, die er
ihm angedeihen ließ, mit dazu beigetragen hat, daß Keller all=
mählich den Briefwechsel einschlafen ließ. Besonders die
schweizerischen Urteile über „Salander" waren von der Par=
teien Gunst und Haß lange verwirrt, und C. F. Meyers Per=
sönlichkeit war nicht robust genug, und seine Beziehungen zu
Keller waren nicht derart, daß er in das Für und Wider durch
eine Aussprache bei Keller hätte eingreifen können. Aber wie
er sich bei dritten über den Roman geäußert hat, zeigt, daß er
nach anfänglichem Schwanken, einer gewissen Unsicherheit und
Zurückhaltung doch schließlich den tiefen Wert der letzten Schöp=
fung Kellers erkannte und der Absicht des Autors gerecht wurde.
Das überaus günstige Urteil Jakob Bächtolds trifft in Einzel=
heiten des Ausdrucks mit dem endgültigen C. F. Meyers zu=
sammen.

Meyers Auslassungen beginnen am 30. Mai 1886 mit der
äußerlichen an Frey gerichteten Frage: „Wie betonen Sie: Sa=
lander oder Sálander? Es gibt nämlich im Kanton Zürich ein
Örtchen: Sáland". „Kellers Salander ist weit realistischer als
alles Frühere von ihm", schreibt er an Luise von François am
25. Juni 1886. Im August erkundigt er sich „ein bischen neu=
gierig" über François Willes Meinung von „Salander". Ende
September wird zu seiner Überraschung „Salander" schon als
Buch angekündigt, „d. h. wohl so gut wie unverändert; und ich
glaubte, Keller werde die Buchform benützen, um den Schluß
breiter zu entwickeln. Vielleicht hat er's aber doch getan". Am
Jahresschluß 1886 — die Buchausgabe mit dem Anbau der
beiden jetzigen Schlußkapitel war zu Weihnachten erschienen —
berichtet C. F. Meyer an Wille: „Über ‚Salander' stehen sich
die Meinungen diametral entgegen. Ein Endurteil ist abzu=
warten. Jedenfalls sind der G á r t n e r und besonders die

Wäscherin die besten Figuren des Romans". Gleichzeitig, während er über dem Pescara sinnt, schreibt er an Rodenberg: „Auch ich habe meine Neujahrsgedanken. Stehen bleiben will ich nicht, lieber verstummen. Der ‚Salander‘ hat mich nachdenklich gemacht. Sie wissen.. ich bemängle Keller nie, ich verehre und liebe ihn, auf meine Weise. Nicht ich, sondern das allgemeine Urteil ist entschieden unbefriedigt von seinem Roman. So etwas, d. h. eine geteilte Aufnahme des ‚Pescara‘ darf mir nicht begegnen, um so weniger, als ich zwar der weit mindere, aber der tatkräftigere bin". Als Rodenberg seine Betrübnis über Meyers Urteil zu erkennen gibt, will dieser es nicht als Tadel verstanden wissen: „Das über Salander war nur eine persönliche Nutzanwendung, welche den Wert des schönen Buches nicht im geringsten präjudiziert. Es steckt voll poetischer und Lebensweisheit, und der Gärtner und noch mehr die Waschfrau sind Meisterstücke der Realistik, nicht zu reden von den poetischen Lichtern, die überall flimmern. Keller kann der Komposition entbehren, seine Größe liegt anderswo. Darum wird der ‚Salander‘ nach einigen Schwankungen seinen Mast stolz aufrichten". Dieselbe Überzeugung spricht aus seiner Äußerung zu einer lobenden Salanderbesprechung Freys, die auch Kellers Zufriedenheit gefunden hatte, und über die C. F. Meyer mit ihrem Verfasser einmal ausgiebig zu plaudern versprach: sie scheine ihm die Wahrheit zu enthalten. Die Festigung seiner Meinung, welche nun immer mehr entschiedene Wertschätzung wurde, hat sich um die Jahreswende vollzogen.

Am 12. Februar 1887 berichtet C. F. Meyer seinem Verleger: „‚Salander‘ gilt hier — und er ist es auch — für eine mutige Tat gegen gewisse Auswüchse der Demokratie". Nicht nur das ist er, sondern eine Absage des Dichters an jegliche politische Gesinnungslosigkeit. Erfreut, die Sorgen des Freundes Rodenberg, dessen Anteil an Kellers Roman „fast ein persönlicher" ist, zerstreuen zu können, schreibt Meyer am 28. Februar: „‚Salander‘, dem, wie ich glaube, viel echter Patriotismus zu=

grunde liegt, fängt hier stark zu wirken an. Die Konservativen
fassen ihn mit eigennützigem Vergnügen als politische Satire
auf; schon tiefer interessiert der Spott über die demokratische
Mittelmäßigkeit und den Aberglauben an die alleinseligmachende
Republik. Kluge Frauen lachen nebenbei über den verstiegenen
Salander". Luise von François' scharfe Ablehnung hat Meyer
allerdings nicht zu einer Verteidigung bewegen können. Auf
seine erste Frage vom 16. Februar 1887: „Kennen Sie ..
Martin Sálander? Nein. Den müssen Sie denn doch lesen!"
bekommt er keine Antwort. Als er am 19. Mai 1887 aus einem
Gedankengange heraus, der ihn dazu geführt hatte, seine Ab=
neigung gegen die Schilderung der Gegenwart zu begründen,
zu fragen gedrängt wird: „Noch einmal: was sagen Sie zu
S a l a n d e r"? erfolgt endlich eine lange Auseinandersetzung:
gefallen habe er ihr wieder einmal gar nicht. „Ich habe ihn .. ge=
lesen, zu Ende aber wahrlich nur Ihretwegen, werter Freund.
Der Anfang war sehr anmutend in Ernst und Humor, und, nun
ja, der Autor schöpft aus voller Kenntnis aller der Mittelmäßig=
keiten, deren weitläufige Entwicklung er schildert; auch interess=
ierte mich allenfalls die — nicht ohne Ironie — behandelte
Wirksamkeit der schweizerischen freiheitlichen, politischen Zu=
stände; dahingegen das der sozialen Gebrechen, die wohl in allen
Ländern ihres Gleichen haben, mich auf das äußerste ennuiierte."
Keine der Gestalten habe sie befriedigt. Bei aller Anerkennung
Kellers als eines „geist= und gedankenreichen Autors" müsse sie
ihm vorwerfen, „daß er sich mit der Zeit geflissentlich mit seinem
überlegenen Können in eine Schule — die Kellerei! — fest=
nistet, die er selber .. durch seinen Grünen Heinrich ins Leben
gerufen .. hat. [so!] Wie ich über den sogenannten Realismus
denke, wissen Sie ... Gleichgültig und langweilig". C. F. Meyer
mochte fühlen, daß einer solchen Auffassung gegenüber, die vor
allem die ethische Grundabsicht des „Salander" ganz außer
Augen ließ, jeder Bekehrungsversuch überflüssig sei. Und über
die Mängel, die er selbst empfand, sich zu äußern, erschien ihm

wohl nicht angebracht. Es war nicht seine Art, Öl ins Feuer zu
gießen, und wo es Keller anging, erst recht nicht. Eher das
Gegenteil; aber auch hier nur bei einem Tabler, dem er sach=
liches Verständnis und ein sympathisches Grundgefühl für den
Landsmann zutrauen durfte. „Grüßen Sie mir Wille", schreibt
er am 3. März 1887 an Frau Eliza, „Ich glaube, er denkt jetzt
billiger von Salander in Buchform. Mir scheint, es ist v i e l
daran zu rühmen". —

Sein „P e s c a r a", der bald nach der Buchausgabe des
Kellerschen Romans zu Ende gebracht wurde und wieder in der
„Rundschau" erschien, hat bei Keller nicht die Teilnahme erweckt
wie „Salander" bei Meyer. Zu Frey meinte er mürrisch, die
Leute seien ja „ganz anders als in der Geschichte". Man darf
vielleicht noch seine gelegentliche Bemerkung, Meyer schreibe
„Brokat", auf den „Pescara" beziehen, worauf sie deshalb zu
passen scheint, weil Meyer hier in der Ausmalung des künst=
lerisch Gegenständlichen weiter geht als gewöhnlich — gerade
noch so weit, als es der oberste Grundsatz seiner Kunst: der
der Sparsamkeit, gestattet; das Landschaftliche, die Innen=
räume, Gemälde, Lichtwirkungen werden farbenreich und mit
einer Liebe geschildert, daß man wohl von einer gewissen
„Möbellust" sprechen kann; den toten Pescara bahrt Meyer auf
einen mit Goldbrokat bedeckten Thron. Die Gegenstände seiner
Schilderung bekunden einen aristokratischen Kunstgeschmack;
Kellers Worte dürfen selbstverständlich nicht in äußerlicher Weise
auf jene allein bezogen werden: sie dürfen für das ganze Werk
gelten, das nur von einem ausgebildeten Geschmack genossen
werden kann, da der Dichter allen Reichtum äußerer Handlung,
der den gewöhnlichen Leser zumeist anzuziehen pflegt, beiseite
schiebt und fast das ganze Geschehen in die Seele seiner Per=
sonen verlegt — man denke nur etwa an Morone: der Dich=
ter verlangt psychologisch geschulte Leser, denn alles, was in
jenes Seele zwischen dem Antrag, der Versuchung Pescaras,
und dem ersten Wiedersehen mit diesem vor sich geht, muß der

Leser aus ganz sparsamen Worten des Dichters gewissermaßen
sich selbst neu dichten. So darf hier Kellers Urteil als besonders
treffend empfunden werden: nicht jedem gefällt eine Brokat=
gewandung. Und doch: derselbe Dichter, der im Pescarajahre
an einen Freund schrieb: „Sie kennen mich und wissen, daß
sich Etwas in mir sträubt gegen die Betastungen der Menge",
gesteht 1890 einem Besucher: „Man sollte eigentlich nichts vor=
aussetzen und allverständlich schreiben. Ich werd es auch
künftig tun. Mein Traum, mein Sehnen ist, einmal ein Werk
zu schreiben, das für das Volk allverständlich ist". Sein nächstes
Werk war — „Angela Borgia". C. F. Meyer konnte sich selbst
nicht untreu werden.

19. Die letzten Jahre.

Am 14. Februar 1887 kam C. F. Meyer ganz zufällig in
einem Konzert in Zürich neben Gottfried Keller zu sitzen,
nachdem er ihn, wie er sagt, j a h r e l a n g — genauer seit gut
anderthalb Jahren — nicht mehr gesehen hatte. „Wir unter=
hielten uns vorzüglich", berichtet Meyer. Ob wohl auch über
„Salander"? — Es wurde fast lauter Weber gespielt; Keller
hatte, nach Meyers Zeugnis, „obschon er von Musik nichts ver=
stand, sehr feine Empfindung und Urteil". Hätte C. F. Meyer
ein gewisses prächtiges Tagebuchblatt Kellers von 1847 ge=
kannt, er würde gewußt haben, daß hier in ihren Naturen sich
ein verwandter Zug fand; Musik wirkte auf ihre Stimmung in
derselben Weise: Einem Briefe an Luise von François legt
Meyer als „Resultat meiner letzten Winter gehörten 9 Concerte",
das Gedicht „Im Konzert" bei — „Man weiß doch nun, wie man
mit gewissen lyrischen Dichtern — und ich glaube fast der Mehr=
zahl — im Punkte der Tonsprache daran ist. Da treibt einer von
ihnen unter Harmonien und Melodien allerlei Allotria" er=
widert die Korrespondentin launig; Gottfried Keller weiß schon
als 28=jähriger, „daß schöne Musik immer dem Hörenden die=

jenigen Phantasien hervorruft, welche ihm das, was er wünscht,
nach seinem individuellen Charakter vorspiegeln", und führt dies
sinnvoll an einigen Beispielen aus ... „Welch eine ungeheure
Welt der verschiedensten Träume und Empfindungen zertrüm=
mert in einem gefüllten Hause der letzte Bogenstrich eines
großen Tonstückes!" — C. F. Meyer fand Keller an diesem
Abend scheinbar „wohl auf und voller Pläne"; damals hat er
ihm auch erzählt, daß seine Frau durch Erbschaft das Tauf=
häubchen seines Landvogts Landolt besitze.

Man glaubt die beiden vor sich sitzen zu sehen unter den
Reihen der Konzertgäste; Meyers hohe Gestalt mit dem mäch=
tigen Kopf, neben dem Frey die Schädel aller übrigen anwesen=
den Männer gleichsam verkümmert erschienen, als er den Dichter
einmal im Züricher Theater sah, neigt sich im Gespräch achtungs=
voll gegen den kleinen Keller, der, das Haupt mit dem starken
Bartkranze leicht gesenkt, behaglich im Stuhle zurückgelehnt
sitzt, wie Karl Stauffer=Bern ihn auf den wohlbekannten Photo=
graphien und besonders den Radierungen dieses Jahres ver=
ewigt hat.

Diese Begegnung kann als Symbol ihres ganzen Verhält=
nisses zueinander gelten.

Die Beziehungen zwischen Gottfried Keller und Conrad
Ferdinand Meyer waren in den letzten Jahren, wenn man so
sagen darf, diplomatisch geregelt wie die zwischen zwei Groß=
mächten, deren Grenzen sich nun einmal berühren, die keine
Sympathie des Blutes für einander empfinden, aber beide von
der Notwendigkeit überzeugt sind, im beiderseitigen Interesse
und zur Wahrung des politischen Gleichgewichts sich zu vertragen
und nicht aneinander vorbeizusehen. Als man bei Keller wegen
der Gründung einer Zweigstiftung der Schillerstiftung in der
Schweiz anfragt, hält es dieser „bei unserm Nachbarschaftsver=
hältnis für convenabel, daß ich Ihnen meinen Standpunkt in
Sachen mitzuteilen mir erlaube". Er denke jenen Vorschlag ab=

zulehnen: „Wollten Sie nun die Güte haben, mir mit zwei
Worten Ihren Standpunkt zu erkennen zu geben, so könnte ich
im Falle gegenteiliger Gesinnung in der Fassung meines Be=
richtes geziemende Rücksicht nehmen und allfällig Choquieren=
des vermeiden, ohne deswegen meine Ansicht zu ändern".
Meyer erwidert, er sei im Begriff gewesen, Keller „quasi die=
selbe Eröffnung zu machen, ... fand es dann aber angemessen,
meinem Senior die Initiative zu überlassen". In der Sache
selbst denke er mit Keller übereins, auch er halte eine einmalige
Schweizer Spende für das Rechte. Nach seiner Anregung
tauschten beide dann sogar die Entwürfe ihrer Antworten aus,
wobei Keller nur Meyers Wendung, „es gebe noch keinen
Schriftstellerstand in der Schweiz" bemängelt; er nimmt Ver=
anlassung, in drastischer Weise das Gegenteil festzustellen, mit
allerlei ergötzlichen Seitenblicken auf diesbezügliche Erschei=
nungen. Das endgültige Gutachten holte sich C. F. Meyer
selbst. Bekanntlich ist die von den beiden Dichtern damals ab=
gelehnte schweizerische Schillerstiftung doch später (1905) zu=
standegekommen. —

Meyer seinerseits tut sein Möglichstes, um Keller bei ver=
söhnlicher Stimmung zu halten. Als ein junger Bildhauer ihm
mitteilte, daß er Keller um Erlaubnis bitten werde, sein Relief
machen zu dürfen, legt er Wert darauf zu versichern, daß
er „nicht daran gestoßen habe"; a u c h   i h m sei, fügt er nicht
ohne einen leisen Unterton von Stolz hinzu, das Zusammen=
genannt oder Abgebildetwerden nicht angenehm. Im übrigen
könne er jenen jungen Künstler nur empfehlen: „Nehmen wir
die Sache mit Humor". Das konnte Keller denn auch um so
eher tun, als der Bildhauer sich bei ihm gar nicht sehen ließ,
wie er ein paar Monate später gelegentlich schreibt: „In=
zwischen bin ich wieder einem anderen dieser Pygmalionen zum
Opfer gefallen .." Waren die beiden diesmal einer Doppel=
aufnahme entgangen, so erschien dafür in der Weihnachtsnum=
mer einer Zeitschrift des gleichen Jahres ein wenig glückliches

Doppelbildnis Keller-Meyer, was letzterer sogleich als „Demonstratio ad oculos" seiner Unschuld dem Mitabkonterfeiten mitteilt, der mit galligem Humor seine „Gegenkondolenz" abstattet,
von Meyers Schuldlosigkeit an der ganzen Machenschaft wie
den Entstellungen und Unwahrheiten der Bilder und des Textes
sogleich überzeugt. Einen andern von Meyer in seinem
Schreiben noch einmal berührten Streitpunkt beschweigt er: die
„Geibelsache". Er mochte sich nachträglich doch ein wenig
schämen, daß er einen offenen Streit vom Zaune gebrochen
hatte — den einzigen eigentlich, den er mit Meyer hatte. Da
der Fall für die Reizbarkeit Kellers in den letzten Jahren kenn-
zeichnend ist, so setze ich Meyers Bericht darüber in seinem vollen
Wortlaut hierher:

„Als es sich um das Geibeldenkmal handelte" — Winter-
anfang 1884 — „hatte sich der Ausschuß an mich gewandt, ich
möge den Aufruf mit unterzeichnen. Ich sagte ja, aber nicht
ohne Keller, und übernahm es, Keller zu bitten, wohl wissend,
er würde gekränkt sein, daß man ihn nicht zuerst aufgefordert
habe. Als ich nun zu Keller komme, steigt dem die Galle auf
und er schleudert mir die Worte ins Gesicht: ‚Ja, aber der
Rodenberg zahlt mir doch höhere Honorare als Ihnen‘." (Um
diese Zeit waren sowohl „Die Richterin" als „Martin Salander"
der „Deutschen Rundschau" versprochen worden.) „Wie man
in der Wut, nicht wissend wie, jemandem das Nächstliegende,
einen Stein, eine Kanne gegen den Schädel wirft. Da stieg
mir das Blut ins Gesicht und ich konnte kaum an mich halten.
Aber ich half mir mit einer List und sagte: ‚Sie wollten mir ja
Geibels Brunhild einmal geben, ich möchte sie mitnehmen‘.
Nun lag die Brunhild nicht zur Hand, sie war im Buchgestell
und Keller konnte sie nicht finden. Er suchte im untersten Fach.
Dabei mußte er sich bücken, was ihm bei seiner Korpulenz schwer
fiel. Aber ich sagte nicht: ‚Lassen Sie, ich will sie nächstens mitnehmen, oder Sie können sie schicken‘. Ich ließ ihn suchen, bis
er sie hatte. Inzwischen war ich ruhig geworden, konnte weiter

150

sprechen, die Sache arrangierte sich und wir schieden ohne Bruch.
— Die richtige Antwort auf jene unglaublichen Worte ist mir
hinterdrein als Treppenwitz eingefallen: „Ja, Rodenberg wird
wohl denken, Sie hätten es nötiger als ich‘.“ Und trotzdem Meyer
der Gekränkte war, versichert er spontan nachher brieflich seine
Unschuld an der „Geibel-Sache": „Man kann es keinem Men=
schen verübeln, daß er von zwei Ungelegenheiten die kleinere
wählt. Sie für den Aufruf nicht in Anspruch zu nehmen, wäre
töricht, eventuell illoyal gewesen, und so blieb mir nichts, als Sie
zu belästigen. — Das werfen wir mit 1884 hinter uns! Lassen
Sie uns freundlich neben einander wandeln und wirken, Jeder
nach seiner Kraft! Hoffentlich noch eine lange und gute Zeit".

Nachdem Keller diesen Neujahrswunsch 1885 erwidert hat,
klafft in dem kleinen Briefwechsel eine Lücke von fast drei Jahren.
Ihr Anfang liegt (wohl nicht durchaus zufällig) in der Zeit, um
die Arnold Böcklin nach Zürich kam, Kellers innigster Freund
während der letzten Lebensjahre. Der jüngste Biograph Meyers
glaubt, daß an der ablehnenden Haltung, die Böcklin gegen
C. F. Meyer einnahm, Gottfried Keller wohl nicht ganz un=
schuldig gewesen sei. Jenes Zusammentreffen im Konzert
scheint langehin die einzige Begegnung gewesen zu sein, höch=
stens, daß sich die beiden einmal zufällig in den Lesesälen der
zürcherischen Museumsgesellschaft trafen. Denn in den alten
stadtzürcher Kreisen, in denen Meyer in den zwei letzten Dezen=
nien seines Lebens mit einem unverhohlenen Behagen ver=
kehrte, war Keller zwar bekannt, aber nicht heimisch. Dazu kam,
daß beide in diesen Jahren häufig von Krankheit heimgesucht
wurden — für Meyer war besonders 1888 ein böses Jahr.

So konnte er nicht an der Beerdigung von Kellers Schwester
Regula teilnehmen; er mußte sich mit einem Beileidsschreiben
begnügen: „Möge das Vermissen der langjährigen Lebens=
gefährtin — der Sie freilich die Ruhe gönnen werden — nicht
zu schwer auf Ihnen lasten und Ihre uns allen teure Lebens=
kraft in keiner Weise beeinträchtigen". (9. Oktober 1888.) Auch

Luise von François teilt er den Trauerfall mit. Daß er mit
feinem Gefühl hinter der rauhen Außenfeite die innere Güte
Regula Kellers erkannt hatte, bezeugen feine Erinnerungen, wo
er erzählt, daß auch fie jenes eigentümlich anmutige Lächeln
befaß, das fich „wie ein wanderndes Licht" über das ganze Ge-
ficht verbreitete.

Der fiebzigfte Geburtstag Gottfried Kellers nahte heran.
Schon monatelang vorher teilte C. F. Meyer dem Freunde
Adolf Frey ungefragt mit, was er Keller zu dem feftlichen Anlaß
zu fchreiben gedenke: „Ganz einfach, nur wenige Zeilen".
Sprach er hier doch gewiffermaßen öffentlich, nicht bloß als
Menfch zum Menfchen. Er wartete den 19. Juli nicht ab, da
er ins Gebirge zu reifen gedachte und überdies mußte, daß Keller
feinen Geburtstag nicht in Zürich, fondern irgendwo ganz im
Stillen verbringen wollte. Schon am 6. Juli fandte er feinen
Glückwunfch: „Ich tue es mit dankbarem Herzen. Während
meines längeren Unwohlfeins hatte ich die Muße, wieder einmal
Ihre ganze Dichtung langfam zu durchlaufen, und fie hat mir
äußerft wohl getan, mehr als jede andere, durch ihre innere
Heiterkeit. Auch meine ich, daß Ihr fefter Glaube an die Güte
des Dafeins die höchfte Bedeutung Ihrer Schriften ift. Ihnen
ift wahrhaftig nichts zu wünfchen als die Beharrung in Ihrem
Wefen! Da Sie die Erde lieben, wird die Erde Sie auch fo
lange als möglich fefthalten. Daß ich Sie ftets nach meinen
Kräften gewürdigt, verehrt und lieb gehabt habe, wiffen Sie,
wie ich auch gewiß bin, daß Sie — trotz meiner Mängel — Ihre
gute Meinung und Ihr Wohlwollen mir erhalten werden. Alfo,
Gottbefohlen, Meifter Gottfried!" Man weiß, daß Gottfried
Keller für die Glückwünfche zu diefem feinem letzten Altersfefte
nicht mehr im einzelnen hat danken können, daß er fchließlich
dem Freunde Böcklin die Abfaffung eines kurzen Kollektivdankes
überlaffen mußte. Mit einer rührenden Befcheidenheit hat er
von den Ehrungen gefprochen.

„Die Feier Kellers hat mich eigentlich gerührt", fchreibt

C. F. Meyer am 18. August nach Weißenfels; „Es war klug von
ihm, daß er sich über seinen Ruhm etwas skeptisch äußerte, er
vermindert ihn dadurch nicht. Ich habe ihn im Grunde unge=
heuer gern, ohne es ihn wissen zu lassen oder ihn zu besuchen.
Einen Brief habe ich ihm aber doch zu seinem Feste geschrieben“.
Am Ende des Jahres hat C. F. Meyer seinem Landsmanne,
„dem alten Meister“ als „alter Geselle“ zum letztenmal „das
gute Jahr“ gewünscht. Die letzte Krankheit hatte schon begonnen;
bereits eine Woche vor Weihnachten bat Meyer den gemein=
samen Freund Frey um eine Zeile Nachricht über das Befinden
Kellers.

20. Gottfried Kellers Sterben.
Sein Andenken.

Als zu Anfang Februar 1890 von Kellers Gesundheit
Schlimmes berichtet wurde, drängte es C. F. Meyer, ihn
noch einmal zu sehen. Er suchte ihn am Montag den 10. Fe=
bruar auf. Diese unvergeßliche letzte Begegnung hat er in den
„Erinnerungen“ beschrieben. „Ich fand ihn auf seinem Lager,
völlig hellen Geistes. Er empfing mich sehr freundlich und sprach
viel, aber kaum hörbar. Es war ein Spinnen und Weben der
Phantasie, von dem sich nicht leicht ein Begriff geben läßt.“
Meyer blieb wohl zwei Stunden an seinem Bette, sich über
seinem „allerliebsten traumhaften Geplauder“ vergessend. Es
kam die Rede auf jenen Besuch, den Meyer vor ungefähr zehn
Jahren mit Hermann Lingg bei Keller gemacht hatte, und, als
Meyer erzählte, Lingg habe von Ananias und Saphira nichts
gewußt, plauderte Keller von der Schönheit mancher biblischen
Geschichten, besonders dem poetischen Gehalt der Erzählung von
Eutychus in der Apostelgeschichte. Er sprach auch von der Fort=
setzung des Salander. Der Gedanke an die Unsterblichkeit machte
ihm viel zu schaffen; aber der Dichter der Vergänglichkeitslieder
hat sich nicht wegen der Unsterblichkeit seiner Seele gequält,

sondern um die seiner Werke; „und doch ist ihm die sicher“, fügt C. F. Meyer seiner Erzählung hinzu. Er versicherte Keller, daß seine Dichtungen die beiden Merkmale der Dauer in sich trügen; sie seien Werke dichterischer Phantasie, hervorgegangen aus der Liebe zu seinem Volke. „Inzwischen drehte er unauf= hörlich die Karte, durch die ich mich gemeldet hatte, bis ich sie ihm sachte aus den Fingern zog. ‚Ich meinte nur‘, sagte er, ‚in den schönen weißen Raum ließe sich ein Vers schreiben‘. Welcher denn? fragte ich. ‚Nun, zum Beispiel‘, sagte er: ‚Ich dulde, Ich schulde..‘, womit er wohl den Tod meinte, welchen wir alle der Natur schuldig sind.“ „Ich schulde, Ich dulde “ Keller konnte von den Worten nicht loskommen, und Meyer meinte, er habe doch gewiß nichts verschuldet. „Aber es gibt im Leben eines jeden Menschen Dinge, die er sich zurecht zu legen hat“, sagte Keller später noch zu Frey. Als Meyer ihm sagte, er sei eigentlich nur einmal zornig auf ihn gewesen, erwiderte der Kranke: „Ich hab’s vergessen“. — „Und ich schon tausend= mal“, war die Antwort. Zartfühlend hat Meyer, der davon nicht öffentlich erzählen wollte, in seinen „Erinnerungen“ ver= schwiegen, daß Keller ihn bat, jenen Vers ihm aufzuschreiben; er wolle die Karte in der Hand behalten, wenn er im Sarge liege. Rodenberg sagt, der Gedanke, mit dem Gefühle inner= licher Versöhnung von Keller geschieden zu sein, habe für Meyer etwas sehr Beruhigendes und Wohltuendes gehabt.

„Stunden vergingen so und es wurde Zeit zu scheiden. Wir wollen vom Sommer Heil erhoffen, sagte ich. ‚Ja‘, scherzte er, ‚und ein Landhaus am Zürichberg mieten‘. Es war ein Jammer. Ich glaubte nicht an seine Genesung und er wohl auch nicht. Die Tränen traten mir in die Augen, und rasch nahm ich Abschied“.

∞

Das langsame Sterben Gottfried Kellers verfolgt C. F. Meyer mit herzlicher Teilnahme, jede scheinbare Wendung zum Besseren, jede Hoffnung seinen Freunden schreibend. Frey muß

so oft als möglich von Kellers Befinden Meldung machen, da
er selbst sich „zu fragen scheue". „Ich sollte wieder hingehen",
sagte er Anfang April zu Wille, „wenn ich nur sicher wäre, es
eben so gut zu treffen wie das letzte Mal". „Es ist seltsam, wie
Keller sein langsames Ende in der ‚kleinen Passion' .. gleich=
sam prophezeit hat", schreibt er Frey, und an Paul Heyse gegen
Ende Mai: „Eben schrieb man mir: Keller hat noch immer nicht
sterben können. Jeden Tag, jede Stunde wird sein Heimgang
erwartet, doch kann er am Ende noch 14 Tage leben .. Als
einem alten und nahen Freunde Kellers mußte ich es Ihnen
mitteilen". Es wäre ihm der Friede zu gönnen, wünscht Meyer
in diesen Tagen.

∞

Er wurde ihm am 15. Juli endlich zuteil. „Es ist Keller
zu gönnen, daß ihn ein sanfter Tod hinwegnahm, jetzt da sein
Wirken geschlossen war; uns aber wird er ganz nahe und gegen=
wärtig bleiben, da sich ja sein ganzes Wesen in jeder Zeile seiner
Schriften ausdrückt ... Er hat die Heimat sehr geliebt, die es
ihm mit gleicher Liebe vergilt" — mit diesen Worten, deren
Zusammenhanges schon gedacht ist, spricht C. F. Meyer zwei
Tage nach Kellers Tode der „Neuen Züricher Zeitung", in
deren Redaktion der Verewigte treue Freunde und Verehrer
besitze, sein Beileid aus. Man hört es dem objektiven Tone an,
daß er hier nur einem „sozusagen analytischen Drange" ge=
horchte, daß ein volles Schmerzgefühl noch nicht bis in sein
Inneres gedrungen war. Am 19. Juli schrieb er an Rodenberg:
„Ich würde mich gar nicht wundern, wenn in seinem Nachlaß
etwas Unangenehmes für mich zum Vorschein käme — ich
verzeihe es im Voraus", und zwar, wie er in einem Briefe an
H. Lingg hinzusetzt, in dem er die gleiche Vermutung aus=
spricht, „um all der Freude willen, die mir seine Schriften noch
täglich machen". Erst nach und nach, gewissermaßen verspätet,
wie das in der Beschaffenheit seiner Psyche begründet ist,
kommen ihm Trauer und Schmerz. „Der Hingang Kellers

tut mir sehr leid. Und jetzt besonders, da nichts Persönliches
mehr hineinspielt, wird er mir doppelt lieb. Er ist ein großer
Dichter". „So ist denn unser Gottfried in den Flammen be=
stattet, und ich kann Sie versichern, daß es mir s e h r n a h e
geht" — so spricht er am 23. und 24. Juli. „Obgleich ich, wie
Sie wissen, mit Keller auf gar keinem Fuße stand, mangelt er
mir doch und betraure ich ihn mehr, als mir eigentlich bei der
Seltenheit unseres Umgangs erlaubt ist", sagt er Lingg (1. Au=
gust). Luise von François findet einige würdige Worte über
Kellers Tod, der Meyer „als Landes= und Geistesbruder" tief
berührt haben werde. Auch das deutsche Volk hat ihn geehrt
und verstanden,   wie kaum einen Schweizer, der er als
Dichter ja durch und durch war. Sie werden lebenslang eine
leere Stelle in Ihrem Umkreis spüren." Meyer antwortet
(25. Juli): „Kellers Hinschied geht mir nahe ... man kann sich
kaum daran gewöhnen, daß Keller tot sei". Als Adolf Frey
später den Dichter in Königsfelden besuchte, und das Gespräch
namentlich an einem Julitage, als jener unmittelbar vom
Besuch der im Züricher Helmhause veranstalteten Gottfried=
Keller=Ausstellung sich einfand, vielfach um Keller sich drehte,
wollte Meyer (auch bei einem späteren Besuche) nicht glauben,
daß Keller nicht mehr unter den Lebenden wandele. Er war
ihm wie ein Schutzgeist der Heimat, wie Meyer in den „Er=
innerungen" einmal gesagt hat — der nicht sterben kann. Ge=
dachte er des Toten, so geschah es mit tiefer Wehmut. „Als
wir etwa ein Vierteljahr nach der Bestattung Kellers", erzählt
Frey, „an einem strahlenden Septembertag im Garten zu
Kilchberg wandelten und uns dann auf eine Bank setzten, sagte
Meyer, nachdem er eine Weile ernst vor sich niedergeblickt und
hernach die leuchtenden Augen auf die schimmernden Schnee=
gebirge gerichtet hatte, mit einem wehmütigen Tone: ‚Wie oft
und oft in diesen schönen Tagen muß ich denken: jetzt ist Gott=
fried Keller fort und sieht das alles nicht mehr! Und was für
ein Recht habe ich denn, noch da zu sein?' Dann ging das Ge=

ſprach über auf den großen Toten, auf ſeine Werke und, wie
nicht ſelten, auf das perſönliche Verhältnis zwiſchen den beiden
Dichtern".

Meyer hat Keller noch langſam zu einer geſchichtlichen Per=
ſönlichkeit werden ſehen. Es wurde ihm, deſſen letzter Beſuch
bei Keller, deſſen „Erinnerungen" an den Landsmann natürlich
nicht unbekannt geblieben waren, nicht erſpart, zu dem Prozeß,
den Kellers Verwandte um das patriotiſche Teſtament des
Meiſters anſtrengten, Anfang Mai 1891 als Zeuge gerufen zu
werden. Er hatte das kommen ſehen und durfte aus ehrlichſter
Überzeugung — der er mehrfach Worte geliehen hat, und die
vor allen Dingen bei der endgültigen Stiliſierung der „Er=
innerungen" ihm die Feder führte — vor Gericht wie privatim
für die Gültigkeit der letzten Wünſche ſeines verewigten Lands=
mannes ſich kräftig einſetzen. Daß der letzte Wille Kellers auf=
recht erhalten wurde, gereichte ihm zu hoher Befriedigung.

Was über Keller veröffentlicht wurde, verfolgte er mit regem
Intereſſe und hielt mit Zuſtimmung oder Tadel nicht zurück.
Von ſeinem Anteil bei Adolf Freys Keller=Erinnerungen iſt
ſchon die Rede geweſen; einen Aufſatz Lina Freys begrüßt er als
„Anfang einer gerechten und ehrerbietigen Kritik. Die Grenzen
der Kellerſchen Begabung werden konſtatiert und innerhalb der=
ſelben ſeine unergründliche Fülle und Tiefe". Es freut ihn, zu
vernehmen, daß Kellers Nachlaß, beſonders ſeine Korreſpondenz
ſehr vollſtändig iſt und ein zum Teil neues Bild von ihm zu
geben verſpricht, und mit Vergnügen hebt er hübſche Stellen
einzelner hier und da im Druck erſcheinender Briefe hervor.
Erſt durch die Ankündigung des Nachlaſſes erfährt er von den
dramatiſchen Entwürfen Kellers und teilt, dies überraſcht Her=
mann Lingg mit: „Da bin ich denn doch begierig". Die Über=
raſchung kommt auch an einer Stelle ſeiner „Erinnerungen"
zum Ausdruck. Eine Außerung über die „Nachgelaſſenen
Schriften" Kellers von 1892 oder über Bächtolds große Keller=

biographie liegt nicht mehr vor. Verständnislosen oder ent=
stellenden Veröffentlichungen über den toten Dichter tritt er
kräftig entgegen. Als Kellers religiöse Stellung angegriffen wird,
schreibt er: „Ich erinnere mich ganz deutlich, alle .. Bedenken
auch selbst — bei der ersten Lektüre — empfunden zu haben;
jetzt aber bin ich daran gewöhnt und vergesse sie über dem
Ganzen und darüber, daß Keller die Hauptsache, eine höchst
ursprüngliche Phantasie besitzt. Besonders jetzt, da er tot ist,
reinigt sich sein Bild für mich völlig von dem Gemeinen, das
dem Lebenden anklebte und das durchaus nicht in seinem Wesen
lag ... Wenn sich jetzt der Tote zu einer Nationalgröße aus=
wächst, so ist das für ein Land ein Glück, wo der Respekt immer
seltener wird. An seinen sehr edeln patriotischen und sittlich
tüchtigen Seiten haben die Schweizer zu lernen, und seine Ro=
heiten machen ihn eben populär. Im Grund habe ich ihn lieb
gehabt und er mangelt mir geradezu". Bei Anlaß eines
„Klatsches" in einer neu erschienenen Kellerschrift bittet er
J. V. Widmann, der ihm für eine Zurückweisung die „maëstria"
zu haben scheine, an geeigneter Stelle zu betonen: „daß ich Keller
stets aufrichtig verehrte, so lange er unter uns war, und daß er,
seit er uns verließ, meinem völlig unbefangenen Urteil wo mög=
lich, Mensch und Werke, noch höher steht".

158

Wir sind am Ziele unserer Wanderung

durch die langen Jahre, in denen zwei Dichter, zwei Menschen nicht zueinander finden konnten, so daß es schließlich bei einem Nebeneinander sein Bewenden haben mußte. Als ich der greisen Schwester Conrad Ferdinand Meyers meine Absicht mitteilte, nach dem persönlichen und dichterischen Verhältnis der beiden zu suchen, meinte sie, ein solches wäre ihr, die neben ihnen stand, schwer zu finden: „Sie erscheinen mir, wie zwei demselben harten Boden entwachsene, denselben rauhen Winden ausgesetzte Bäume, die in einiger Entfernung der eine vom andern, jeder in seiner Art, wie Nußbaum und Eiche, in die Breite und die Höhe gehen." Ich glaube, daß die Baumkronen doch hier und da, wenn die Luft danach ging, ineinanderwehten.

Nur selten freilich und an wenigen Stellen bloß. Wir müssen trachten, die beiden Erscheinungen von ihren Schwerpunkten aus zu begreifen wie zwei lebendige Sphären, deren Wesenszentren die Vorsehung von Anbeginn ziemlich weit auseinandergerückt hat, und die nur einen kleinen Raum gemeinsam haben, da ihre Flächen fast nur sich berühren bei dem Umgange, kaum sich durchdringen. Von diesem gemeinsam durchmessenen Lebensabschnitt einen genauen Umriß zu liefern, war meine Aufgabe. Ein in allen Zügen getreu ausgeführtes, umfassendes Charakterbild beider versuchen konnte ich nicht; aber ich mußte bei Umschreibung jenes kleinen Raumes wenigstens eine Hindeutung auf Kern und Umfang einer jeden der beiden Erscheinungen wagen, um den rechten Hintergrund aufzustellen.

Eine Zusammenkoppelung der zwei zu einem Dichterpaar — wenn es nach allem einer solchen Versicherung noch bedarf — habe ich nicht bewerkstelligen wollen. Das wäre ja auch unmöglich. Nicht zusammenschmieden ließen sie sich weder mit Kunst noch mit Gewalt, wie zwei Metalle, deren Art einmal heterogen ist. Aber ich habe sie noch einmal dicht aufeinanderrücken wollen, damit Ähnlichkeiten und Verschiedenheiten in allen Einzelzügen scharf heraustreten möchten, scheinbar Gemeinsames, wirklich

Trennendes so gut' als möglich endgültig seinem Wesen nach
erkannt und ihm sein Platz in dem Gesamtbilde der beiden Per=
sönlichkeiten zugewiesen werde, um dadurch den Blick auf die
über all diesen Dingen stehende und zugleich ihren tiefen Unter=
grund bildende Einheit des dichterischen Genius freizumachen.

Charlotte von Schiller sagt einmal im Hinblick auf Goethe
und Schiller: „Zwei Geister, die große Kräfte haben, müssen
sich in ihrer Bahn begegnen, aber keiner braucht den andern in
seinen Kreis hinein zu zwingen ... Ein vereinigtes Streben
großer Kräfte kann mehr Wirkung hervorbringen, aber zwei
solche genialische Naturen können sich nicht nacheinander bilden.“
Die Worte finden auch für Keller und Meyer Anwendung.
Und doch ist bei Goethe und Schiller alles Menschliche so ganz
anders gewesen als bei Keller und Meyer, die man oft, mit
größerer oder minderer Berechtigung, diesen mit Schiller, jenen
mit Goethe verglichen hat. Wir wissen nun den Grund:
Keller wußte das Vergängliche hier nicht von dem Bleibenden
zu unterscheiden, und so hat nicht der beste Teil ihres Wesens,
sondern dessen Äußeres zuvörderst ihr Verhältnis bestimmt. Das
Geistige hat sich nicht in dem Maße übermächtig erwiesen wie
bei den beiden Dichtern der klassischen Zeit.

In den immer aufs neue wiederholten Versuchen, der
Eigenart Kellers und Meyers durch Parallelisierung zu Goethe
und Schiller nahe zu kommen, drückt sich mehr oder weniger
bewußt die Erkenntnis aus, daß der Fortgang alles geistigen
Lebens in dem Wirken sich scheinbar befehdender, tatsächlich aber
sich ergänzender Erscheinungen gegensätzlicher Art begründet ist.
Uns geht hier nur das Reich der Dichtung an: poetische Gegen=
sätze wie Wolfram von Eschenbach und Gottfried von Straß=
burg tauchen im Verlaufe der Jahrhunderte immer wieder auf,
ohne je sich zu wiederholen, da das Widerspiel in den beiden
Trägern stets ein neues Antlitz zeigt, die alte Erscheinung in
immer neuen Abstufungen und Färbungen sich abwandelt.
In die Reihen der Kämpfer in diesem uralten und ewig neuen

Wettstreite treten Gottfried Keller und Conrad Ferdinand Meyer. Wir aber müssen uns bewußt sein, daß sie trotz ihrer Gegensätzlichkeit, ja gerade durch sie e i n e r Sache dienen.

Der sterbende Held Zwingli in Kellers „Ursula" sieht über dem dämmernden Felde nach dem unseligen Tage den Himmel offen stehen. Da lagerte eine graue Wolkenbank „mit purpurnem Rande gleich einem unabsehbaren Göttersitze. Auf derselben aber schwebten aufrechte leichte Wolkengebilde in rosigem Scheine, wie ein Geisterzug, der eine Weile innehält. Das waren wohl die Seligen, die den Helden in ihre Mitte riefen, und zwar .. nicht nur die Heiligen des Alten und Neuen Testamentes und der Christenkirche, sondern auch die rechtschaffenen Heiden: Herkules, Theseus, Sokrates, Aristides .. Und auch Pindaros war da mit schimmernder Kythara ... " Ich mußte an diese liebliche Vision denken, als ich zum erstenmal der „Bergpredigt" Meister Eduards von Gebhardt gegenübertrat. Da zieht sich auch über der hoffenden Menschheit, weit über die blauenden deutschen Täler und Berge hin eine lange schwebende Wolkenbank. Sie trägt den Chor der Seligen. Es stehen mit den Heiligen und Kirchenmännern Schulter an Schulter auch rechtschaffene weltliche Männer, und zusammen singen Bach und Mozart — auch zwei von jenen ewig Leben spendenden Gegensätzen — zur Erde hinab. Und weil ich gerade dem Wesen der beiden seligen Meister Gottfried Keller und Conrad Ferdinand Meyer nachsann, suchte ich auch sie im Chore. In den vordersten Reihen fand ich sie nicht, und weiter hinten verloren sich die Scharen fernab im Gewölk. Aber sie müssen da sein, und ich stelle sie mir gerne vor, wie sie zusammen auf einem kleinen Wolkenhügel stehen, heiteren Auges. Ein voller und feiner Ton, dringen ihre Stimmen heraus aus dem gewaltigen Klangmeere, über das liebe deutsche Land hin bis an die weißen Spitzen der Alpen. Sie singen zusammen von e i n e m Blatte.

✕✕✕✕✕✕✕✕✕✕✕✕✕✕✕✕✕✕✕✕✕✕✕✕✕✕✕✕✕✕✕✕✕✕

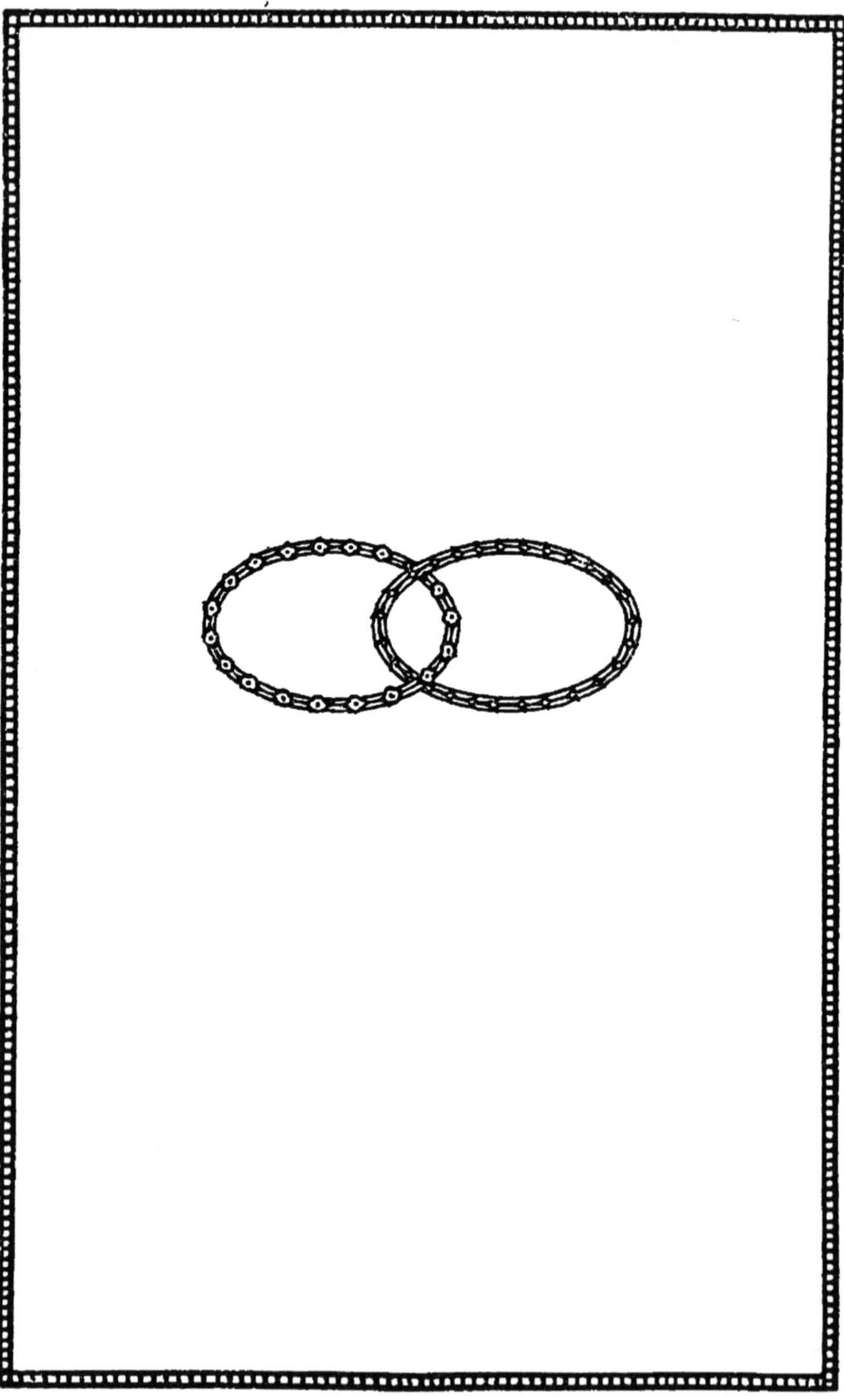

Anmerkungen.

Abkürzungen:

Bächt. = Gottfried Kellers Leben. Seine Briefe und Tagebücher. Von Jakob Bächtold. 3 Bände. Berlin 1893 ff.

Betsy = Conrad Ferdinand Meyer in der Erinnerung seiner Schwester Betsy Meyer. Berlin 1903.

Bettelh. = Luise von François und Conrad Ferdinand Meyer. Ein Briefwechsel. Herausgegeben von Anton Bettel= heim. Berlin 1905.

Br. = Briefe Conrad Ferdinand Meyers. Nebst seinen Rezen= sionen und Aufsätzen herausgegeben von Adolf Frey. 2 Bände. Leipzig 1908.

Erinn. = Erinnerungen an Gottfried Keller. Von Conrad Ferdinand Meyer (Zitiert nach dem Abdruck in Br. Bd. II, S. 512—518).

Frey, Erinn. = Erinnerungen an Gottfried Keller. Von Adolf Frey. 2. Auflage. Leipzig 1893.

Frey, M. = Conrad Ferdinand Meyer. Sein Leben und seine Werke. Von Adolf Frey. 2. Auflage. Stuttgart und Berlin 1909.

Ges. W. = Gottfried Kellers Gesammelte Werke. 10 Bände.

Kalischer = Conrad Ferdinand Meyer in seinem Verhältnis zur Renaissance. Von Erwin Kalischer. Berlin 1907.

Kögel = Bei Conrad Ferdinand Meyer. Ein Gespräch. Mit= geteilt von Fritz Kögel. (Die Rheinlande Jahrg. I. [1900], Bd. 1, S. 27 ff.)

Köster = Der Briefwechsel zwischen Theodor Storm und Gott= fried Keller. Herausgegeben und erläutert von Albert Köster. 2. Auflage. Berlin 1904.

Langm. = August Langmesser, Conrad Ferdinand Meyer. Sein Leben, seine Werke und sein Nachlaß. Dritte Auflage. Berlin 1905.

Nov. = Novellen von Conrad Ferdinand Meyer. 2 Bände: I. 1. Das Amulet. 2. Der Schuß von der Kanzel. 3. Plautus im Nonnenkloster. 4. Gustav Adolfs Page. — II.: 1. Die Hochzeit des Mönchs. 2. Das Leiden eines Knaben. 3. Die Richterin. (Die anderen Werke sind nach den Einzelausgaben zitiert.)

**Die Ziffern vor den Anmerkungen zu den einzelnen Seiten be=
zeichnen die wichtigsten unmittelbaren Zitate auf den be=
treffenden Seiten in der Reihenfolge des Textes.**

S. 1. Ges. W. Bd. 10, S. 30. — des gemeinsamen Ju=
gendpoeten: Herwegh; vgl. S. 10. „Gedichte eines Lebendigen"[12],
S. 201 ff.

S. 3. einer seiner Landsleute: Adolf Vögtlin,
Geschichte der deutschen Dichtung 1910, S. 250. — Meyer selbst be=
hauptete: Frey, M. S. 306. — fremden Besuchern: vgl.
W. Langewiesche, Ein Besuch bei Conrad Ferdinand Meyer (Die
Gegenwart, Bd. 42, 1892), S. 182.

S. 4. Br. Bd. II, S. 312. Bettelh. S. 68. — Lina Frey: Conrad
Ferdinand Meyers Gedichte und Novellen 1892, S. 42.

S. 5. Bettelh. S. 104, 16, 197. Br. Bd. II, S. 26. Vgl. Gottfried
Keller. Ein literarischer Essay von Otto Brahm. Berlin 1883, S. 15.

S. 6. Ges. W. Bd. 9, S. 165. Br. Bd. I, S. 250 und Anmerkung.
Bd. II, S. 389. Betsy S. 157. — deutschen Besuchern: Kögel
S. 27 f., Langewiesche a. a. O., Hans Blum, Ein Besuch bei Conrad Fer=
dinand Meyer (Deutsche Revue 1909, Bd. III), S. 243. — Schriftchen
über seinen „Erstling": jetzt Br. Bd. II, S. 523. — „Der deutsche
Schmied" vgl. Frey, M. S. 223. „Das Gewitter", vgl. Betsy
S. 156 f.; Hans Trog, C. F. Meyer. Sechs Vorträge. Basel 1897, S. 32.
„Trinklied" von 1873: vgl. Heinrich Moser, Wandlungen der
Gedichte C. F. Meyers. Leipzig 1900, S. 14 ff. — Auch Meyer sind
Angriffe nicht erspart geblieben: vgl. K. E. Franzos,
Conrad Ferdinand Meyer. Ein Vortrag. Berlin 1899, S. 21.

S. 7. Betsy S. 153. Bettelh., S. 266; vgl. ebenda S. 43, 115, 174. —
„Ufenau" (Ges. W. Bd. 9, S. 211 f) ist von 1858; s. o. S. 114. —
Zwingli: vgl. Ges. W. Bd. 6, S. 375 ff, 400 ff, 421 f. Die Sterbe=
stunde des Reformators zeichnet auch C. F. Meyers Gedicht „Der Land=
graf"(Ged. S. 369 f.):

Wie Meister Ulrich Zwingli lag
Am grünen Hag,
Den hellen Blick gebrochen!
„Komtur": vgl. Frey, M. S. 299.

S. 8. Kalischer S. 207 f. — Romanische Einflüsse in
Gottfried Kellers Dichtungen behandelt M. Cornicelius
in der Festschrift für Adolf Tobler zum 70. Geburtstag, dargebracht von der
Berliner Gesellschaft für das Studium der neueren Sprachen 1905, S. 117
bis 136; über Hugo und Ariost vgl. S. 119 f., über Hugo auch Bächt. Bd. I,
S. 82. Noch Dante könnte man nennen, den Keller verehrte und im

„Sinngedicht" erwähnt hat (Ges. W. Bd. 7, S. 39), während Meyer ihn in
der „Hochzeit des Mönchs" neu belebte. — erzählte erst Adolf Frey:
M. S. 35, 44 f, 49. Zu den übrigen biographischen Einzelheiten vgl. ebenda
S. 36, 251; Betsy S. 7; auch O. Stoeßl, Conrad Ferdinand Meyer
(Die Literatur, herausgegeben von Georg Brandes, Bd. 25) S. 12.

S. 9. Br. Bd. I, S. 297. Bächt. Bd. I (⁴), S. 213. Br. Bd. II, S. 175,
193. — Franzos: a. a. O. S. 16 f. — „ist auf Rechnung der Zu-
stände" usw., vgl. auch Betsy S. 62 f. — nach dem Berichte der
Schwester: ebenda S. 64 f. Dazu Frey, M. S. 41, 51. — Jean
Pauls Einfluß bei Keller: vgl. Brahm a. a. O., S. 48 ff. A. Köster,
Gottfried Keller. Sieben Vorlesungen. 2. Aufl. 1907, S. 61 f. O. F. Wal-
zel, Anzeiger für deutsches Altertum und deutsche Literatur Bd. 27 (1901),
S. 81. In einer Unterhaltung mit Frey bestritt er Jean Pauls Einfluß, vgl.
Frey, Erinn. S. 27. — stark zusammengestrichen: vgl. jetzt
Ges. W. Bd. I, S. 275. — „.. die von Vischer stammt": vgl.
F. Th. Vischer, Altes und Neues S. 150 f.

S. 10. Br. Bd. II, S. 270. Bettelh. S. 64. — Herwegh als
Jugendpoet: vgl. Langm. S. 99. — die Schwester freilich
sagt: Betsy S. 68. — In einem Briefe von 1884 schreibt C. F. Meyer
einmal: „Frappiert haben mich die Gervinus'schen Jdyllenstoffe. Napoleon
auf Helena, Karl V. in Sanct Just, das rangiert mit Hutten auf Ufenau." (Br.
Bd. I, S. 362). Er hatte wohl damals schon Herweghs „Gedichte eines Lebendigen" lange nicht mehr durchblättert; sie enthalten (S. 71 ff. der 12. Aufl.)
das Gedichtpaar „Ufnau und St. Helena" (1841), — freilich nicht
idyllisch. — Kellers Sonett auf Herwegh: Ges. W. Bd. 9, S. 123.
Herweghs Einfluß wird von Keller in dem Aufsatz „Autobiographi-
sches" zugestanden. (Nachgelassene Schriften und Dichtungen, herausgegeben von Jakob Bächtold, S. 18 f; vgl. auch Bächt. Bd. I⁴, S. 225.) Die
Spuren Herweghs bei Keller verfolgt Adolf Frey, Gottfried Kellers
Frühlyrik, Leipzig 1909, S. 43 ff, 52. — Follen gehörte die
Neigung Kellers wie Meyers: vgl. Bächt. Bd. I (⁴), S. 236 f.
mit Betsy S. 57 ff. Sein Anteil an der Redaktion des ersten
Kellerischen Gedichtbändchens: vgl. Adolf Frey, Kellers
Frühlyrik S. 9, 23 ff. Bächt. Bd. I, S. 241. — noch 1886 versprach
er: vgl. K. E. Franzos, Gottfried Keller und die Deutsche Dichtung
(Deutsche Dichtung Bd. 12, S. 227). — Preitz: Gottfried Kel-
lers dramatische Bestrebungen. Marburg 1909. (Beiträge
zur deutschen Literaturwissenschaft, herausgegeben von Ernst Elster, Bd. 12.)

S. 11. Br. Bd. I, S. 140. Kögel S. 31. Erinn. S. 516. Nanny
v. Escher, Erinnerungen an C. F. Meyer (Züricher Taschenbuch 1900),
S. 4. — Der „Jenatsch" sowohl als der „Heilige" ur-

fprünglich dramatifch konzipiert: vgl. Bettelh. S. 49; über
die andern Bruchſtücke dramatiſcher Entwürfe vgl. Frey, M.
S. 191, 341 f. Langm. S. 485 bis 516. Betſy S. 213 ff., 227 bis 230.
— Dieſer gemeinſame Zug: ſchon Franzos weiſt in ſeinem
Vortrage (S. 33) darauf hin; trotzdem äußert Preitz (a. a. O. S. 170), es
ſei faſt ebenſo problematiſch, daß Meyer, der „in der ſtraffen Konzentration
und Gedrungenheit ſeiner Werke mehr dramatiſche Anlage“ zeige als Keller,
ſich nie der Bühne zugewandt habe, „wie daß Keller lebenslang einen
Platz auf ihr hat erringen wollen.“ — „Daß beide kein Drama zuſtande brachten, hat man“ uſw.: O. F. Walzel, Anzeiger für
deutſches Altertum und deutſche Literatur Bd. 34 (1910), S. 101. —
der Löſung näher: angedeutet von Heinrich Kraeger, Conrad Ferdinand Meyer. Quellen und Wandlungen ſeiner Gedichte. Berlin
1901, S. XI. — Ohmann, C. F. Meyers dichteriſches Schaffen (Mitteilungen der Literarhiſtoriſchen Geſellſchaft Bonn 1907, S. 97 bis 132),
S. 102 f. meint, daß die Abneigung Meyers gegen die laute Gegenwart, die
nach ſeinem eigenen Ausſpruch (Betſy S. 233) jedes Drama durchfluten
müſſe, damit es geſchrieben werden könne, ihn am Drama gehindert habe.
Dem iſt entgegenzuhalten, daß das Leben der Gegenwart nach C. F. Meyers
Forderung vom Dichter in jede poetiſche Schöpfung getragen werden
muß, wenn auch nicht in unmittelbarer Widerſpiegelung — und vor epiſcher
und lyriſcher Geſtaltung hat ſich Meyer ja nicht geſcheut.

S. 12. Auf die innere Verwandtſchaft der Legenden und Engelbergs macht aufmerkſam Trog a. a. O. S. 41.
Adolf Frey: M. S. 235 f. Lina Frey: a. a. O. S. 3 f.

S. 13. Betſy S. 18 f.

S. 14. Bächt. Bd. III, S. 286. Br. Bd. I, S. 304 f.

S. 15. Br. Bd. II, S. 196. Bächt. Bd. III, S. 287. — Meyer-
Briefe 1908: ich habe die ganze Publikation beſprochen und durch einige
Notizen ergänzt in der „Schönen Literatur“ (Beiblatt zum „Literariſchen
Zentralblatt“) 1908, Nr. 21, S. 345—360. — elf Kellerbriefe
bis dahin unbekannt: es ſind die vom 4., 5. und 15. Januar 1879,
1. Mai 1881, 26. Oktober 1882, 2. und 10. Januar, 20. (?) und 27. Februar
1883, 9. und 12. Juni 1884. — Die zweite Auflage von A. Freys
Meyerbiographie, um 26 Seiten ſtärker als die erſte, bringt um-
fangreiche Zuſätze in den Kapiteln über die Blütezeit des Dichters und auch
im Anhang für unſere Frage neues Material. — Beurteiler und
ſtrenger Richter: Karl Buſſe in Velhagen und Klaſings Monatshefte November 1908, S. 470—472. Das ablehnende Urteil über die
dichteriſche Perſönlichkeit C. F. Meyers, charakteriſtiſch für eine gewiſſe
Geſchmacksrichtung, iſt ſchärfer formuliert in der Unterhaltungsbeilage

zur Täglichen Rundschau vom 26, 27. Oktober 1908, S. 1005—1007,
1010—1011 und im Lit. Echo Sept. 1910.

S. 16. Br. Bd. I, S. 209; Bd. II, S. 332; Bd. I, S. 384, 387. —
ein kleiner Aufsatz Freys: er bildet jetzt, leicht geändert, die Einleitung zu Gottfried Kellers ausgewählten Gedichten, herausgegeben von
A. Frey, Cotta 1906.

S. 17. Br. Bd. I, 387, 388, Bd. II, S. 192, Bd. I, S. 98. Kögel
S. 32. Br. Bd. I, S. 209, 140. Bettelh. S. 257. — Das letzte Jahr,
jetzt Frey, Erinn. S. 141 ff. — fast wörtlich ebenso: Br. Bd. I,
S. 209 enthält den irreführenden Fehler: „irgendwo zu widerlegen".

S. 18. Meyer, Geb. S. 360. Br. Bd. II, S. 513, 451. — gewisse
Kreise: vgl. auch K. E. Franzos, Deutsche Dichtung Bd. 12 (1892),
S. 227. C. F. Meyers Auftreten im Prozeß um Kellers Testament, s. o.
S. 157.

S. 19. „Zu Anfang der ‚Erinnerungen' ... Verhält-
nis statt" (Br. Bd. II, S. 512): fast wörtlich ebenso zu W. Langewiesche
a. a. O. S. 181. Franzos erzählt (Vortrag S. 39), daß der Wortlaut dieser
Stelle in C. F. Meyers Manuskript ursprünglich anders stand und von dem
Verfasser erst nach mehrfachen Änderungen so wie es oben steht für die
Öffentlichkeit gefaßt wurde — „Wollte ich aus dem Manuskript die Varianten mitteilen, so wäre dies von pikantem Reiz."

S. 20. Kögel S. 32 f., 27. Betsy S. 243. Frey, M. S. 345. Keller
als „Realist": im Abdruck der „Erinnerungen" Meyers, Br. Bd. II,
S. 514 wäre nach P. Brunner [Studien und Beiträge zu Gottfried Kellers
Lyrik (1906) S. 105] eine hübsche Stelle ausgefallen, die ein Gegenstück
bildet zu der von Keller erfabelten Reise nach Kappel, die er unternommen
habe, „um sich durch den Augenschein davon zu überzeugen, daß die Vision
der seligen Helden in seiner Zwingli-Novelle zwischen Rigi und Pilatus
bequemen Raum habe": nämlich die Erwähnung seiner Reise nach einem
bekannten Schweizerstädtchen, wo man lustig wie die Seldwyler lebte, „um
seine Helden von Angesicht zu Angesicht zu sehen" — doch entstammt diese
Anekdote Freys Erinnerungen (S. 35). Kögels Mitteilungen:
S. 32 f. Das Gespräch ging über „Schweizerisches Deutschtum", „Wilhelm II",
„Bismarck", „Die romanische Gebärde", „Der Heilige", „Jürg Jenatsch",
„Pescara", „Friedrich II", „Heinrich V", „Die moderne Novelle", „Drama",
„Schweizerische Literatur", „Gottfried Keller". — Freys Darstellung
des persönlichen Verhältnisses: M. S. 344—346. — so zu-
sagen unter Meyers Augen entstanden: vgl. die Briefe
an Frey aus dem August, September, November, Dezember 1890, September, Oktober, November, Dezember 1891, Januar 1892; an Lina Frey
vom November 1891; an Haessel vom November und Dezember 1891;

an Widmann vom Dezember 1891 (Br. Bd. I, S. 385—390, 398 f., 400 ff., 415, 463. Bd. II, S. 205—208).

S. 21. Meyer hat Frey ermuntert: Frey, M. S. 294. „bei verwandten Naturen": C. F. Meyer schrieb 1887 über Freys Gedichte an Haessel: „Mir scheint eine Anknüpfung eher an Keller als an mich zu konstatieren." (Br. Bd. II, S. 138). — Betsy Meyers Skizzierung: S. 17—21 ihres Buches. — Albert Kösters paar Worte: S. 132—135 der zweiten Auflage seiner „sieben Vorlesungen" (1907).

S. 22. Nur die zweite Auflage (1904) des Storm-Keller-Briefwechsels erkennt Köster an. — Was Langmesser beisteuert: S. 163 f. François-Meyer: vgl. A. Frey, D. Rundschau Bd. 127, S. 146 ff.

S. 23. Köster S. 219 und besonders 265 mit Freys Zeugnis über Kellers Empfindlichkeit in Hinsicht auf seine Lyrik.

S. 24. Goethe zu Eckermann am 7. Oktober 1827. Br. Bd. I, S. 131.

S. 25. Lina Frey: a. a. O. S. 2 f. — eine Abhandlung scheint ihm noch 1867 der einzige Weg: vgl. Br. Bd. II, S. 6, 15 f.

S. 26. Betsy S. 155. — „Abwägen zwischen dramatischer und epischer Lösung abschloß": vgl. die Briefe von 1881 und 1882 über den Gustav-Adolf-Plan (Bettelh. S. 23 f., 59, 70) und Frey, M. S. 327.

S. 27. „Aus meinem Leben. Erinnerungen und Rückblicke von Carl Vogt. Stuttgart 1896, S. 183. Zwei Photographien: die erstgenannte ist bei Stoeßl (a. a. O. S. 20), die letztere im ersten Band der Briefe C. F. Meyers reproduziert.

S. 28. „Richard Wagner an Mathilde Wesendonck", herausgegeben von Wolfgang Golther 1904, S. 345. — C. F. Meyer verehrt Frau Wesendonck 1869 „ein schönstes Exemplar" seiner „Romanzen und Bilder" und erklärt Haessel: „Sie ist eine Art Königin des hiesigen literarischen Kreises, und man muß den Majestäten alle Ehrfurcht erweisen." (Br. Bd. II, S. 29.) — Vorabend und Tag des Amtsantritts: vgl. Bächt. Bd. II, S. 320. — die zornigen Volks-, vielmehr Preßstimmen: eine Auswahl bietet Bächt. Bd. II, S. 529 ff.; vgl. S. 317 ff. — Keller-Anekdoten: vgl. Frey, Erinn. S. 125, 131 f., auch Ferd. Baldensperger, Gottfried Keller, sa vie et ses oeuvres. Paris 1901, S. 285, Anm. 2. — Ausgang seiner Verlobung: den Verlauf schildert Nußberger, Der Landvogt von Greifensee und seine Quellen. Diss. Zürich 1903, S. 44—48 nach Adolf Freys Erzählung, der von dem Selbstmord der Braut Kellers in der ersten Fassung seiner „Erinnerungen an Gottfried Keller" berichtet, ihn aber in der Buchausgabe weggelassen

hatte „als eine nicht völlig liquide Sache". (Br. Bd. I, S. 403, Anm.)
C. F. Meyer urteilte 1891 in einem Briefe an Frey, die Sache möge „zur
Not wahr sein", habe aber „etwas Unwahrscheinliches". (Br. Bd. I, S. 403.)

S. 29. „Frühlingsbotschaft" (Ges. W. Bd. 9, S. 45). — Ebenda. Bd. 4,
S. 185, 187 f. W. H. Riehls Novelle von 1863 steht in den „Geschichten
aus alter Zeit." — Jahre der politischen Gärung: eine noch
wenig beachtete Quelle für die Kenntnis der Entwicklung der Verfassungsrevision bildet „Friedrich Albert Lange. Eine Lebensbeschreibung"
von O. A. Ellissen. Leipzig 1894, bes. S. 166 ff. Wie getreu Keller im
„Verlorenen Lachen" z. B. die Verleumdungsepidemie geschildert hat,
lehrt eine Stelle bei Ellissen S. 176: „In der Züricher Agitation spielte ein
Dr. Locher eine verhängnisvolle Rolle, der in gehässigen Schmähschriften,
Sachliches und Persönliches verquickend, das bestehende Regiment aufs
schärfste angriff. Auch der „Landbote" — [der indes s. Z. für Kellers Wahl
eingetreten war] — griff es aufs schärfste an; wohl räumte er ein, daß die
Pamphlete Übertreibungen enthielten, aber sein Standpunkt war, daß es
Zeit sei, besonders in der zürcherischen Justiz aufzuräumen, wenn auch
nur ein Zehntel wahr sei von dem, was Lochers Schriften enthielten. Dieser ist verdorben und verschollen. Er war nicht der einzige schlechte
Kerl unter den Kämpfenden." Bei G. Keller heißt es dementsprechend:
„Personen, deren eigene... Lebensarten und Taten sie selbst zum Gegenstande
der Schilderung, des Unwillens und des Spottes zu machen geeignet waren,
stellten sich gerade in die vorderste Reihe und erhuben als rechte Herzoge der
Schmähsucht und der Verleumdung ihre Stimme... Ein für die Betroffenen
furchtbarer Gemeinplatz wurde von den gedankenlosen Gaffern ausgesprochen.
Wenn nur der hundertste Teil der Anschuldigungen
wahr wäre, so würde das mehr als genug sein! hieß es" u. s. w. (Ges. W.
Bd. 5, S. 311). — Der fünfzigste Geburtstag: vgl. Frey, Erinn.
S. 91; Bächt. Bd. III, S. 14 ff.

S. 30. in die Gesamtausgabe nicht übergegangen:
jetzt Nachgel. Schriften S. 245 ff. — vom Galathea-Zyklus waren
70 Seiten geschrieben: vgl. Brief an Exner von 1881 (Bächt.,
Bd. III, S. 497) und Bächt., Bd. II, S. 55 f., 74.

S. 31. Ricarda Huch, Gottfried Keller (Die Dichtung, herausgegeben von Paul Remer Bd. IX) S. 32. Radierung Kühns: reproduziert bei Bächt. Bd. II, auch bei Huch: Lichtbild in Freys
„Erinnerungen": vgl. dazu ebda. S. 11. Aquarell oder Pa-
stell Ludmilla Assings: reproduziert durch C. Jacobs, Aus Gottfried Kellers Berliner Zeit (Westermanns Monatshefte 1904, S. 56 ff.).

S. 32. Briefliche Mitteilung Betsy Meyers. — Betsy S. 18, 20.
Br. Bd. I, S. 240. Bd. II, S. 263 f.

S. 33: Langm. S. 82. — von Tableau zu Tableau: Ohmann macht (a. a. O. S. 100) die Anmerkung, „das ganz der Anschauung hingegebene Schildern von Tableau zu Tableau" sei C. F. Meyer versagt gewesen: im Gegenteil war gerade das großzügige Erzählen „von Tableau zu Tableau" seine Stärke, wobei er freilich auf lückenlose innere Verknüpfung und Sparsamkeit bedacht war, während Keller seine Bilder, große und kleine, nur rein des Bildes wegen nebeneinander hinstellt. — „Ob damals gerade wieder hinwegzukommen": vgl. Bächt. Bd. III, S. 10.

S. 34. Br. Bd. I, S. 389. — Briefliche Mitteilungen Betsy Meyers. — Briefe Meyers an Dritte: z. B. an Haessel, Br. Bd. II, S. 38. — mit wenigen Worten: Betsy S. 155 f. — Briefe an das Ehepaar Wille: Br. Bd. I, S. 145—221.

S. 35. Briefliche Mitteilungen Betsy Meyers. Frey, M. S. 204 f. Betsy S. 20 f. Br. Bd. I, S. 273 f. — Den ersten Brief Kellers schenkte C. F. Meyer zu Weihnachten 1876 der Schwester: „Ich lege Dir die Zeilen von Gottfried Keller bei, vielleicht kannst Du mit dem Autograph eine kleine Freude machen". (Frey, M. S. 272).

S. 36. Bächt. Bd. III, S. 286. Köster S. 165, 171. Frey erzählt: M. S. 345. — Dem poetischen Verdienste um den geschichtlichen Rohstoff nicht gerecht geworden: auch viele Rezensionen rückten den Stoff in den Vordergrund; vgl. Frey, M. S. 390 ff., 271 f. Was aus dem Stoffe wurde, wenn das Historische allein maßgebend blieb, zeigt Sprechers „Donna Ottavia" (1878); wie C. F. Meyer schreibt: „Ein Wust historischer Tatsachen ohne alle Bewältigung und Komposition. Dieselbe Zeit, zum Teil dieselben Figuren, auch Jenatsch tritt auf, aber mehr als Lump (was er freilich historisch auch war) als wie ein Heros." (Br. Bd. II, S. 69). — die in der zweiten Auflage eingefügte Szene: vgl. seine Briefe an Haessel vom 15. Juni bis 12. Juli 1878 (Br. Bd. II, S. 76 ff.) und Frey, M. S. 390. Durch den Einschub wird der Übertritt des Jenatsch zum Katholizismus gründlicher motiviert.

S. 37. Köster S. 171, 194. Kalischer S. 48, 67, 118. Nanny v. Escher, Zür. Taschenb. 1900, S. 3. — „Fleischhauertat": der Ausdruck stammt also von Storm und nicht, wie Kalischer (S. 48) sagt, von Keller.

S. 38. Kögel S. 33. — Ein strengeres Urteil: Frey, Erinn. S. 135. — Fürsprache des Verlegers Vieweg: Bächt. Bd. II, S. 39. — Durchsetzung der Persönlichkeit: vgl. auch Bernhard Seuffert, Beobachtungen über dichterische Komposition, (Germanisch-Romanische Monatsschrift Bd. I [1909]) S. 613 Anm.

S. 39. Erinnerungen S. 514. — Neuer deutscher Novellenschatz, herausgegeben von Paul Heyse und Ludwig Laistner, Bd. 13, S. 193.

— die leidenschaftliche Tragik hat er verworfen: das bezeugt die Schlußvignette im Manuskript, welche nicht, wie Preitz a. a. O. S. 117 und O. F. Walzel a. a. O. annehmen, als bloßer Ausdruck des Unmutes über die Nichtvollendung des Trauerspiels zu betrachten ist. — „Kleider machen Leute" bis dicht an die Tragödie herangeführt: mit Unrecht hat man bisweilen [so Leyh, Studien zur Technik der Erzählung in den Novellen Gottfried Kellers I (Dissert. 1903), S. 21], diese Novelle als bloßen Schwank bezeichnet, während Köster (Keller[1] S. 113) mit Recht ihr ethisches Gewicht betont; daß Keller mit ihr in die ernstere Behandlung sittlicher Probleme erst eintrete, kann ich indes Köster nicht zugeben. — Realistische Regungen: vgl. Frey, Erinn. S. 35 ff.

S. 40 f. Frey, M. S. 189. Köster S. 171. Bettelh. S. 178. — Ein neuerer Interpret: Julius Sahr, Conrad Ferdinand Meyer und Schiller, Euphorion Bd. 12 (1905), S. 670; Conrad Ferdinand Meyer, Jürg Jenatsch (Deutsche Dichter des 19. Jahrhunderts. Ästhetische Erläuterungen für Schule und Haus, herausgegeben von Otto Lyon, Bd. XI), S. 35.

S. 41. eine neuere Arbeit: E. Feise, Fatalismus als Grundzug von Conrad Ferdinand Meyers Werken (Euphorion 1910, S. 111—143), besonders S. 120, 142.

S. 42 f. Frey, M. S. 286. Br. Bd. I, S. 128. Kögel S. 29, 31. — Ohmann: a. a. O. S. 119. Einfluß der ästhetischen Theorie F. Th. Vischers: vgl. Kalischer S. 153, 174 ff., auch S. 108. — Vergleich mit Ariost: Hans Trog a. a. O. S. 132. Kalischer S. 121; vgl. S. 160 ff., 210.

S. 43. Brief an Haessel von 1879 (Br. Bd. II, S. 86.). Br. Bd. II, S. 268.

S. 44. Preitz a. a. O. S. 18. — „Aus dem Briefwechsel zwischen Gottfried Keller und Jakob Bächtold", mitgeteilt von Erich Schmidt, Charakteristiken 2. Reihe, S. 264. — Erinnerungen S. 514 f. — „Wiedertäufer": Das Sektiererwesen des Zürcher Oberlandes hatte Keller bekanntlich schon im „Verlorenen Lachen" gestreift; schon Wilhelm Scherer (Kleine Schriften, Bd. II, S. 155) bringt deswegen „Ursula" hiermit in Parallele. Die Ähnlichkeiten erstrecken sich noch weiter: hier wie dort führen religiöse Verhältnisse neben den anderen Wirrnissen den Helden und die Heldin auseinander. Auch sei der Einzelzug vermerkt, daß in beiden Novellen die Sektiererin Ursula heißt, im „Verlorenen Lachen" ist sie freilich nicht die Hauptperson. — Züge der „Ursula" finden sich wieder in den Quellenabdrücken bei Messikommer, Die Auferstehungssekte und ihr Goldschatz. Ein Beitrag zur Sektiererei (!) im zürcherischen Oberlande 1908; zur Kinderspielszene vgl. S. 13 f.

S. 45 f. Briefliche Mitteilung Betsy Meyers, die sich für den Wort=
laut der Antwort Kellers verbürgt. — Köster, Gottfried Keller[2] S. 132.
— Es ist treffend darauf hingewiesen worden: von
Baldensperger a. a. O. S. 276; vgl. S. 265.

S. 46. Auf die Ansätze zur Rahmentechnik im Je=
natsch durch Einführung der Beobachter Sprecher und Waser macht
Ohmann a. a. O. S. 122 f. aufmerksam.

S. 47. Köster a. a. O. — E. Schmidt a. a. O. S. 263; vgl. Bächt.
Bd. III, S. 387, 409. — „Frey gegenüber hat er sich sehr
deutlich ausgesprochen": nach Nußberger a. a. O. S. 3.

S. 48. mit den Jahren wachsenden Realismus
belegt Brunner a. a. O. S. 104 ff. durch Einzelheiten der verschiedenen
Gedichtfassungen. — Der „Landvogt" und seine Quellen:
der Einfluß der Hauptquelle, der Landoltbiographie von David Heß,
scheint auch noch im „Sinngedicht" zu wirken: Der alte Hagestolz
und ehemalige Soldat Landolt, der seine letzten Lebenstage bei seinem
Freunde zu Andelfingen verbringt „in dem neugebauten heitern Schlosse,
das die liebliche Thurgegend beherrscht" (Heß, Züricher Ausgabe des Vereins
für Verbreitung guter Schriften [1896] S. 138) entspricht dem alten Oberst
im „Sinngedicht"; wie hier Lucie, so auch dort eine freundliche Haushälterin,
„die den liebenswürdigen Greisen nicht bloß aus Pflicht, sondern mit auf=
richtiger, beinahe kindlicher Anhänglichkeit verpflegte." Auch der Verkehr
mit dem benachbarten Pfarrer, der „angenehme Zerstreuung" (Heß a. a. O.)
gewährte, fehlt nicht — im „Sinngedicht" freilich ist sie nicht immer „ange=
nehm". An Luciens Bibliothek (Ges. W. Bd. 7, S. 38 f.) erinnert die
Beschreibung der Schloßbücherei bei Heß (a. a. O. S. 139), auch darin, daß
in ihr vorwiegend Lebensbeschreibungen vertreten waren. Die auffallendste
Ähnlichkeit mit Heß scheint mir die Schilderung des Platanenplatzes
im „Sinngedicht" zu zeigen: „Er befand sich auf einer großen Terrasse am
Abhange des Berges . . . Der Platz war mit einigen gewaltigen Pla=
tanen besetzt, deren edle Äste sich schattend über ihn ausbreiteten. Unter den
Platanen hinweg sah man auf einen in Windungen sich weithin
ziehenden breiten Fluß und in ein Abendland hinaus ." (Ges. W.
Bd. 7, S. 30); bei Heß heißt es: „An warmen Sommernachmittagen
ließ der Hausherr den Kaffee im Garten an Landolts Lieblingsplatz unter
zwei Platanen auftragen. Hier ist die Aussicht auf das offene Thurtal
und gegen den Scheiterberg hinüber fast noch schöner als im Schloß ."
(a. a. O. S. 140). — Zu „Hadlaub" vgl. Bertram, Quellen=
studie zu Gottfried Kellers „Hadlaub", Dissert. Berlin 1906, S. 10 ff., 13,
24 ff., 44 f., 75 f.

S. 49. In „Ursula" mehr historische Fülle: vgl. auch

R. M. Saitschik, Meister der schweizerischen Dichtung des 19. Jahr=
hunderts. Frauenfeld 1894, S. 194 ff. Baldensperger a. a. O. S. 186, 188. —
Keller hat Geßner gehoben: nach Nußberger a. a. O. S. 88 f. —
Vorwurf Wilhelm Scherers: Kleine Schriften Bd. II, S. 154.

S. 50. „Was von Zwingli . . . ist nur andeutend
oder in einigen Genrebildchen behandelt": nur in diesem
eingeschränkten Sinne darf Baldenspergers Urteil (a. a. O. S. 434 Anm. 2)
gelten, Keller habe in den „Züricher Novellen" „assez vite fait d'expédier
le décor et le costume". — Zum Eingang der „Ursula" vgl. auch
Ohmann a. a. O. S. 114. — Forderungen Vischers: zitiert nach
Trog a. a. O. S. 44 f.

S. 51. Br. Bd. I, S. 128. „Im ‚Amulet‘ noch entspricht
Meyer der Theorie Vischers": vgl. Trog a. a. O. S. 58. —
Meyer der Geschichte gegenüber durchaus Herr=
scher: vgl. Anm. zu S. 36. — Ohmann: a. a. O. S. 115.

S. 52. Franzos a. a. O. S. 7. Köster a. a. O. (ähnlich Ohmann a. a. O.
S. 110). — „Il Pensieroso": darf als Ausdruck von Meyers Verhält=
nis zum Stoffe gelten, trotzdem das Motiv sich schon in seiner Quelle findet;
vgl. Kalischer S. 148 f. — Gelehrter Eindruck der Plautus=
novelle: z. B. bei Saitschik a. a. O. S. 295 und sonst. — Der Brief
Meyers an Bovet Br. Bd. I, S. 133 f.: „J'écrivais la petite nouvelle . . . sans livres . . . si ce n'est le dictionnaire historique de ce
brave Bouillet"; er sagt weiterhin, des Plautus „Aulularia" habe er nie ge=
lesen, „pas plus que les ‚facetiae‘ du Pogge." — Ein Landsmann:
Vögtlin a. a. O. S. 250.

S. 53. Br. Bd. I, S. 128, 426 f. Moser a. a. O. S. 89 (Datum 1865.).
Br. Bd. I, S. 33. Langm. S. 484. — Meyers mutlose Äußerung:
Br. Bd. II, S. 16. — Vorstudien zum „Amulet": vgl. Lüderitz,
Archiv für das Studium der neueren Sprachen, Jahrgang 58 (1904), Bd. 112.
(Von mir nicht eingesehen.) — sie sind von Adolf Frey beleuchtet:
M. S. 288—290. Vgl. dazu besonders Br. Bd. I, S. 31—33, 35, 42, 43 f.,
248, 254, 257, 260, 261 f., 269. Zu Hans Blum (vgl. a. a. O. S. 242) sagte
C. F. Meyer, die „Treue des geschichtlichen Kolorits" sei stets mehr als „un=
dichterische Historie". — „ein großes Netz .. blitzende Fischchen"
durchschimmern heißt es, gewiß irrtümlich, bei Langm. Der richtige Aus=
druck findet sich in C. F. Meyers Aufsatz über Mathilde Escher, von welcher der
Dichter das Bild entlehnt zu haben scheint: Sie sagte: „Diese Theoreme
gleichen einem Netze mit großen Maschen, zwischen welchen die Tatsachen
wie Fischlein lustig durchschwimmen." (Br., Bd. II, S. 498).

S. 54. Br. Bd. I, S. 138.

S. 55. Br. Bd. I, S. 243. — was selbst Gelehrten passiert

i st: vgl. Blum a. a. O. S. 242. — „Was Bernhard Seuffert“:
a. a. O. S. 607 ff. Für „Hadlaub“ behauptet es auch W. Scherer a. a. O.
Ähnlich urteilen L. Frey a. a. O. S. 39 und A. Reitler, C. F. Meyer.
Eine literarische Skizze zu des Dichters 60. Geburtstag. Leipzig 1885, S. 10,
dessen Ausführungen über die Gegensätze zwischen Keller und Meyer (dieser
sei in seinen Gestalten mehr schweizerisch-realistisch als Keller, welcher eine
unschweizerische Phantastik zeige) ich mich nicht anschließen kann. — S c h o n
m e h r f a c h a u f d i e V e r w a n d t s c h a f t h i n g e d e u t e t: so
von L. Frey a. a. O. S. 39. Saitschik a. a. O. S. 268, 284. H. Trog a. a. O.
S. 68. A. Vögtlin a. a. O. S. 251.

S. 56. Langm. S. 101. Br. Bd. II, S. 79. Den in diesem Briefe
geäußerten Gedanken, den „Schuß“ dem „Jenatsch“ in der 2. Auflage als
„Fortsetzung“ anzuhängen, hat Meyer mit Recht fallen lassen. — H u =
m o r i s t i s c h e r C h a r a k t e r d e r N o v e l l e: ich vermag der scharfen
begrifflichen Scheidung nicht zu folgen, die K. E. Franzos (a. a. O. S. 23)
vornimmt mit der Behauptung, Meyer sei das Humoristische fremd gewesen,
nicht aber das Barocke: „In diesem Zug zum Barocken begegnet er sich mit
Keller, von dem ihn sonst alles scheidet, was zwei Dichter derselben Zeit
trennen kann.“ Ähnlich billigt Saitschik (a. a. O. S. 237) Meyer zwar Sinn
für das Barocke und Ironie zu, spricht ihm aber den Humor ab: „Zur künst=
lerischen Gestaltung des Geschichtlichen ist der Humor entbehrlich“! Auch
J. Sahr (C. F. Meyer und Schiller, a. a. O. S. 669) meint, „Barock“ und
„Satire“ habe Meyer gekannt, „Humor“ nicht.

S. 57. Nov. Bd. I, S. 174 f. (vgl. auch Saitschik a. a. O. S. 284 f.).
Frey, M. S. 321. Br. Bd. I, S. 157, 160. Bd. II, S. 298. Bd. I, S. 246.
Langm. S. 101 f. Br. Bd. I, S. 244. Kögel S. 33. — „N i c h t s v e r =
b a n k t M e y e r d e r Ü b e r l i e f e r u n g a l s ...“: Adolf Frey
macht mich darauf aufmerksam, daß die S. 289, 321 seiner Meyerbiographie
getane Äußerung, auch das Motiv des „Schuß“ sei durchaus Meyers Er=
findung, nicht zutreffe, denn es gehe auf einen von J. V. Widmann in
der Berner Schützenfestzeitung Nr. 1 vom 27. Juni 1910 mitgeteilten
wirklichen Vorfall zurück; vgl. auch Freys Ausführung in der schweizerischen
Zeitschrift „Wissen und Leben“ 1910, S. 560 ff. Der Güte Dr. J. V. Widmanns
in Bern verdanke ich die Mitteilung der köstlichen Erinnerungsblätter aus
Widmanns Heidelberger Studentenzeit: „... s’ P i s c h t ö l e l e w o l l e
p r o b i e r e!“ — die Geschichte ist seinerzeit dem mit J. V. v. Scheffel
befreundeten Pfarrer S. des Neckardörfchens Ziegelhausen passiert, dem
Urbild des „Pfarrers von Aßmannshausen“ in Scheffels „Gaudeamus“.
Vielleicht ist sie seinerzeit über Scheffels Familie, die mit der Meyerschen be=
freundet war (Frey, M. S. 50 f. und a. a. O. S. 562) zur Kenntnis C. F. Meyers
gelangt. Es wäre zu wünschen, daß die reizende Erzählung Widmanns,

die in der Schützenfestzeitung kaum zugänglich ist, einen Neudruck erführe. — „Daß ein solcher beim „Schuß" nicht ganz fehlt, tröstet ihn": auch an Betsy schreibt er am 3. Februar 1877: „Die frivole Geschichte bekommt einige tiefere Töne": (Frey, M. S. 276). — Die -isolierte Stellung des „Schuß" führt Ohmann auf die rein äußere Veranlassung des Auftrages zurück (vgl. a. a. O. S. 115, 118). Dann aber bedürften auch die anderen Humoristica Meyers einer ähnlichen äußeren Motivierung.

S. 58 f. Br. Bd. II, S. 271. Die biographischen Daten nach Frey, M. S. 261 ff.

S. 59. Sonniger Oktobertag, Schilderung der südlichen Fahrten: vgl. Frey, M. S. 265 mit Nov. Bd. I, S. 122, 180, 194; M. S. 52 mit Nov. Bd. I, S. 167 f.

S. 60. Br. Bd. I, S. 274. Frey, M. S. 279. Br. Bd. I, S. 242. Frey, M. S. 276. Br. Bd. I, S. 243. — „Schuß" im August fertig: Br. Bd. I, S. 244.

S. 61. Der General erschreckt durch die Funken die Seebauern: in Kellers Hauptquelle, der Landoltbiographie von Heß, heißt es (a. a. O. S. 131), daß Landolt bei Nacht oft durch Anzündenlassen eines Feuers oder Abfeuernlassen von Schüssen zu allerlei malerischen Zwecken bei den Nachbarn Aufsehen erregte. Der Zug ist von Keller im „Landvogt" nicht verwertet — sollte Meyer, durch Kellers Landoltfigur veranlaßt, auf Kellers Quelle zurückgegriffen und jenes Motiv zur Charakterisierung seines Wertmüller verwendet haben? Er konnte bei Heß auch (a. a. O. S. 17) das Vorbild zu seinem weidmännischen Pfarrer finden — es ist derselbe Geistliche, der in Kellers „Landvogt" (Ges. W. Bd. 6, S. 166 f.) erwähnt wird, wo freilich seine Jagdlust außer Betracht bleibt. — Die Ähnlichkeit des Gegenstandes zwar wird Ursache davon sein usw.: auch in C. F. Meyers Gedicht „Zur Weihe des neuen Schulhauses in Kilchberg" (1891) heißt es:
„Breites Fenster, feste Mauer,
Sonnenlichtdurchströmte Zimmer,
Drein des Himmels süßer Schimmer
Und des Seees Bläue schaut."
(Moser a. a. O. S. 94) Daß derartige Parallelen nichts beweisen, lehrt auch ein Vergleich etwa zwischen Kellers Darstellung des sonntäglichen Geläutes am See im „Verlorenen Lachen" (Ges. W. Bd. 5, S. 351 f.) und der Meyers im „Schuß" (Nov. Bd. I, S. 180, 186).

S. 62. Vgl. Nov. Bd. I, S. 156, 127 f. und Ges. W. Bd. 6, S. 243; Bd. 4, S. 228. — Frey, M. S. 321, 205, Erinn. S. 138. — Was alles Landolt hinter der zurückrollenden Klappe er-

ſcheinen ſah: dieſe Schilderung hat (nach Nußberger, a. a. O. S. 182 f.)
in der Quelle keine Entſprechung, iſt alſo wohl Kellers eigenſte Erfindung.

S. 63. Er trank einen grimmigen Wein: vgl. Nov.
Bd. I, S. 168 mit Betſy S. 17; Frey, Erinn. S. 127. — Erfahrungen,
die fremde Beſucher machen konnten: vgl. Frey, Erinn.
S. 128; M. S. 281; Hans Hoffmann, Einiges von Wilhelm Raabe
(Velhagen und Klaſings Monatshefte Bd. 15 (7. Auguſt 1901); Hans Blum,
a. a. O. S. 242.

S. 64. Lina Frey a. a. O. S. 39. Br. Bd. I, S. 79. II, S. 70; vgl.
Nov. Bd. I, S. 159 ff. — Unterſchiede in der inneren Kom=
poſition der Charaktere: L. Freys Feſtſtellung behält nach
S. 54 f. für die übrigen Züricher Novellen Geltung. — Die Gimmelin
wird von Baldenſperger a. a. O. S. 306 treffend mit Myrrha aus „Sa=
lander“ verglichen. — Man wird die Unterſchiede anders=
wo ſuchen müſſen: ihre Fixierung durch Saitſchik a. a. O. S. 285,
Keller operiere bei ſeinen Beſchreibungen mit Vorſtellungen, nicht mit
fertigen Begriffen, während Meyer, wie ſeine Darſtellung des Kirchen=
konzerts im „Schuß“ zeige, faſt immer begrifflich ſchildere, erſcheint mir ge=
künſtelt.

S. 65. Br. Bd. I, S. 276 (vgl. Frey, M. S. 321). Betſy S. 19 und
briefliche Mitteilung. — Schüchterne Ehrerbietung, die er
nach ſeinem eigenen Ausſpruch uſw.: Erinn. S. 512. Br.
Bd. I, S. 290. — Karl Stauffers Radierung: reproduziert
bei Stoeßl, C. F. Meyer S. 40. Vgl. Frey, M. S. 282. Franzos a. a. O.
S. 27.

S. 66. Kögel S. 32. Erinn. S. 515. Br. Bd. I, S. 274. Bächt.
Bd. III, S. 286 f. Br. Bd. I, S. 275. — Meyers Vergleich des
Narren mit den genialen, halb weinenden, halb
grinzenden Masken Leonardos mag Zuſammenhang haben
mit einer Bemerkung J. Bourdeaus, der in ſeiner Studie über G. Keller
(Revue des deux mondes 1885, S. 897) im Hinblick auf die Selbwyler ſagt:
„L'auteur de la Cène et de la Joconde nous a laiſſé des deſſins de faces
grimaçantes et monstrueuses.“ Meyer las die Revue d. d. m. regelmäßig. —
„Keller liebte es nicht, verglichen zu werden“: ſo
hat er auch in einem Briefe an Emil Kuh (1875; Bächt. Bd. III, S. 196)
ſein Mißfallen darüber ausgeſprochen, daß Otto Ludwig ihn mit Giorgione
verglichen habe; und in den Züricher Novellen (Geſ. W. Bd. 6, S. 124 f.)
mag die Mißbilligung des Paten wegen des „Athen an der Limmat“ gewiß
auch mit ſeiner Abneigung gegen prunkende Vergleiche zuſammenhängen.
Saitſchik a. a. O. S. 201 f. vergleicht ihn wieder mit Cervantes.

S. 67. Frey, M. S. 276. Br. Bd. I, S. 276, 328 f. — Wie Betſy

zu erzählen weiß: a. a. O. S. 19. — Daß er besonders
„Ursula" bewunderte, ist briefliche Mitteilung Betsy Meyers.

S. 68. Br. Bd. I, S. 253. Erinn. S. 515. — „Stückelbergs
Fresko": (nach Ges. W. Bd. 6, S. 81 ff.) vgl. Br. Bd. I, S. 441. —
Aus dessen Bilblein Keller öfter seine Szenen ent=
wickelt hat: Bertram a. a. O. S. 46, 66 bespricht im einzelnen die
Art der Verwertung der Miniaturen. — Das Taufhäubchen: Langm.
S. 152. Nach Heß (a. a. O. S. 144) ein durch seine Kleinheit merkwürdiges
Käppchen von Goldbrokat. — Das Versejahr: vgl. Bächt. Bd. III,
S. 260, Kellers Brief an Bächtold vom 30. Juli 1877 bei E. Schmidt a. a. O.
S. 269; Brunner a. a. O. S. 11.

S. 69. Köster S. 19. Frey, M. S. 280. Erinn. S. 512; vgl. Br.
Bd. I, S. 277. — Br., Bd. II, S. 300. — Er bittet Keller: Br., Bd. I,
S. 276 f. — Ihre Genesis in den Briefen an Haessel: vgl.
Br. Bd. II, S. 84 ff. — „Von nun an legte Meyer fast
immer .. der Rundschau vor": eine Ausnahme bildete
nur „Das Leiden eines Knaben"; vgl. Frey, M. S. 397. — Kellers
Rezension der Gedichte Leutholds jetzt in den Nachgel.
Schriften S. 198 ff.

S. 70. Briefe Kellers an Bächtold bei E. Schmidt a. a. O. S. 265—268.
Br. Bd. II, S. 301. Bd. I, S. 278 Anm., S. 277—279 f. — Geschichte
der Leutholdangelegenheit: vgl. auch Bächt. Bd. III, S. 405 f.,
421, 426. — Ermatinger, Heinrich Leuthold und Gottfried Keller.
Mit ungedruckten Briefen G. Kellers. (Süddeutsche Monatshefte, Sep=
tember 1910, S. 290—314). — Verleumbungen gegen den
Leiter der Anstalt: vgl. Kellers Aufsatz „Die Weihnachtsfeier
im Irrenhaus" (Nachgel. Schr. S. 70 ff) und Bächtolds Anmerkung
ebenda S. 341. Auch der dramatische Entwurf von etwa 1879 „Im
Irrenhaus" (Bächt. Bd. II, S. 510 f.) und das Gedicht „Die öffentlichen
Verläumder" (Ges. W. Bd. 9, S. 283 f.) gehören in diesen Zusammenhang.

S. 71. Br., Bd. I, S. 280 ff. — Teilte Meyer Heyse mit:
Br. Bd. II, S. 337. — Feuilleton von J. Mähly usw.: vgl. Br.
Bd. I, S. 282 Anm. Ermatinger S. 308 ff. — „trotzdem Keller..
nie erwidert": Frey, M. S. 346.

S. 72. Br. Bd. II, S. 303; Erinn. S. 516; vgl. Br. Bd. II, S. 129. —
„Man hat darin, daß Meyer..nichts ahnte..": Franzos
a. a. O. S. 40. — Auch Heyse hat nichts Genaues gewußt:
Mitteilung Heyses an Preitz a. a. O. — Ertrag des reichen
Lieberherbstes: vgl. Bächt. Bd. III, S. 260 f.

S. 73. Br. Bd. I, S. 283 ff. — Abneigung gegen Antho=
logienbrauer: vgl. Frey, Erinn. S. 106; Köster S. 100 f.

S. 74. Bächt. Bd. III, S. 438. — Besuch vom 17. Februar 1880: vgl. Br. Bd. I, S. 284. — Kellers privates Urteil: vgl. Frey, Erinn. S. 131. M. S. 345. Ähnlich urteilt Heyse (Novellenschatz a. a. O. S. 193) die „an sich fruchtbare Mischung von historischer Realität und subjektiver Phantastik" habe auch ihr Bedenkliches, „die Neigung des Dichters zu ganzen Farben, zu sprunghaften Peripetien, zumal in seinen letzten Novellen" beeinträchtige hie und da „die schlichte Glaubwürdigkeit der Erfindung." „Immer noch erscheint uns sein ,Jürg Jenatsch' trotz der schroffen Schlußwendung... als das Vollendetste, was er im großen Stil geschaffen, während schon im ,Heiligen' die Neigung zum Phantastischen sich befremdlich ankündigt."

S. 75. Rahmenerzählung und Verwandtes bei G. Keller, C. F. Meyer und Th. Storm behandelt als „Beitrag zur Technik der Novelle" Hans Bracher (Berner Dissertation 1909) [Vollständig in den „Untersuchungen zur neueren Literaturgeschichte," herausgegeben von O. F. Walzel, Neue Folge Nr. 3.] Bracher würdigt (S. 21, 38, 41, 45 und sonst) richtig den Fortschritt, welchen die Rahmentechnik des „Sinngedicht" gegenüber derjenigen der „Züricher Novellen" aufweist; dagegen scheint mir sein Urteil, bereits in diesen bestehe eine enge Verbindung zwischen Rahmen und eigentlicher Erzählung (a. a. O. S. 25 ff., 31, 37 und sonst) zu weit zu gehen. Daß die Hauptnovellen gar auf die Rahmenhandlung „abgestimmt" seien, kann ich nicht finden: umgekehrt ist hier der Rahmen aus einem zyklischen Triebe heraus (den Bracher bei Keller richtig schon für die Gedichte und die Leute von Seldwyla feststellt) ad hoc nachträglich hinzuerfunden. Wäre dem nicht so, dann würde Keller schwerlich in der Buchausgabe „Ursula" und später das „Fähnlein" einfach angehängt haben, was er bei einem geschlossenen Kunstwerke wie dem „Sinngedicht" nicht hätte tun können. Hier vollzog sich der Entstehungsprozeß bekanntlich umgekehrt (s. o. S. 111 f.). — Einfluß Kellers auf den „Heiligen" glaubt Saitschik (a. a. O. S. 268, 286) in noch stärkerem Grade als beim „Schuß von der Kanzel" feststellen zu müssen: der „Heilige" unterscheide sich „im Klang wie im Satzbau" von allen anderen Werken Meyers: „Die altertümlichen Wendungen, der robuste Klang, die eigenartigen, von einem naiven Zuge getragenen Gleichnisse sind in ihrem Grundton gleichsam Keller abgelauscht." Die — unbewußte — Einwirkung wäre noch stärker gewesen, wenn Meyer nicht schon zu reif gewesen wäre. „Keller wirkte impulsartig .., durch Eigentümlichkeit reizend. Der gesunde Duft der Kellerischen Sprache, den Meyer in solcher Nähe einatmete, mußte für seinen geschliffenen .. Stil von wohltuender Wirkung sein, besonders aber dort, wo eine Zeit wie das 13. (!) Jahrhundert in England vorlag, deren roher Stoff sich nicht in einer Sprache von feinen Abstufungen verarbeiten ließ und eher ein Aufbieten von starken Wendungen forderte." Saitschik, der richtig gewisse Eigenheiten des Stiles auf die Wahl der Person des Er= zählers zurückführt, übersieht, daß die S o n d e r s t e l l u n g des „Heiligen" innerhalb der Werke Meyers im S t o f f e begründet ist, beziehungsweise darauf beruht, daß Meyer in jedem Werke eine eigene Gestalt zeigt, eine neue Entwicklungsstufe erklimmt. Im übrigen bleibt Saitschik den ge= genaueren Beweis für einen Einfluß Kellers auf den „Heiligen" schuldig. Schon Baldensperger lehnt (a. a. O. S. 486) — fälschlich auch für den „Schuß" — Saitschiks Behauptung eines Einflusses Kellers auf Meyer ab. Der „Heilige" jedenfalls ist spezifisch Meyerisch; das lehrt auch schon Kellers Stellungnahme dazu.

S. 76. Br. Bd. II, S. 99, 300, 84 und sonst; 306, 347. — S c h o n i m „P a n k r a z": vgl. Leyh a. a. O. S. 13 ff.

S. 77. Br. Bd. II, S. 349. — C h a r a k t e r d e s A r m b r u s t e r s: während Ohmann a. a. O. S. 124 die Naivetät des Armbrusters behauptet, stellt Kalischer (S. 180) richtig fest, daß „eine gewisse Dunkelheit" eintrete, sobald es sich um komplizierte Gefühlsvorgänge handelt.

S. 78. Br. Bd. II, S. 305. — „a n e i n e m M ä d c h e n v o n z a r= t e n J a h r e n" steht in Bächtolds Rezension, nicht, wie Frey (M.² S. 323) schreibt, „an einem erst z e h n jährigen Kinde." Mit Recht stellt Frey in einer Anmerkung (M.² S. 397) fest, daß „zehnjährig" ein böses Versehen ist, denn im Dezemberheft der Deutschen Rundschau 1879, S. 201 heiße es „nicht über f ü n f z e h n Jahre alt" (Buchausgabe S. 76). Jener Irrtum fällt indes nur Keller zur Last, aus dessen Munde Frey, wie er mir versichert, „zehnjährig" hörte; Bächtold hat von Keller nur die Mißbilligung der Freveltat an sich übernommen; vgl. Frey a. a. O. S. 322 f.

S. 79. Frey, M. S. 323, 345. Br. Bd. II, S. 92. Bd. I, S. 287 f. — B e s u c h v o m 17. M ä r z usw.: vgl. Br. Bd. I, S. 334, 285. — E s i s t n i c h t a u s g e s c h l o s s e n, d a ß e i n B r i e f K e l l e r s v e r l o r e n g e g a n g e n i s t: vgl. Meyer an Frey am 15. August 1890: „ver= schenkt habe ich einen Kellerbrief (über den „Heiligen') .." Frey hält (Br. Bd. I, S. 384 Anm.) einen Irrtum Meyers für möglich, da doch ein Brief über den Heiligen erhalten sei — dieser aber betrifft nur die B u c h= ausgabe.

S. 80. Br. Bd. II, S. 97 f., 310, 313; Bd. I, S. 134 Anm. 3; Frey, M. S. 346. — D i e p a t r i o t i s c h e Ü b e r t r e i b u n g B ä c h t o l d s besteht in dem Satze: „Es ist eine ebenso erfreuliche als überraschende Wen= dung der Dinge, daß gerade da, wo vor etwas mehr als hundert Jahren ein Bodmer sich mitunter mit Recht von seinen Gegnern den Vorwurf, er schreibe nicht Deutsch, gefallen lassen mußte, heute von zwei Schriftstellern die gediegenste deutsche Prosa geschrieben wird." — B e z i e h u n g e n

Meyers zur Neuen Züricher Zeitung und Vermitt=
lung Emil Freys: vgl. Br. Bd. I, S. 311 ff.; in den Jahren 1873,
1877, 1878 waren dort Rezensionen Meyers erschienen (Br. Bd. II, S. 407 ff.,
420 f., 421 ff., 424 ff.). — In dem Briefwechsel zwischen Bächtold und
Keller, soweit er durch Erich Schmidt vorgelegt ist, wird C. F. Meyer nicht
erwähnt, auch nicht in dem von Walther v. Arx gezeichneten Lebensbilde
Bächtolds, das dessen „Kleine Schriften", herausgegeben von Th. Vetter
(1898) einleitet (S. 1—55). Am 12. Oktober 1895 ließ Bächtold in der
Neuen Züricher Zeitung die Adresse der philosophischen Fakultät zu C. F.
Meyers siebzigstem Geburtstage erscheinen.

S. 81. Altes und Neues Bd. II, S. 135 f. Vgl. den Briefwechsel
zwischen Friedrich Theodor Vischer und Conrad Fer=
dinand Meyer in den Süddeutschen Monatsheften 1906, 1. Bd.
Am 16. Mai 1881 schreibt C. F. Meyer an Vischer: „Mit einer einzigen
Zeile, verehrter Meister, sage ich Ihnen (gleich nach Lesung Ihres mir schon
aus der Allg. lieben und sehr ausgezeichneten Keller=Artikels in Altes und
Neues II), welche große und unerwartete Freude mir zu Anfang desselben
die Nennung und Bezeichnung meiner literarischen Sachen gemacht hat.
Ich werde — soviel an mir liegt — Ihrem Urteil Ehre machen," (a. a. O.
S. 176). — Bezeichnung der Gegensätze durch Schlagworte: z. B.
Köster a. a. O., Plaßhoff=Lejeune (Bühne und Welt 1906, S. 812 f.).
Kräger a. a. O. S. XII ff.

S. 82. Ges. W. Bd. 2, S. 13 f. — „was uns solche versichern"
usw.: Frey, M. S. 345 f. Betsy S. 20.

S. 83. Zu Lina Freys früheren Aufsätzen über Meyer vgl. Br.,
Bd. I, S. 401 f. — „begegnet man bis in die neueste Zeit
hinein der Ansicht" usw.: vgl. Heinrich Hart, Conrad Ferdinand
Meyer (Daheim 1899, Nr. 15; jetzt Neudruck in den Aufsätzen zeitgenössischer
Schriftsteller, herausgegeben von E. Lemp, Bd. II: Zur deutschen Literatur=
geschichte [Velh. und Klas. 1908], S. 138 ff.); Herbert Eulenberg, Schatten=
bilder. Eine Fibel für Kulturbedürftige. Berlin 1910 (!), S. 132. Die Höhe
der ästhetischen Warte, von der aus Keller und Meyer hier übersehen werden,
ermesse man aus dem Urteil: „Es sind keine Riesen, diese beiden Schweizer
Poeten, keine Schöpfer, bei deren Werken einem der Atem vor Bewunderung
stockt oder die Seele überquillt. In der Schweiz wächst außer den Bergen
nicht viel Großes" (a. a. O. S. 134). — Die wenigen autobio=
graphischen Skizzen Meyers: 1. bei J. J. Honegger, Die
poetische Nationalliteratur der Schweiz 1876 (jetzt Br. Bd. II, S. 439 bis
441); 2. bei Reitler 1885 a. a. O. S. 6—8 (jetzt auch Br. ebda. S. 507 ff.);
3. „Mein Erstling ‚Huttens letzte Tage' ". (Deutsche Dichtung 1891) jetzt
Br. ebda. S. 518 ff. Auch die kleine biographische Skizze in der Deutschen

Lyrik der Gegenwart seit 1850, herausgegeben von Ferdinand Avenarius,
Dresden 1882, S. 231 scheint von Meyer selbst verfaßt.

S. 84. Bettelh. S. 49. Frey, M. S. 36, 328. Ohmann a. a. O.
S. 101 f. — Das oberflächliche Urteil: E. Busse, Tägliche
Rundschau a. a. O. S. 1010. — „das ihn umgebende Leben
geistige Stoffe formen können": so Kalischer S. 207.

S. 85. Br. Bd. I, S. 138 f. (vgl. Frey, M. S. 288. Betsy S. 177).
Kalischer S. 164. Br. Bd. I, S. 193. — Das Zurückweichen
Meyers vor jeder Unmittelbarkeit wird in einer freilich
in allzu großer Distanz vom wissenschaftlichen Objekt geschriebenen und nicht
immer einwandfreien Schrift über die Psychophysis Meyers mit der sogenannten „Assoziationsflucht" in Zusammenhang gebracht, d. h. mit der
„Unfähigkeit zu längerer Verknüpfung des eigenen Ichs" mit etwas lebendig
Nahem (Dr. J. Sadger [Nervenarzt in Wien], C. F. Meyer. Eine patho-
graphisch-psychologische Studie [Grenzfragen des Nerven- und Seelenlebens,
herausgegeben von L. Löwenfeld, Bd. 59 (1908)], S. 50).

S. 86. Bettelh. S. 38. — Ohmanns Hinweis a. a. O. S. 127,
129 ff., 131 f., gegen B. Litzmanns und E. Enders' Behauptung eines unmittelbaren Verhältnisses des Dichters zur Gegenwart. — Leiser Einfluß der Ästhetik F. Th. Vischers: vgl. Kalischer S. 175
und sonst.

S. 87. Bettelh. S. 12 (vgl. Frey, M. S. 288), 81. Kögel S. 31.
Bettelh. S. 208. — „wie Kalischer hervorhebt": S. 163, 208 f.
— „zu roh": Ohmann hebt S. 110 mit Recht hervor, daß „roh" hier hauptsächlich den Begriff des Unübersichtlichen, Ungestalteten ausdrücken will.

S. 88. Kalischer S. 60, 165, 171. — Meyers Vorliebe für
Rahmenerzählung behandeln im einzelnen Stoeßl a. a. O. S. 35 ff.,
Feise a. a. O. S. 127 f. Ohmann a. a. O. S. 120 ff., 129.

S. 89. Frey, M. S. 306, 396. Kögel S. 31. Bächtold Bd. III, S. 286.
Br. Bd. I, S. 289. Preiß a. a. O. S. 52. — Das Jugenddrama
ist „Der Freund", eine Nachahmung von Lessings Emilia Galotti; vgl. auch
Kellers Bemerkung über die Stelle von den Historienmalern in den Nachgel.
Schriften S. 16.

S. 90. Idyllische und dramatische Momente: Meyers
Wort vom Stil der großen Tragödie in der Novelle berichtet Franzos a. a. O.
S. 24. Franzos widerspricht: „Es ist großer Stil, nicht dramatischer
Stil." Doch wird das allgemeine Urteil (vgl. z. B. Moser a. a. O.
S. LXXXII ff., Saitschik a. a. O. S. 131, 217; Kalischer S. 174 ff., 191;
Preiß, S. 114, 170), das den dramatischen Einschlag anerkennt, Recht be-
halten. — Was das Idyllische in Kellers Stil angeht, so macht
Moser a. a. O. S. XCIV darauf aufmerksam, daß Keller das Deminutiv

sehr häufig, Meyer fast gar nicht gebrauche. Hier liegt indes bei Keller wohl
mehr ein stärkerer m u n d a r t l i c h e r Einfluß vor. Den Versuch von Preiß,
das Anwachsen des idyllischen Elements bei Keller an den Adjektiven zu
beweisen, bezeichnet Walzel in seiner Besprechung (a. a. O. S. 99) mit
Recht als einseitig; auch sprechen gewisse Varianten (vgl. Brunner a. a. O.
S. 93 [zierlich]) gegen die Annahme von Preiß.

S. 91. Br. Bd. I, S. 232, 234. Blum a. a. O. S. 242. Kraeger a. a. O.
S. 116 (Die Bedeutung der Variante erörtert K. nicht). — M e y e r s u n d
L i n g g s B e s u c h b e i K e l l e r : Erinn. S. 516. — E p i s o =
d i s c h e s b e i M e y e r : vgl. Kalischer S. 169; sein V e r h ä l t =
n i s z u M i c h e l a n g e l o : ebda. S. 183.

S. 92. Ges. W. Bd. 2, S. 13.

S. 93. Frey, Kellers Frühlyrik S. 51. Bächt. Bd. III, S. 646.
Erinn. S. 513. Kögel S. 32. — S o n d e r b u n d s d r a m e n u n d
„F r a u R e g e l A m r a i n": vgl. Preiß a. a. O. S. 71 f.

S. 94. Bettelh. S. 49. Kräger a. a. O. S. X. — Z u M e y e r s
P h y s i s vgl. Sadger a. a. O.

S. 95. Br. Bd. II, S. 232. Kögel S. 32. Br. Bd. I, S. 289. Köster
S. 110 f. Frey, Erinn. S. 135. Köster S. 111. Br. Bd. II, S. 193.

S. 96. Köster S. 121 f., 124, 126. — Frankfurter Zeitung 11. März 1910,
Feuilleton Sp. 3. Diesen K o b o l d „boudeur et ombrageux", „un germe
de malignité que la science explique par une hérédité d'animalité primitive,
de barbarie ancestrale" bezeichnet J. Bourdeau in seiner sonst wenig tiefen
Studie (a. a. O. S. 885) richtig als eines der Probleme des Grünen Heinrich
und des Pankraz. — K e l l e r s S t r a f g e r i c h t e : Baldensperger (a. a. O.
S. 177 f.) hat hier den Eindruck einer „rancune personnelle"; Cornicelius
(a. a. O. S. 131) redet treffend von einem humoristischen Ausbruch eines
moralischen Ingrimms; darum habe auch kein Widerspruch hier eine Tilgung
oder auch nur Milderung von Keller erlangen können. — Zu der satirischen
Darstellung von V i g g i S t ö r t e l e r und Genossen sei nebenbei notiert,
daß auch der Zug, wie „George Desan" das Wort Schriftsteller abgeschafft
wissen will, „unwissend, daß es ein echt deutsches und altes Wort ist" und statt
dessen z. B. „Schriftner" zur Erwägung vorschlägt (Ges. W. Bd. 5, S. 104),
dem Leben entnommen ist. K. R. Hagenbach erwähnt in einem Briefe
an Jeremias Gotthelf aus dem Jahre 1843 einen Bonner Gelehrten, der
stets das Wort „Schriftner" gebraucht habe, „denn das Wort Schriftsteller
mahne ihn zu sehr an einen Vogelsteller". (Jeremias Gotthelf und Karl
Rudolf Hagenbach. Ihr Briefwechsel aus den Jahren 1841—53. Heraus=
gegeben von Ferdinand Vetter. Basel 1910, S. 18 f., 99.).

S. 97. Goethe zu Eckermann am 2. März 1831. Bächt. Bd. III,
S. 314. — „D ä m o n i n K e l l e r": vgl. Frey, M. S. 346. — W i d e r =

spruch gegen das harte Wort Bächtolds: Stößl, Gottfried
Keller (Die Literatur, herausgegeben von Georg Brandes, Bd. 10), S. 59—69.
Nußberger a. a. O. S. 21. S. S., Gegen die Behauptung von mangelndem
Wohlwollen bei Gottfried Keller (Frankf. Zeitung a. a. O. Sp. 1—3.). Nur
Bächtolds Biograph W. v. Arx nimmt ihn in Schutz (a. a. O. S. 46).

S. 98. „Er tadelte es nachdrücklich, sobald" usw.:
Frey, M. S. 311. — Mag er auch gelegentlich eine Anek=
bote erzählt haben: sie steht bei Blum a. a. O. S. 242. „Bild=
hauer Gott, schlag zu!" (Ged. S. 355) Kalischer (S. 141 ff.)
stellt fest, daß gerade diese Worte in Michelangelos Sonetten keine Ent=
sprechung haben, also wohl Eigentum C. F. Meyers sind. — Erziehungs=
fragen als Problem der Jugendzeit: vgl. Frey, M. S. 63,
65 f., Langm. S. 21.

S. 99 f. Vogt a. a. O. S. 183. Frey, Erinn. S. 166 f. Wie Frey
erzählt: Erinn. S. 119 f.

S. 100. Frey, Erinn. S. 138. H. Hoffmann a. a. O. — Keller und
Besuche: vgl. Betsy S. 19. Frey, M. S. 346.

S. 101. Kögel S. 32. Betsy S. 21. Frey, Erinn. S. 80. Kellers
Äußerung, er fürchte anspruchsvoll zu erscheinen:
an Kuh 1875 (Bächt. Bd. III, S. 196).

S. 102. Langm. S. 29, 34. Frey, Erinn. S. 79 f.: vgl. Meyers Erinn.
S. 513. Köster S. 132, 139. 143.

S. 103. Bettelh. S. 49. — Provinzialismen in der
Thierry=Übersetzung: vgl. Frey, M. S. 79. Zu Meyers
Umgangssprache vgl. Kräger a. a. O. S. X; Frey versichert mir,
daß er im Verkehr mit Landsleuten immer unverfälschten Züricher Dia=
lekt sprach. — Was Nachlässigkeit war, strebte Keller
auszumerzen: vgl. Keller an Storm über die Korrektur des Sinnge=
dichts (Köster S. 121); für die Gedichte Brunner a. a. O. S. 135 ff., 147 ff.;
Ottokar Fischer, Zum Werdegang des Lyrikers Keller (Euphorion 1910,
S. 152 ff.) Mit Unrecht behauptet der Schweizer Brunner (a. a. O. S. 136),
Keller habe schließlich die Schriftsprache erreicht; vgl. auch Baldensperger
a. a. O. S. 471 ff.

S. 104. Kögel S. 32. Br. Bd. I, S. 334. II, S. 84. — Das Bild
von der Schaukel liebt Meyer: in „Gustav Adolfs Page" sagt Wallen=
stein bei seinem heimlichen Besuche zum König: „Einer ist undenkbar ohne
den anderen und . . stürzte die Majestät oder ich von dem einen Ende der
Weltschaukel, schlüge das andere unsanft zu Boden."

S. 105. Br. Bd. I, S. 285 ff., 288, 293. — Beide Dichter
haben sich gemeinsam bemüht: vgl. Meyer an Frey am 17.
und 21. Dezember 1881 (Br. Bd. I, S. 343 f.). — Zu den beiden Fas=

sungen des Grünen Heinrich vgl. F. Leppmann, G. Kellers
Grüner Heinrich von 1854—55 und 1879—80. Dissertation Berlin 1902
(Mir nicht bekannt). — „Kleinstadt und Dorf" usw. jetzt neuge:
druckt Br. Bd. II, S. 451—483; vgl. Br. Bd. I, S. 315 ff.

S. 106. Br. Bd. I, S. 336. II, S. 468 f., I, S. 295 f. — Goethe:
Lavater:Studien Meyers: vgl. Br. Bd. I, S. 12, 14 f. Frey, M.
S. 146 ff. — Zimmermanns Buch „Über die Einsamkeit"
in Kellers Leben und im Grünen Heinrich: vgl. Bächt.
Bd. I, S. 62 ff. Gef. W. Bd. I, S. 290 f.

S. 107. Br. Bd. I, S. 296 ff., 389. — Der „Meierlein": die
Knabengestalt im Grünen Heinrich ist das Porträt eines Schulkameraden
Kellers (vgl. Gef. W. Bd. I, S. 143 ff. und Bächt. Bd. I, S. 16).

S. 108. Br. Bd. I, S. 288. Bächt. Bd. III, S. 497. Erinn. S. 514.
Br. Bd. I, S. 337, 340.

S. 109. Jenatsch S. 131 ff., Br. Bd. I, S. 289. — „Den Teufel
hoffst Du" sagt Hildeburg in den „Geistersehern" (Gef. W. Bd. 7, S. 189).
— Baldenspergers Behauptung: a. a. O. S. 464.

S. 110. Arthur Roeßler (Wien), Ein Abend mit G. Keller und Böcklin.
Was Albert Welti erzählte (Frankfurter Zeitung 1. November 1908, Nr. 304.).
Br. Bd. I, S. 289. — Wie Meyer zu erzählen weiß: Erinn.
S. 516. — Buchausgabe des „Sinngedicht": Br. Bd. I, S. 291 f.

S. 111. Br. Bd. I, S. 289 f., Baldensperger a. a. O. S. 175 Anm. 1.
Erinn. S. 514. — Kellers zähe Rechtfertigung der ge:
nannten Motive: vgl. Köster S. 31. Bächt. Bd. III, S. 272 f.
Erinn. S. 514; dazu auch Brunner a. a. O. S. 103. — Bayles Aus:
spruch: Un État de justes ne saurait subsister.

S. 113. Br. Bd. I, S. 338. II, S. 523. I, S. 135, 161. Skizze
Freys: M. S. 325 f.; die Zeilen Betsys: S. 156 f.; Briefe
an Wille und Frey: Br. Bd. I, S. 163, 338; an L. v. François:
Betteln. S. 30; zur Lücke in den Haesselbriefen vgl. Br.
Bd. II, S. 103; das Huttenkapitel bei Langmesser: S. 245
bis 263.

S. 114. Frey, M.[2] S. 382. Br. Bd. I, S. 290. — Frey über Kellers
Lob des Hutten: M. S. 345.

S. 115. Br. Bd. I, S. 291 ff. Langm. S. 257. — „Sprich:
wörtersammlung": ähnlich beurteilt auch Saitschik a. a. O. S. 251
das Metrum.

S. 116. Kalischer S. 12. Franzos, „Vortrag" S. 39. Erinn. S. 513 f.
— Daß Meyers Hutten:Zweizeiler einen großen Reiz aus:
üben kann, zeigt seine Verwendung in W. Langewiesches „Planegg", das
auch sonst die Schule Meyers nicht verleugnet.

S. 117. Köster S. 128, 132, 139, 253; Br. Bd. I, S. 290. Auf
C. F. Meyers Einladung: Br. Bd. I, S. 338.

S. 118. Br. Bd. I, S. 292, 134 — Anm. „deren Fortschritt .
bereits richtig festgestellt ist": von Kalischer S. 25. — Keller
und die Renaissance: an W. Petersen schreibt er 1879: „Ich habe
neulich wieder J. Burckhardts Kultur der Renaissance durchgelesen und aus
seinem homogenen Geiste ein Heimweh nach jener Welt davongetragen,
die freilich nicht die unsrige ist." (Bächt. Bd. III, S. 427).

S. 119 f. Br. Bd. I, S. 135, 88 f. Kalischers Urteil S. 116 f.,
121 f.; vgl. ebda. S. 29 f., 173. „Lust an der Gerechtigkeit":
so nennt Meyer die Tragödie im „Prolog zur Weihe des neuen Stadttheaters
in Zürich 1891" (Moser a. a. O. S. 108).

S. 120. Frey, M. S. 103; vgl. auch Ohmann a. a. O. S. 118. Erinn.
S. 513. — Keller und Meyer über Kloster= und Weltleben:
auf Parallelen zwischen Engelberg und Kellers Beatrixlegende macht Ka=
lischer S. 31, 33 Anm. aufmerksam. Die Stellung Kellers zur kirchlichen
Legende behandelt H. Watenphul, Die Geschichte der Marienlegende
von Beatrix der Küsterin. Dissertation Göttingen 1904, S. 80 ff.

S. 121. Br. Bd. I, S. 290 f. C. Busse a. a. O. S. 1006. — Meyers
Äußerung über Keller während der Krankheit in
Königsfelden: Frey, M. S. 359. — Franzos' Äußerung:
a. a. O. S. 30.

S. 122. Briefliche Mitteilungen J. Rodenbergs und Betsy Meyers.
Br. Bd. I, S. 293.

S. 123. Br. Bd. I, S. 338 ff., Bächt. Bd. III, S. 514. Br. Bd. I,
S. 294. — Meyers Exemplar der Kellerschen Gedichte
von 1854: Frey, M. S. 283. — Lyrische Zitate bei Brahm:
Essay S. 21 ff.

S. 124. Br. Bd. II, S. 379. I, S. 298 f., 294. — Kellers Urteil
über Brahms Buch und seine Methode: vgl. Bächt. Bd. III, S. 474,
516 f., dazu die Worte über die „Scherersche Germanistenschule" Köster S. 151 f.

S. 125. Frey, M. S. 345. Franzos a. a. O. S. 25 (vgl. L. Frey a. a.
O. S. 5). — „Conquistadores": Ged. S. 338 ff.

S. 126. Köster S. 132, 135, 143. — „Der tote Achill": Ged.
S. 159 f. Gespräch mit Frey: M. S. 211, 382. Zu den verschiedenen
Fassungen des Gedichts vgl. Langm. S. 207 ff. Bettelh. S. 276. Moser a.
a. O. S. LVIII, LXXVIII, 75 f. Kräger S. 262 ff. Die von Keller be=
vorzugte war die erste in achtfüßigen Trochäen, die zweite die des Sonetts,
ein für Meyer ungemein charakteristischer Versuch, wie A. Perdisch in
seiner lehrreichen Rezension von Moser und Kräger richtig betont (Anzeiger
für deutsches Altertum und deutsche Literatur Bd. 28 (1902), S. 271. —

„Einer Toten": Ged. S. 205; Storm las es zuerst bei F. Avenarius a.
a. O. S. 231. Moser S. 23 sagt irrtümlich, das Gedicht sei von der 5. Auf=
lage an unterbrückt.

S. 127. Köster S. 148, 155. Bächt. Bd. III, S. 522, 523 f; vgl.
S. 287. Köster S. 162. — Das „Züricher Dichterkränzchen"
enthält von Keller: Ges. W. Bd. 10, · S. 136 f., 148 ff., 132 f., 123 f.,
Bd. 9, S. 68 f.; von Meyer: Ged. S. 152, 46, 112 ff, 72, 198 f., 209,
166 f., 80 ff., 13, 290 f., 17, 35 f.

S. 128. Köster S. 165, 172. Frey, Erinn. S. 27 f. „Die gezeich=
nete Stirn": Ged. S. 290 f.

S. 129. Bettelh. S. 45 f. — ein Psychologe: Sadger a. a. O.
S. 25; vgl. auch S. 46.

S. 130. Bettelh. S. 49. Köster S. 247 f.

S. 131. Br. Bd. I, S. 424, 295 f., 351., 299 f. Zu Spitteler
vgl. noch Meyers Briefe an diesen (Br. Bd. I, S. 422 f.) und F. Th. Vischer
(a. a. O. S. 177 f.) aus dem Dezember, Kellers Schreiben an J. V. Wid=
mann und J. Rodenberg (Bächt. Bd. III, S. 499 f., 513 f.), sowie Meyers
spätere Briefe an Keller und Haessel (Br. Bd. I, S. 297, II, S. 104). Spit=
teler hat bekanntlich späterhin, vielleicht nicht ohne Zutun der Urteile Kellers
und Meyers, vom Kosmos auch zum Schweizerboden hingefunden, was
man freilich in gewissem Sinne bloß als „glänzend ausgeführtes Experiment"
empfinden kann (vgl. Anna Fierz, Schweizerdichter von heute (Unterm
Firnelicht, ein Schweizer Novellenbuch 1910, S. VIII—XI).

S. 132. Br. Bd. II, S. 111 f. Bettelh. S. 114, 137. — Kellers
Verhältnis zu seinen Gedichten: vgl. Frey, Erinn. S. 49 f. —
„nach Meyers Worten": Frey, Kellers Frühlyrik S. 54.

S. 133. Br. Bd. I, S. 300 f. Betsy S. 17. — „Morgenwache":
Ges. W. Bd. 10, S. 35 f. Zum Manuskript und der früheren Fassung vgl.
Frey, Frühlyrik, letztes Faksimile; Brunner a. a. O. S. 64 f., 309.

S. 134. Br. Bd. II, S. 421. Brunner a. a. O. S. 131, 153, 216;
Ges. W. Bd. 9, S. 71; Br. Bd. I, S. 160. „Erster Schnee": auch
von C. F. Meyer liegt ein Gedicht „Der erste Schnee" vor, das indes in die
Gedichtsammlung nicht aufgenommen wurde; vgl. Moser a. a. O. S. XCVII.
3. — „Am fließenden Wasser": Ges. W. Bd. 9, S. 55 f. Vgl.
Brunner a. a. O. S. 208, Frey a. a. O. S. 19, 45. — Meyer über
das Fragment des Apothekers an Keller und F. Wille, Br.
Bd. I, S. 298, 165. — „Ein Festzug in Zürich 1856": Ges. W.
Bd. 9. S. 236 ff.; vgl. Bächt. Bd. II, S. 311 f.; zur Geschichte der Publikation
noch Kellers Briefe an den Herausgeber des Almanachs Wilhelm Hem=
sen, Euphorion, Ergänzungshefte Bd. 5 (1901), S. 212 ff., auch Kellers
Brief an Meyer vom 30. 11. 1877 (Br. Bd. I, S. 276).

S. 135. Erinn. S. 515. Keller an Hemsen a. a. O. S. 214. — Meyer und das „Leben Michelangelos": vgl. Kalischer S. 139 und sonst. H. Grimm über den Carton der badenden Soldaten a. a. O. (1. Ausgabe 1860) Bd. I, S. 262 f., 290—93. — „G. Keller kannte das Buch recht wohl" usw.: vgl. den hübschen Bericht, den J. Kreyenbühl nach Kellers Exemplar (jetzt auf der Züricher Stadtbibliothek) lieferte: „Wie Gottfried Keller las" (Frankfurter Zeitung, 2. Juni 1907). — Das Motiv des im Bade Überfallenen usw. ist alt: vgl. Konrads v. Würzburg Otto mit dem Barte. — Als Kurio= sität sei erwähnt, daß fast zur gleichen Zeit als Kellers Gedicht entstand, bei einer Vorstellung im Theater Barnum einmal Feuerwehrleute in In= dianerkleidung als Statisten Verwendung fanden (wie Kellers „Jrokes' mit roter Haut") und in ihrer Verkleidung von der Bühne wegeilten, um bei einem plötzlich ausgebrochenen Brande Hilfe zu leisten (Zeitungsbericht).

S. 136. Br. Bd. I, S. 283 f. R. M. Meyer, Die dtsch. Lit. d. 19. Jh. S. 499. — Zur Frage des Einflusses Meyers auf Keller vgl. auch Köster, G. Keller S. 132. — Der reiche Liederherbst von 1878: vgl. Bächt. Bd. III, S. 260. Kellers Brief an Bächtold bei E. Schmidt a. a. O. S. 269. Die Chronikstellen bei Bächt. Bd. III, S. 635 f. abgedruckt.

S. 137. Bettelh. S. 45 ff. — Auch tat es seinem Ohr und seinem Auge weh usw.; vgl. Brunner a. a. O. S. 162 (nach Frey). — Heyses Urteil: Novellenschatz a. a. O. S. 192. — „Ein Berittener", Ges. W. Bd. 10, S. 123 f.: „Herbstland= schaft", Ges. W. Bd. 9, S. 68 f.

S. 138. Bettelh. S. 49, 51. Br. Bd. I, S. 376. Erinn. S. 515 f.

S. 139. Br. Bd. I, S. 139, 300. — Daß Keller Lieder, die den Unsterblichkeitsglauben verteidigten, ausge= schieden hat, zeigt Brunner a. a. O. S. 171. — Meyer und das Christentum: vgl. Frey, M. S. 302. — Das Bild vom erleg= ten Wilde gebraucht Keller auch ein Jahr später in einem Briefe an Storm über die Novelle „Zur Chronik von Grieshuus": „... ich danke Ihnen nochmals für diesen schlanken Hirsch, den Sie mit ungeschwächter Kraft auf Ihren alten Heidegründen gejagt haben" (Köster S. 203).

S. 140. Frey, M. S. 328. Bächt. Bd. III, S. 547. Br. Bd. I, S. 304, 411. — Fatalistischer Einschlag im „Mönch": vgl. Feise a. a. O. — Adolf Frey über die Virtuosität der Technik: M. S. 328 ff.

S. 141. Briefwechsel Vischer=Meyer a. a. O. S. 178 f. Br. Bd. II, S. 340, 381. Köster S. 194. — Meyer und Vischers Ästhetik: vgl. Kalischer S. 153, 175. — Auch an Haessel schreibt Meyer (drei Tage nach

Empfang von Vischers Brief über den „Mönch")), eine der „Klippen" der
Novelle sei „Das aufs Äußerste (zu weit) getriebene Ineinanderschlingen
von Erzählung und Hörerkreis" erscheine raffiniert und strenge zu sehr an.
(Br. Bd. II, S. 120 f.)

S. 142. Br. Bd. II, S. 316, 318. Erinn. S. 513, 517. — Wie Vögtlin meint: a. a. O. S. 251. — Zusammensein am 26. Juni 1884: vgl.
Br. Bd. I, S. 303. — Frühere Fassung der Richterin: Frey,
M. S. 330 ff. Langm. S. 431 ff. — Zweiter Teil des „Salander": vgl. Bächt. Bd. III, S. 311 f., 643 f. Rudolf Fürst, Gottfried Kellers Martin Salander (Deutsche Dichter des 19. Jahrhunderts.
Ästhetische Erläuterungen, herausgegeben von O. Lyon, Bd. 8) 1903, S. 22 f.

S. 143. Br. Bd. I, S. 366. Bettelh. 190. Br. Bd. I, S. 184, 367,
187. — Bächtold über Salander: Bd. III, S. 299 f.

S. 144. Langm. S. 151 f. Br. Bd. II, S. 126. — Salanderbesprechung Freys: vgl. Frey, Erinn. S. 137. Meyer an Frey,
Br. Bd. I, S. 370 f. — Vgl. auch Saitschik a. a. O. S. 203.

S. 145. Bettelh. S. 205, 208, 210 ff.

S. 146. Br. Bd. I, S. 188. — Kellers Worte über „Pescara" nach brieflicher Mitteilung Freys. Franzos a. a. O. S. 25. R. M.
Meyer a. a. O. S. 501 ff. — Zu den Schilderungen im „Pescara": vgl. Kalischer S. 105 f.

S. 147 f. Br. Bd. I, S. 193. Kögel S. 31. — Die Begegnung
im Konzert: Br. Bd. II, S. 127. Bettelh. S. 48 ff., 52, 205. Langm.
S. 152. Kögel S. 32. Tagebuchblatt Kellers von 1847: Bächt.
Bd. I, S. 296. Zu Meyers Äußerung, daß Keller von Musik nichts verstanden
habe, bemerkt mir Frey, daß Meyer nicht mehr davon verstanden habe als
Keller.

S. 148. Br. Bd. I, S. 301. — Frey über Meyers Kopf: M.
S. 281. Karl Stauffers Kellerbilder: wie sie zustande kamen,
erzählt Keller hübsch in einem Briefe an Maria Knopf Pfingsten 1889
(herausgegeben von Frey, Deutsche Rundschau, Bd. 130 [1907], S. 292 f.).
Ein schöner Kellerkopf, die Reproduktion einer seltenen Radierung Karl
Stauffers, die sich am Rande einiger weniger Abzüge der bekannten größeren,
Keller sitzend darstellenden Radierung des Künstlers findet, steht im Zürcher
Taschenbuch 1905, S. 80.

S. 149. Br. Bd. I, S. 301 ff., 304 f.

S. 150. Br. Bd. I, S. 305. Kögel S. 32.

S. 151. Br. Bd. I, S. 305 f. — Meyer und Böcklin: vgl. Langm.
S. 162 f. Bettelh. S. 253.

S. 152. Erinn. S. 516. Frey, M. S. 310. Br. Bd. I, S. 306 f. —
Meyer an L. v. François über Regula Keller: Bettelh. S. 233,

— Meyer wußte, daß Keller seinen Geburtstag usw.:
vgl. Br. Bd. II, S. 175. — Kellers Dank für die Glückwünsche: Bächt.
Bd. III, S. 325 f.

S. 153 f. Bettelh. S. 244 f. Br. Bd. I, S. 307. Erinn. S. 517 f.
Bettelh. S. 253. Br. Bd. I, S. 206. — Meyer bat Frey um Nachricht: Br. Bd. I, S. 380. Das Datum des letzten Besuches
bei Keller geht hervor aus einem Briefe an Haessel vom 15. Februar 1890
(Br. Bd. II, S. 183); Meyers spätere Äußerung vom 1. August 1890, der
Besuch habe „zwischen März und April stattgefunden" (Br. Bd. II, S. 322)
ist demnach zu korrigieren. — Eutychus: Apostelgesch. Kap. 20, 7—12. —
Der Gedanke an die Unsterblichkeit usw.: vgl. W. Langewiesche a. a. O. S. 181.

S. 154. Frey, Erinn. S. 155. Kögel S. 32. — Zartfühlend hat
Meyer verschwiegen: vgl. Franzos a. a. O. S. 31; J. Rodenberg, Deutsche Rundschau, Januar 1899, S. 137. Meyer berichtet
über den Verlauf von Kellers Krankheit an Haessel,
L. v. François, H. Lingg (Februar und März 1890).

S. 155. Br. Bd. I, S. 380 ff., 206. II, S. 342. I, S. 97, S. 451. Frey, M.
S. 295. Langm. S. 164. Br. Bd. II, S. 332. „Die kleine Passion":
Ges. W. Bd. 10, S. 101 f. Vgl. Frey, Erinn. S. 152.

S. 156. Br. Bd. II, S. 189. I, S. 383. II, S. 332. Bettelh. S. 254 ff.
Frey, M. S. 344. — Das Gespräch in Königsfelden: Frey, M.
S. 359. — wie Meyer in den „Erinnerungen" gesagt hat:
S. 513.

S. 157. Br. Bd. I, S. 384 f. II, S. 332. — Seine Rolle als Zeuge
in dem Prozeß um Kellers Testament erörtert Meyer
in Briefen vom August 1890 bis Mai 1891 (Br. Bd. II, S. 332, 367. I,
S. 386. 215. II, S. 377, 197 f.). Der Wortlaut des Testaments
der Hauptsache nach in Freys Erinn. S. 150 ff. — Die endgültige
Stilisierung der „Erinnerungen an Gottfried
Keller": siehe oben S. 16 ff. An Frey schrieb Meyer am 3. September
1890: „Über meinen Keller-Artikel habe ich nachträglich noch mehr als
mir lieb war mit Franzos korrespondiert. Es beschlich mich nämlich die un-
leibliche Befürchtung, derselbe könnte in tückischer Weise gegen den geistigen
Zustand Kellers in der letzten Zeit ausgebeutet werden (bei der Möglichkeit
einer Testamentsanfechtung, wozu es übrigens gewiß nicht kommt, wie ich
glaube), und ich ruhte nicht, bis vorgebaut war. Gewiß eine unnötige Vorsicht, und doch — es ist besser so" (Br. Bd. I, S. 386). Über jene Korrespondenz erzählt Franzos: Die Worte „völlig hellen Geistes" (s. o. S. 153)
standen ursprünglich nicht im Manuskript der Keller-Erinnerungen: „Dasselbe war bereits abgesetzt, als ich einen längeren Brief von Meyer erhielt:

er lefe in den Zeitungen eben, daß Verwandte Kellers das Teſtament des
Dichters anfechten wollten, und zwar mit der Begründung, weil er in der
letzten Zeit nicht mehr dispoſitionsfähig geweſen. Darum möge ich den
oben zitierten Abſatz jedenfalls noch irgendwie einſchieben: Wegbleiben
müſſe aber auch, wenn möglich, der Satz vom Spinnen und Weben der
Phantaſie, weil man dies ſonſt am Ende auch im bevorſtehenden Prozeß
irgendwie verwerten werde; doch wolle er die Entſcheidung darüber mir
überlaſſen. Ich ſchob den Zuſatz ein, hielt aber eine Streichung für über-
flüſſig und teilte dies Meyer mit. Er war einverſtanden. „Ich finde“, ſchrieb
er mir am 26. 8. 1890, „daß Sie Recht haben, daß ich in der Tat zu ängſt-
lich geweſen bin. Verfahren Sie alſo nach Gutdünken. Es wurde eben an
Keller ſo viel durch Klatſch geſündigt (vor und nach ſeinem Tode), daß mir
auch vor dem Schatten einer Indelikateſſe graute“ (a. a. O. S. 41). —
M e y e r ü b e r K e l l e r b r i e f e : Br. Bd. I, S. 211, 214. Die be-
treffenden Worte Kellers über Mörike jetzt Bächt. Bd. III, S. 200. —
D i e Ü b e r r a ſ c h u n g a n e i n e r S t e l l e ſ e i n e r „ E r i n n .“ :
S. 516 f.

S. 158. Br. Bd. II, S. 193; dazu Br. Bd. I, S. 387, 415 ff. Die
letzten brieflichen Äußerungen über Keller datieren vom 30. Januar und
9. Februar 1892.

S. 160. V e r g l e i c h e K e l l e r s u n d M e y e r s m i t G o e t h e
u n d S c h i l l e r : O. B r a h m a. a. O. S. 42 ff. K r ö g e r a. a. O.
S. XII—XIII. N u ß b e r g e r a. a. O. S. 19—30. L i n a F r e y
a. a. O.; vgl. auch L u i ſ e v o n F r a n ç o i s , Bettelh. S. 246. — J u -
l i u s S a h r , Friedrich Schiller und Conrad Ferdinand Meyer (Euphorion
Bd. 12 [1905], S. 665—680); vgl. auch F e i ſ e a. a. O. S. 119.

✘ ✘

Alphabetisches Namenregister.

Briefe Conrad Ferdinand Meyers.

Nebst seinen Rezensionen und Aufsätzen herausgegeben von Adolf Frey. Mit vier Bildern und acht Handschriftproben. Zwei starke Bände in Groß-Oktav. Broschiert M. 16.—, in Halbpergament gebunden M. 20.—

Inhalt von Band I: Briefe an Johannes Landis — Carl Heinrich Ulrich-Gysi — J. J. Horner — Georg von Wyß — Friedrich von Wyß — Felix Bovet — François Wille — J. R. Rahn — Briefwechsel mit Gottfried Keller — Briefe an Emil Frey — Edmund Dorer — Adolf Frey — Joseph Victor Widmann — Carl Spitteler — Hans Bodmer — Ernst Stückelberg — die Redaktion der „Neuen Zürcher Zeitung" — J. Stößel — Friedrich Hegar — Hans Trog.

Inhalt von Band II: Briefe an Hermann Haessel — Adolf Calmberg — Anna von Doß — Paul Wislicenus — Alfred Meißner — Hermann Lingg — Paul Heyse — Betty Paoli — Hermann Friedrichs — Otto Brahm — Hugo Blümner — Auguste Bender — Emil Milan — Rezensionen — Vermischte Aufsätze: Offener Brief (1873) — Autobiographische Skizze (1876) — Ludwig Vulliemin — Kleinstadt und Dorf um die Mitte des vorigen Jahrhunderts — Mathilde Escher — Gottfried Kinkel in der Schweiz — Autobiographische Skizze (1885) — Graf Ladislas Plater — Erinnerungen an Gottfried Keller — Mein Erstling „Huttens letzte Tage".

Wir „verdanken" Frey herzlich die inhaltschwere Gabe, deren würdige Ausstattung dem Verlage offenbar ein nobile officium gewesen ist.
Erich Schmidt in der „Deutschen Literaturzeitung".

Inzwischen ist das denkbar wertvollste Aktenwerk über Meyer erschienen — seine Briefe. Adolf Frey, der Berufenste, hat sie mit Noten und Register wohlversehen herausgegeben, und Meyers Verleger hat sich eine Ehre daraus gemacht, das Werk aufs stattlichste herzurichten. Beiden gebührt aufrichtiger Dank! Zwei treffliche Porträts, zwei Ansichten Meyerscher Wohnstätten und acht höchst charakteristische Schriftproben, die in lehrreichster Weise die merkwürdigen Wandlungen in des Dichters Handschrift zeigen, schmücken die schönen, opulent gedruckten Halbpergamentbände.
Harry Maync im „Literarischen Echo".

Dokumente eines Menschenlebens, über 1000 Briefe und Karten C. F. Meyers, liegen hier vor, denen nicht nur die literarische Welt deutscher Zunge mit tiefem Interesse begegnen wird. Urkunden eines Künstler- und Erdenwallens, dessen Ausgangspunkt, Wachstum und Entfaltung bis zum Erscheinen der künstlerisch und psychologisch wertvollen Lebensschilderung des Meyer-Biographen Adolf Frey so gut wie jenseits der Öffentlichkeit lagen. Schriftliche Zeugnisse eines eminenten Künstlergewissens, eines Lebens voll höchsten sittlichen Verantwortungsgefühls, eines Daseins schönster und höchster Menschlichkeit.
Frankfurter Zeitung.

Erinnerungen an Gottfried Keller.

Von Adolf Frey. Zweite erweiterte Auflage. Mit G. Kellers Bild und zwei .fakſimilierten Kompoſitionen Baumgartners. Broſchiert M. 3.—, gebunden M. 4.—

Frey macht uns den wirklichen Keller wieder lebendig mit allen den hundert kleinen Eigenheiten, die dieſer außerordentliche Mann an ſich hatte. Dieſe anekdotenhaften Züge ſind nicht gering anzuſchlagen, denn überall reichen ihre Wurzeln tief in das Weſen des Dichters und ſeines Schickſals hinab. Keller war nicht zu ſeinem Privatvergnügen ſo brummig, ſo feindſelig gegen ſtörende Schwätzer, ſo borſtig gegen literariſche Frauenzimmer, ſo durſtig in die tiefe Nacht hinein, ſo altväterlich förmlich im brieflichen Verkehr uſw. Frey geht alledem liebevoll nach und erzählt namentlich humoriſtiſche Züge mit eigenem, gutem und liebenswürdigem Humor.   l. V. Widmann im Berner „Bund".

Wandlungen der Gedichte Conrad Ferdinand Meyers.

Mit zahlreichen Erſtabdrücken und Zwiſchenfaſſungen und den zum erſtenmal geſammelten Gelegenheitsgedichten. Von Heinr. Moſer. Broſch. M. 4.—, geb. M. 5.—

Dieſe Arbeit iſt das Produkt eines langjährigen vertrauten Verkehrs mit den Gedichten C. F. Meyers und gewährt die tiefſten Blicke in die Werkſtatt des Dichters, der ja wie kein anderer mit ſeinen Stoffen gerungen, immer wieder aufs neue gefeilt und umgeändert hat. Das Buch iſt für jeden, der ſich ernſtlich mit den Dichtungen Meyers beſchäftigen will, unentbehrlich.

Rahmenerzählung und Verwandtes bei G. Keller, C. F. Meyer und Th. Storm.

Ein Beitrag zur Technik der Novelle von Hans Bracher. Broſchiert M. 3.—

Von einer „ſtrengen und verſchwiegenen, aber erhebenden Kunſt" berichtet der Verfaſſer in ſeiner vortrefflichen Abhandlung, die für jeden von höchſtem Intereſſe iſt, der mit dem Ref. und dem Verf. von G. Keller, C. F. Meyer und Th. Storm für die unerreichten Meiſter der deutſchen Novelle hält. Insbeſondere über Meyers Technik erfährt man viel wertvoll Neues und die Unterſchiede zwiſchen dem Heimat-Dichter Storm und dem Hiſtoriker C. F. Meyer werden feinſinnig herausgearbeitet.

           Literariſches Zentralblatt.

Conrad Ferdinand Meyer's Gedichte und Novellen.

Von Lina Frey. M. 1.—

H. Haeſſel Verlag in Leipzig.